尼山文库

儒家思想与中国哲学

陈来 著

山东教育出版社·济南

图书在版编目（CIP）数据

儒家思想与中国哲学 / 陈来著. —济南：山东教育
出版社，2023.3
（尼山文库）
ISBN 978-7-5701-2369-8

Ⅰ.①儒… Ⅱ.①陈… Ⅲ.①儒家-哲学思想-
研究 ②哲学-研究-中国 Ⅳ.①B2

中国版本图书馆CIP数据核字（2022）第199112号

责任编辑：李晓琛
责任校对：刘　园
封面设计：姜海涛
版式设计：吴江楠

RUJIA SIXIANG YU ZHONGGUO ZHEXUE
儒家思想与中国哲学　　　　　　　　　　　　　　　　　　陈来　著

主管单位：山东出版传媒股份有限公司
出版发行：山东教育出版社
　　　　　地址：济南市市中区二环南路2066号4区1号　　邮编：250003
　　　　　电话：（0531）82092660　　网址：www.sjs.com.cn
印　　刷：山东新华印务有限公司
版　　次：2023年3月第1版
印　　次：2023年3月第1次印刷
开　　本：710毫米×1000毫米　　1/16
印　　张：25.75
字　　数：297千
定　　价：120.00元

（如印装质量有问题，请与印刷厂联系调换）印厂电话：0531-82079130

总序

为深入贯彻党的二十大精神，贯彻落实习近平总书记关于传承发展中华优秀传统文化系列重要讲话精神，落实《尼山世界儒学中心儒学传承发展"十四五"规划》有关部署要求，尼山世界儒学中心依托中心学术委员会，以学术顾问和学术委员为主体，组织编写出版了《尼山文库》。

一个民族的复兴，总是以文化的兴盛为强大支撑；一个时代的进步，总是以文化的繁荣为鲜明标志。以习近平同志为核心的党中央高度重视中华优秀传统文化的传承发展，始终从中华民族最深沉的精神追求看待优秀传统文化，从国家战略资源和文化软实力的高度继承优秀传统文化，从推动中华民族现代化进程的角度创新发展优秀传统文化，使中华优秀传统文化成为新时代新征程党和国家事业发展、实现第二个百年奋斗目标的重要力量。党的二十大报告提出"推进文化自信自强，铸就社会主义文化新辉煌"，就建设社会主义文化强国做出战略部署。深入学习贯彻党的二十大精神，坚持中国特色社会主义文化发展道路，增强文化自信，承担起举旗帜、聚民心、育新人、兴文化、展形象的使命任务，踔厉奋发，笃行不息，推出更多增强人民精神力量的优秀作品，是《尼山文库》的使命担当。

文库汇编的作品展现了学术界近年来在中华优秀传统文化研

究方面的新理念、新观点、新贡献，着重阐释儒学在弘扬践行社会主义核心价值观中的重要价值，概括儒学在国际交流、传播以及对话中的积极作用，解读儒学在公益慈善文化中的智慧启示。选编内容包括专家们在学术会议上的发言、出版论著的序言、近期发表的学术论文，或论文论著精华摘要、核心观点摘编等，各自组成体系完备、结构完整的学术著作。我们力争在"十四五"期间，陆续推出40部学术著作。

文库的出版是建设世界儒学研究高地，打造文化"两创"新标杆的需要。2013年11月，习近平总书记在山东考察工作时提出，要加强对中华优秀传统文化的挖掘和阐发，努力实现中华优秀传统文化的创造性转化、创新性发展。十年来，山东立足丰厚文化资源，以高度的文化自觉扛牢中华优秀传统文化"两创"担当，不断激发文化创新创造活力。设立尼山世界儒学中心（中国孔子基金会秘书处）就是为了深入贯彻落实习近平总书记重要指示要求，努力打造世界儒学研究高地、儒学人才集聚和培养高地、儒学普及推广高地、儒学国际交流传播高地。山东省第十二次党代会明确提出"打造文化'两创'新标杆""深入推进尼山世界儒学中心建设"。在全国上下深入学习贯彻党的二十大精神，全面建设具有强大凝聚力和引领力的社会主义意识形态的时代背景下，编写出版这套丛书，有助于我们全面深入学习贯彻习近平总书记关于大力弘扬中华优秀传统文化的重要论述，坚守中华文化立场，做好为国家立心、为民族立魂的工作，传承和弘扬好以儒家思想为代表的中华优秀传统文化。

文库的出版是以文化人、守正创新，推动中华优秀传统文化与社会主义社会相适应的需要。习近平总书记强调，中华优秀传统文化是中华文明的智慧结晶和精华所在，是中华民族的根和魂，是我们在世界文化激荡中站稳脚跟的根基。出版这套丛书的宗旨在于立根铸魂，研究阐释中华文明讲仁爱、重民本、守诚信、崇正义、尚和合、求大同的精神特质和发展形态，阐明中国道路的深厚文化底蕴，展现中国人的宇宙观、天下观、社会观、道德观，展现中华文明的悠久历史和人文底蕴，承继中华优秀传统文化"观乎人文，以化成天下"的教化之道，更好构筑中国精神、中国价值、中国力量，坚定文化自信，增强中华文明的传播力、影响力，促进文化"两创"成果落在社会上、落在群众中、落在生活里。

文库的出版是推动世界不同文明交流互鉴，构建人类命运共同体的需要。海纳百川，有容乃大，编写出版《尼山文库》，继承中华优秀传统文化，弘扬时代精神，构建中国价值，绝不是拒斥外来文明，而是坚持不忘本来、吸收外来、面向未来，坚持"二为"方向、"双百"方针，坚持创造性转化、创新性发展。丛书倡导求实、严谨、活泼的文风，突出学术性、思想性、可读性，弘扬平等、互鉴、对话、包容的文明观，弘扬中华文明蕴含的全人类共同价值。

为天地立心，为生民立命，为往圣继绝学，为万世开太平，这是中国古代儒家知识分子的抱负，也是《尼山文库》的理想和期待。推进"两创"和"两个结合"需要久久为功、持续用力，希望更多的专家学者参与文库的编写，为建成社会主义文化强国共同努力奋斗！

是为序。

《尼山文库》编委会

2022年11月16日

前言

　　本书题为《儒家思想与中国哲学》，共十二章。其中前九章主要以"儒家思想"为主题展开讨论，反映了我近年来对儒学问题的思考；后三章则主要以"中国哲学"为主题展开讨论，这是因为我是以中国哲学学科为基点对儒学进行研究，可以说"中国哲学"与"儒家思想"是紧密关联着的。

　　本书第一章主要讨论孔子与儒学的问题。"仁学"是孔子和他所开创的儒学里最重要的部分，出于"仁"孔子提出"和为贵"思想，这给今天仍处在战争威胁中的世界树立了和平的梦想和价值。孔子和儒学奠定了中华文明的核心价值，休现在"崇德、贵仁、尊义、守中、尚和"等方面，在这种思想和价值影响下，中华民族的伟大复兴不仅仅是对富强的追求，更应当是对世界和平和道德价值的追求。

　　第二章到第四章主要讨论了儒学与时代问题、价值问题以及现代性问题之间的关系。第二章探讨中华文化与马克思主义中国化的关系，思考儒家与基督教在价值和意义方面的共通性和各自特性，分析现时代儒学复兴的运势与条件，并从学术儒学和文化儒学以及即将出现"新的儒家哲学"的角度说明儒学的时代使命。第三章则侧重揭示儒学的价值意义。儒学的价值或精神可以体现在很多维度上，例如一般而言可以表现在"仁爱、礼教、责任、社群"等方面，世界观可以呈现为"天人合一、以人为本"等思想，价值观可以体现在"崇德尚义、群体优先"等方面，此外儒学还有着文化传承连续性，以及刚健有为、厚德载物的内在生命力和精神特性。以上这些都构成了儒家人文主义的特点，希望这些特点能够融入当今世界新的人文主义思潮。第四章结合着中国现当代一些问题或状况，谈了儒学与现代性或儒学现代化的问题。当今中国"国学热"现象显著，表现在"儒藏"等丛书编纂、国学普及活动多样、国学机构和国学教育发展等诸多方面。国学尤其儒学在今天对于伦理秩序重建、人格涵养促进有着重要作用，对于党风廉政建设、现代企业的良性发展也有着促进作用。在现代化的背景下，儒学这种注重与世界相适应的、重视道德与文化的体系，更容易在同化现代化的过程中与市场工具理性形成比较合理的紧张。

第五章讨论了儒学与中华文明或文化经典之间的关系。儒学强调的"和而不同"与"与人为善"的理念，为文明交流和对文明多样性的尊重提供了世界观的基础。儒学或中华文化的人文、历史、道德、协和等精神都凝结在"六经"为代表的中华经典当中。这些经典文献是话语的固定化，是文化记忆的持续，传续着中华民族的生命命脉。我们要自觉传承它们，也要重视典籍文本的开放性和解释者的创造性。

第六章在儒学立场上探讨了对待启蒙的态度的问题。启蒙价值无疑不能完全否定，比如自由、理性、民主、人权等价值。但如果形成一种排斥传统、排斥宗教、排斥古典的心态，那么在这种心态下，启蒙就成了一种一元化的价值体系，对此我们就需要加以反思和检讨。可以说启蒙反思便是保守主义运动的新阶段，但要提醒的是，在开展启蒙反思时也要合理安排传统与启蒙价值的关系，使得启蒙主义运动与保守主义运动平行发展和良性互动。

第七章到第九章主要讨论儒学与学术、思想及儒学史的问题。第七章在传统与现代互动的时代大背景下，讨论了儒学研究和当下国学复兴的问题，并涉及了一些具体学术问题，比如讨论了儒墨"本同一源"又"各有所见"，所以应当"相用"；又如接着孟荀关系话题提出用"一体多元"观念来处理儒学的发展或儒学道统问题，以使得我们能够建立一种立体的、富有包容性的儒学观和儒学传统观。第八章从几个角度讨论了儒家思想的若干方面。儒家的明德基本含义就是美德，它可以体现在治国理政和个人修养双重角度；儒家的幸福观虽然包含世俗幸福，但更重要的还是强调"好德"、强调"乐"，除了个人幸福外，儒家还在社会幸福层面提出"大同"理想；儒家天道观是生生不已、变化日新的，人道即应变之道，人必须与天道协调并济，努力完成自己的使命，实现自己的本性。第九章则以儒学史的视角讨论了一些儒学问题。从儒学史角度看，宋明理学与当时的时代精神是相契合的，能满足时代的价值需求，又在历史发展过程中不断丰富自己，逐渐发展壮大。就南宋时期而言，如果从儒学史角度去看，可以分为朱子理学、陆氏心学、永嘉事功之学。其中永嘉之学特别重视对"事"、对制度的研究。明代中后期，泰州学派推动了"儒家伦理普及化"的运动，发展出了带有"世俗儒家伦理"和"平民儒学"特色的理学形态。此外，第九章还从儒学史角度疏解了新近出现的"江南儒学"的内涵和意义。

第十章到十二章讨论了"中国哲学"形成发展的过程与所面对的挑战。第十章首先系统介绍了中国古代哲学的方方面面，如中国古代哲学的起源与发展，思想派别与重要人物，基本经典、范畴、命题，内容与特点以及我们应当如何对待、怎样学习中国古代哲学。然后又介绍了中国近代大学所建立的第一个哲学系——北京大学哲学门（后改称北京大学哲学系），指出20世纪中国哲学教育与中国哲学研究的发展与北大哲学门密切相关，20世纪中国著名的哲学家，绝大多数也都与之有关。第十一章介绍了中国哲学学科发生之初直至今日的发展过程，并讨论了中国哲学研究中的一些问题。中国哲学话语在近代出现两种转变：一个是以西方哲学引进的概念来做分析的基本框架，一个是以现代白话的学术语文为表述形式。中国哲学由此一路发展下来，形成了不同文化间交流、融合的趋势，从这个意义上，中国哲学的研究，已成为世界性的知识领域。当然中国哲学的发展同时也呈现着文化内部的传承发展的另一种趋势，所以要强调"内在的理解"与"客观的呈现"的研究方法。1978年之后的三十年间，中国哲学研究取得了不小的成绩和进步，当然面对世界范围的学术竞争时也面临着一些问题。此外，中国哲学研究的基础应当是中国哲学史研究，"好学深思，心知其意"是中国哲学史研究最重要的方法。第十二章重点讨论了中国哲学研究面临的挑战。20世纪末以来，以美国学界为代表的海外中国哲学研究逐渐转向关注中国哲学的社会、历史背景，日本东京大学也深受其影响，将从前所谓"中国哲学"的研究变成"东亚研究"方向下的一部分。但是由于中国学者曾经饱尝机械唯物史观的甘苦，因此，国外这种有关中国思想文化研究的社会历史化潮流，对大多数中国学者来说影响不是太大。但是"中国哲学"的研究，不仅与"哲学"有关，更往往与"中国思想研究"，甚至整个"中国研究"及"汉学研究"的发展与趋势有关，所以无疑也会受到这些领域研究的影响和挑战。中国哲学研究者有义务对这些挑战做出应有的回应，以促进中国哲学更深入的发展。对此我们要坚持多元的普遍性，扩大哲学的概念，把哲学看成一种文化，使之容纳中国哲学；又要即哲学史而为哲学，要"好学深思，心知其意"，对古典文本有客观了解；同时要"辨名析理"，注重逻辑分析。让中国哲学在继承中发展，以应对种种新挑战。

目录

第十二章　中国哲学的挑战

后　记

第一章　孔子与儒学

孔子思想的世界意义

孔子思想的现代价值

继承弘扬中华文化

近代思想史研究中的『创造性转化』

孔子思想的世界意义

问：1973年汤因比和池田大作有一场对话，我们想了解一下当时的背景是什么，他们各自提出什么样的观点。

陈来：这场对话后来发表时的题目为"展望21世纪"，可是这场对话发生的时间是20世纪70年代的前期。1973年应该说是整个20世纪后半期历史的一个重要时刻，这时刻就是中国与第一世界、第二世界国家长期断绝来往，离开世界历史舞台的多年之后，终于借着中日恢复邦交、中美走向接近，中国恢复了在联合国的席位，也就意味着中国要重新回到世界历史的舞台。对话是在这样一个时刻和背景下发生的，汤因比是英国著名的历史学家，池田大作是日本关怀人类未来发展的一个重要代表人物，所以他们以"展望21世纪"为主题的对话在当时还是富有意义的。这场对话中跟中国有关的部分就是，中国重新回到世界历史舞台以后，将会给世界历史带来什么？而回答这个问题，应该说还有一个背景，就是两个人都对近500年来世界历史发展的方向有所不满。用汤因比的讲法就是过去500年以来，世界历史的发展是以欧洲文化的方向为主导的，是以欧洲的政治经验为基础的，并且出现了好多的问题，像20世纪的两次世界大战。因此他们是怀着对过去几百年人类社会发展的问题，展望21世纪有可能发生的变化，然后来看中国回到世界历史舞台能发挥什么作用。汤因比关注的一个重要问题是"世界的一种持久和平和统一"怎么出现。当然今天大家可能也不觉得这个问题是非常切实的问题，就是说世界怎么统一好像是一个很遥远的话题。但是历史学家总把很遥远的问题看得很近，他就认为将来能够统一世界的，大概不是西方文化，不是欧洲文化，而可能是中国文化。为什么呢？他说因为中国历史文化的特点跟西方不一样，跟欧洲不一样。他说中国在几千年的历史中，实现了在很大的地理面积和众多人口这种条件下的政治统一。所以中国回到世界历史舞台后，有可能给世界带来的就是由中国主导的、中国文化所影响的一种世界的统一和和平。因为统一的一个直接的红利就是和平。因为原来有诸多的国家，统一为一个整体的世界后，就减少了内部的战争和纷争。这是他的一个最基本的展望吧，包含了他对中国历史文化的一种理解、认识。而池田大作一方面承认，中国的历史文化确实有这种政治上的成功，即实现这种统一的成功和它带来的和平，而另一方面他说，如果仅仅用中国的这种历史文化特点来统一整个世界的话，也可能产生一个问题。他认为这个世界不仅需要统一和和平，还需要发挥个人的创造力和活力，他认为这一点是在中国过去几千年的历史经验里不突出的。所以他理想的世界发展前景，一方面应该是政治统一上的成功及其带来的持久的和平，另一方面还应该是能够发挥个人的创造性、创新性的一种制度、文化。所以他们两个人的看法有共同之处，但也有不同之处。一方面，他们都看到了中国历史文化中在政治统一、和平方面取得的成就，另一方面，他们也看到了中国文化一些历史上的弱点，就是忽视创新和个体的发展。我们也可以说，汤因比关注的是世界和平，池田大作更关注的是世界的技术发展，和平与发展都是当今世界的主题。这大概就是当时这场对话的一个基本情况。

问：汤因比当时有一个"统一世界"的观点，您对他这个观点有什么评价？

陈来：汤因比的问题意识就是把世界的统一看得很重要。但是他所谓统一不是单一地谋求统一或为统一而统一。我的理解是，他之所以把统一和持久和平联系在一起，其实着眼的还是和平，就是认为统一能够带来和平。从1973年到现在差不多50年了，我们现在再看这个问题，应该说今天的世界离统一的前景还是很远的。所以我觉得整个世界的统一恐怕还是一个很遥远的前景。当下真正需要探讨的，是这个世界的各个国家、各个文明如何和平相处。比如我们现在提出人类命运共同体，它就不是要通过战争或者类似战争的这种强力的、破坏性的手段来达成国与国之间的关系，而是通过一个和平的、互利的方式来实现人类世界的命运共同体关系，这个应该是当下比较现实的要求。所以我想汤因比可能是把历史非常远的远景看得很近，这大概是历史学家的一种职业特点吧。但是我想，我们今天可能要更切实地理解今天这个世界上的这种需要，以提出我们在这个世界上真正要完成的这种使命。

问：1988年有诺贝尔奖的获得者建议人类要生存下去就必须回到二十几个世纪以前去吸取孔子的智慧，您对这个建议怎么看？您认为孔子对世界文明的贡献是什么？

陈来：1988年诺贝尔奖获得者在巴黎开了一次会，在会上的一项活动中，有一位瑞典的物理学家也是诺贝尔奖获得者阿尔文博士，他提出了这样一个建议。这虽然不是所有与会的诺贝尔奖获得者的共同建议，但是还是有相当的代表性。这些获得诺贝尔奖的科学家，不仅关心他们自己专业的造诣，也关心人类的生存发展。这个生存发展，其实主要还是在讲世界和平。这些科学家可以为人类的很多尖端武器的创造、制造贡献他们的智力，但是他们并不能够引领这些武器的使用。而这些武器的使用，特别是大规模杀伤性武器的使用，如果没有爱好和平、爱好人类的伟大的道德力量去引领它，就会给人类造成巨大的破坏，破坏人类的生存，人类生存的前景就是可悲的、可忧的。所以如何在人类几千年的发展中找到一些思想体系，提取它们的智慧，以使得那些科学发明能够被和平利用，用于满足人类生存需求，是非常重要的。所以在这个意义上，他们提出孔子思想的重要意义应该是有所见的。那么这就涉及孔子思想对于世界和平和整个人类世界的重要意义是什么。意义当然是多方面的，但是就诺贝尔奖获得者阿尔文博士所提出的这个建议来讲，主要还是关注孔子和他所造就的儒学内在地要求一种和平。儒家文明是一个和平的文明，孔子讲"和为贵"，这个"和"就包含了和谐、和平的意义。而且整个中国几千年的历史文化里，在比孔子更早的时期也已经提出了"协和万邦"这样的理念，就是关注世界各个国家的和平相处，体现人类希望达到这种和谐的梦想。孔子继承了中华文明上古的这种理想，把它加以发展，并且对后世产生了重要的影响。因此从世界和平发展的角度来讲，孔子给世界树立了这样一种和平的文明、和平的梦想、和平的价值。所以从这一点上来讲，我们应该肯定这位诺贝尔奖获得者的这种锐见和远见。

问：联合国教科文组织总部门口有一块石碑，上面刻着这样一句话："战争起源于人之思想，故务须于人之思想中构筑起保卫和平之屏障。"您对这句话是怎么理解的？

陈来：联合国教科文总部这句话讲的是两点，第一是战争的根源是人的思想，第二是如果要防止战争、消灭战争，就一定要树立和平的思想。其实就第一点来讲，从历史上来说也不尽如此。从人类早期部落的时代开始的很多战争，往往都是基于利益和欲望。但是这句话还是有所见的，特别是人类文明最近一千多年的发展中，可以发现很多世界性、跨文明的战争，它们不是简单出于人的利益或者欲望，比如征服的欲望、物质的要求，很多战争的根源是来自某些文明思想体系的某种内在的部分，在这个意义上说战争和人的思想有关，那确实如此。所以对于今天我们面临的任务，我们可以把这句话的意思发挥一下，就是通过文明交流、文明互鉴，把人类不同文明里倡导和平、宣扬和平的价值、理念、思想发扬起来，能够在今天的全世界形成共识，这样才能够有效地防止大规模战争的出现。所以在这个意义上，联合国教科文组织这个讲法是有文化和文明的意义的，就是通过对文明的比较、交流和研究，在不同的文明中来发现和平的因素，把这种思想发扬光大，以解决我们今天的问题。

问：您认为孔子在中华五千年文明中有怎样的地位？他对中华民族最大的贡献是什么？

陈来：这么重要的问题不可能用一句话讲清楚。单从历史事实来讲，孔子的一生有三件大事对历史产生了重要影响。第一件大事是他开创了平民讲学的活动。此前讲学、教育是属于贵族阶层的，孔子开创了平民的私人的讲学，这在中国的教育史上是有开创性的，由此孔子被誉为"中国历史上最伟大的教育家"。所谓教育家不是说他教导了几千的学生，而是说他开创性地提出了一系列重要的教育思想。比如说有教无类，就是不分阶级、阶层，每个人都有受教育的权利、机会。此外还有关于教育和学习的过程、方法等思想。应该说在孔子之后的两千多年里，中国历史上都是以他的教育思想作为教育的宗旨和主导方针，所以他是对中国教育影响最大的一个人。

第二件大事是他整理了当时他所能看到的上古时代传延下来的历史文化文献。这些文献有的偏重于政治，有的偏重于文学，有的偏重于礼仪、仪式，也有的偏重于哲学、世界观。在孔子以前，中华文明的历史应该已经展开了1500年以上。在这段中华文明的发展历程中所累积的政治智慧、哲学思想、审美情趣，都集中地体现或累积在"六经"里面，孔子就是对"六经"进行了删定、整理。不仅如此，孔子还开创了把中国主流文化所累积的文献加以诠释和传承的历史，因为他所开创的儒家学派主要就是不断地传承这些古代经典。从这个意义上来讲，他对古代文献的整理，和他所开创的儒家学派的文化传承实践，促成了中华文明几千年来的连续性发展。他为历史提供了一个自觉的文化传承典范，这在实际上对中华文明的传承发挥了重大作用。

第三件大事是孔子创立了儒家学派。儒家思想最重要的一个贡献是为中华文明提出了或者说奠立了一个伦理道德的思想体系，这个体系是以"仁"为代表的完整的伦理道德思想体系，它支撑了儒家文明和整个中华文明几千年的发展。没有这样一个伦理道德思想体系作为支撑，中华文明不可能有在空间上如此广大的、在时间上如此长久的发展成就。因为正是有这样一个以"仁"为代表的伦理道德思想体系，中华文明才像汤因比所讲的，能够把几亿人团结起来、统一起来，而且能够实行、实现持久的和平。所以如果讲孔子的贡献，我们可以从以上这三个历史事件来着眼。

如果再进一步谈孔子的地位和贡献，应该联系着他所开创的儒家思想整体来讲。我想应该有这么几条。第一条是孔子和他所开创的儒家思想是整个中国文化的主干、主体，而且在几千年的发展中居于主导地位。第二条是孔子和他所开创的儒家学派或儒家思想体系为中华文明奠立了核心价值，这个核心价值为中华文明的发展提供了一种内在的力量。第三条是孔子和他所开创的儒学，始终自觉地以传承中华文明主流文化为己任。因此孔子和儒家思想对中华民族几千年的传承发挥了最重要的作用。第四条是孔子和他所开创的儒学对中华民族的塑造、对中华民族精神的塑造发挥了最重要的作用。虽然中华文明、中华文化中有很多的思想因素都参与了中华民族和中华民族精神的塑造，但是孔子是其中最有影响的重要代表之一。

孔子是公元前479年去世的，可是到了20世纪五六十年代，还有一些历史学家主张要把孔子送回历史，意思就是让他真正"死去"，变成历史，变成像博物馆里面的木乃伊一样。事实上我们知道孔子作为一个有生命的个人，2500年以前当然已经死去了，但孔子的思想、孔子这个文化符号，以及他所代表的文化理念，在2500年以来的确没有死去。因此也有很多历史学家提出不同的看法，认为孔子和孔子的思想不可能死去，因为孔子的思想已经在几千年的发展中化成了中华民族的性格，化成了中华民族的心理，成为中国人的文化心理结构。在这个意义上他就会活在大众的心里，变为中国人的一种思维方式，甚至成为中国人民族精神的一部分。我想确实是这样。当然这个活在人民大众内心中的孔子还是不自觉的，即所谓"百姓日用而不知"。比如说老百姓都有孝的观念、家的观念、家国的观念等朴素的观念，但不是自觉的，且没有上升到理论和文化的自觉。所以在我们今天的现代文化里面，一方面要承认孔子的思想已经变成了我们中华民族文化基因的一部分，另一方面还要把它从不自觉变为自觉，要在思想理论的层面把它进一步加以阐发，结合时代的需要使它真正成为中华民族在今天走向未来、走向世界的一种明确的精神力量。

问：请您谈一谈孔子和现代世界的关系以及孔子思想体系中最具当下价值的是什么。

陈来：孔子和当下社会的联系以及孔子在当今社会的价值有很多方面，我只能列举几点吧。第一点是正确地认识孔子思想的历史意义和世界意义，有助于我们建立文化自信。十八大以来党中央提出四个自信，其中最根本的是要文化自信，而文化自信里又特别强调五千年以来中华优秀传统文化的价值和意义，其中重要一点就是怎么认识孔子及其思想的价值。所以这一点就跟我们的现实有关了。

第二点是十八大以来我们已经明确提出社会主义核心价值体系，而且提出社会主义核心价值体系有自己的历史文化根源、根脉和基础，不是无源之水。因此，社会主义核心价值观是以中华优秀传统文化的价值观为基础、为源泉、为前提。而中华优秀传统文化的价值观就是以孔子和他所开创的儒学所确立起来的这套价值体系为主的。比如说中华优秀传统文化价值观六条，前两条就是"讲仁爱，重民本"，"讲仁爱"就是孔子思想，孔子讲"仁者爱人"。

第三点是十八大以来，习近平总书记在山东视察所发表的讲话里，特别强调中华美德体系的传承和实践对今天的重要性。这是引导我们整个社会向善、向上的力量。中华美德的体系主要就是孔子和他所创立的儒学所奠定的，与孔子的思想、儒学的思想紧密相连。今天所谓的中华文明、中华优秀传统文化创造性转化、创新性发展这些就是要以继承弘扬孔子和儒学为起点，结合我们今天时代的需求，加紧文化上的努力。

以上这些方面都可以体现孔子和儒学对今天的价值和意义。

问：您提出过"仁"是孔子为世界贡献的一个基本价值理性，您能进一步阐述一下吗？

陈来：价值理性这一概念是西方社会学学者在近代提出的，它跟工具理性的概念相对。价值理性是要从价值目标、价值理念、价值思考的角度来关注人的行为，而不是从功利、功效、工具的角度来看人的行为及其所带来的结果。就这个意义而言，孔子对中华文明的一个特别重要的贡献或基本的贡献，就是为中华文明提供了价值理性，就是他为中华文明提供了价值和道德的基础。正是由于孔子和儒学为中华文明奠定了伦理的、价值的、道德的基础，才使得中华文明成为一个成熟的道德文明。以前我们喜欢说我们是礼义之邦，但实际上这句话听起来有点含糊，很多人是把它解读为"礼仪"之邦，但"仪"是一种外在的仪式，"礼仪"之邦的用法在历史上是比较少见的，历史上较多的用法是"礼义"，"礼义"所强调的就是价值理性、道德意识和价值理念。所以，礼义之邦就是讲中华文明是一个成熟的道德文明，在这方面可以看出孔子和儒学对中华文明所做的重要贡献。

问：关于"仁"字您怎样具体理解？

陈来：孔子提出了很多的道德概念，其中最重要的也是他最多次提出的就是"仁"。左边是一个立人旁，右边是一个二。后来有文字学家解释说，这表示两个人之间发生的关系。"仁"是孔子思想中一个最高的道德概念，也是能够概括道德全体的一个道德概念。单个的"仁"主要是仁爱、慈爱的意义，某种程度上也可以说是博爱。而广义的"仁"可以涵盖义、礼、智、信其他的德性，当然最根本的还是仁爱。正因为仁爱是最高的道德概念，所以它能包容和它相关的许许多多的道德概念，比如和平、宽容、同情乃至我们对自然事物的爱惜。所以"仁"就其本身来讲，也包含很多意义。"仁"在历史上的提出和发展所形成的"仁学"思想体系，是孔子和他所开创的儒学里最重要的一部分。我们今天讲儒学的价值、孔子思想的价值，都离不开"仁者爱人"或者说"仁"这个思想。

问："仁"在今天的中国或今天的世界的价值怎么体现？

陈来：像前面提到的世界一流的历史学家汤因比，亚洲日本文化重要的代表人物池田大作，诺贝尔奖获得者科学家阿尔文博士，他们对孔子或者中华思想都有一个基本的理解，即这个思想在今天的意义就是强调互爱、互尊，这就是从"仁"的思想发展出来的。"仁"这个最高的道德理念可以化为两项最基本的实践原则，一个是"恕"，一个是"忠"，即孔子所讲的"忠恕之道"。"恕"就是"己所不欲，勿施于人"，"忠"就是"己欲立而立人，己欲达而达人"。"己所不欲，勿施于人"的理念在20世纪90年代的世界宗教界，包括神学领域，已经达成了一个共识，即如果世界上的众多宗教有一项伦理的共识，或者说如果在他们的思想体系里面有一条共有的金律，那这条金律就是"己所不欲，勿施于人"。这就是孔子"仁"的一种表达，所以"仁"的思想对今天世界的意义是大家共同肯定的。包括今天讲的要构建人类命运共同体，就是孔子的"仁"的思想和大同思想的发展。大同思想也是孔子思想、"仁"的思想的发展，以"天下为一家"就是一个共同体。所以在孔子和儒家的社会思想里很早就已经提出了要构建人类命运共同体的理念雏形。这些都是"仁"的思想在今天的意义。另外，在今天这个时代，在2019向2020年转变的重要历史时刻，我们又面临着一个百年未有的大变局。在这个时刻，理念上或思想上更要重视"仁"的道德理念。包括"己欲立而立人，己欲达而达人"，我要发展达到幸福，也要允许别人发展达到幸福，甚至帮助别人发展达到幸福，这是"仁"的基本理念。所以孔子所提出的"仁"的理念，它的道德价值和实践原则在今天仍有重要意义。

问：请您谈一下孔子提出的"君子"概念。

陈来："君子"是中国古代一个古老的概念，在孔子以前就提出来了。在孔子以前，"君子"主要是一个贵族概念，只有贵族才能叫君子，所以它是一个阶层意义的概念。孔子在文化史上的一个重要贡献就是把"君子"这个概念转变为一个理想人格的概念。不是只有贵族才能叫君子，一切在道德上、在人生境界上能够达到完美的，在真善美几个方面都能做表率的，就可以叫作"君子"。所以"君子"也就变成了中国文化中理想人格的概念，而且它是一个综合性的概念，不仅仅是道德的，也是智慧的、审美的。在孔子以后，这样一个综合性的"君子"概念一直影响着中国几千年的文化史。那孔子本人是不是君子呢？我们历代都认为孔子是君子，因为很多他提出的君子人格的标准，他自己都做到了。但是如果在中国古代的理想人格体系里面，仅仅说孔子是君子还不够，因为在君子以上，还有贤人、圣人。孔子在历代被认为是圣人，圣人就是理想人格的最高标准。今天我们这个时代，还有很多人提倡君子的实践、君子人格的培养。我认为在今天青少年的人格培育，包括社会主义核心价值观的培育实践中，都应该继续吸取借鉴"君子"这个重要概念。

问： 您认为在今天的中国或今天的世界，君子人格具体体现在哪些方面？

陈来： 君子人格有很多方面，这里就不详细讲了。我们就普遍情境讲一个方面，即我们在社会生活、人际交往上应该提倡的"敬让"之道。古代讲仁义礼智，其中的"礼"特别能体现君子的行为方式，这方面的例子不胜枚举。"礼"最核心的精神落实在君子人格上主要体现为"敬"和"让"。"敬"就是要尊敬、尊重别人，"让"就是让别人在前面。这在我们各种各样的社会生活、公共生活中，都是非常现实的。一个真正具备君子人格的人，他在社会生活的各个方面都能体现这种敬让的特质，这就减少了社会的纷争和纷扰，降低了社会的不文明程度。所以君子本身是一个标志，是比较高的社会文明的一个特征。

问： 您认为孔子在今天中国的思想版图中处于什么样的地位？

陈来： 现在讲思想版图，一般分三个部分，一部分是中华优秀传统文化，一部分是近代以来的革命文化，还有一部分是当代的社会主义先进文化。如果这是中国当代思想版图的三分天下的话，那么孔子就属于中华优秀传统文化这个部分，而且如我们刚才所讲，孔子在一定意义上就是中华文明、中华文化的象征。所以如果我们讲文化自信，首先就应该提到孔子和他的思想。当然今天我们讲这个思想版图不是仅仅为了突出孔子的历史地位，更重要的是怎样把中华优秀传统文化，包括孔子的思想，结合今天时代生活、社会现实的需要，加以新的发展，来满足我们今天实践的需求。

问：当代世界最大的挑战是什么？孔子能为其提供怎样的解决思路？

陈来：20世纪70年代到90年代以来，很多大思想家像汤因比、池田大作，都认为目前世界上最大的问题是战争与和平的问题，当然我们还要讲一个发展的问题。从整个世界来讲，和平的问题始终是一个主要问题。冷战在20世纪90年代初期已经结束了，可是冷战结束并没有给世界带来和平。这说明以往我们对战争根源的认识还是有局限。因此如何消弭战争，实现永久和平，仍然是全世界思想家、历史学家最关注的问题。而就如我们刚才所讲，孔子和儒家思想把儒家文明和中华文明塑造为一个道德的文明、一个和平的文明，这就是他对这个世界历史和世界文明一个最大的贡献。事实上，从历史上看，受孔子思想影响最大的东亚地区的确跟欧洲形成了一个重要的对比，即相对而言，东亚地区战争比较少。一方面历史如此，另一方面如果说未来孔子和儒家思想能对世界做出什么贡献，我想也是在促进和平、团结、一体化这几点上，其中一体化就包括了命运共同体这样的观念。

问：所谓修身为本的内涵及其当今价值是什么？

陈来：孔子和他开创的儒学特别强调修身，即道德修身。孔子也讲"正身"，"正身"就包含了修身。在孔子的弟子后学所完成的《大学》里更明确地讲："自天子以至于庶人，壹是皆以修身为本。"就是说从天子一直到老百姓都要以修身为本。"壹是"即都是、都要，也就是把修身变成了一个全民的课题。孔子思想把道德修身、道德修养看得很重要，因为全民的修身不仅是要实现个人的君子人格，同时也是政治发展、政治治理的一个基础。他认为治理国家的理想手段，不是用法律、刑罚，而是通过全民的修身，提高大家遵守社会秩序的自觉。当然如果从个人发展角度来讲，儒家所注重的个人发展是注重个人道德境界的提升和发展，所依赖的便是道德修身。在今天来讲，修身的意义需要在不同的层次做不同的强调。比如在今天党的建设、干部队伍的反腐等方面，中纪委就很强调，不要等这个人犯了错误以后再去抓他，而是在平时就要注重对干部进行政德教育、修身教育。出了问题再去抓当然也是很重要的反腐手段，但是要想从根本上解决反腐问题，还是要加强干部修身。这里讲的干部修身，实际已经涉及整个治国理政的大计，从这点上来讲，修身的问题在今天确实不是一个小问题，也不是个人精神的、趣味的问题，它其实是有很现实的意义的。所以修身的价值在今天社会的不同层次、不同方面都有不同的体现。

问：孔子对家国情怀的论述有哪些？

陈来：孔子是最早提出"父母之邦"观念的人，"父母之邦"已经是家国一体的概念了。他不是讲父母居住的哪个地区、哪个乡、哪条街，他是说鲁国是他的父母之邦，这实际上就是祖国的概念。他用父母之邦来讲祖国的概念，就能显示出家国一体的意识和观念。这对后来中国人的家国观念、祖国意识、爱国情怀都有一定的影响。

问：孔子提出的"仁"与"义"对两千多年来中国人在个体与国家之间的取舍有什么样的意义？

陈来：刚才已经讲过了孔子思想里面"仁"的重要性。同时，孔子也非常重视"义"。孔子虽然没有把"仁"和"义"并立，但是在孔子思想里有一个有代表性的价值观讨论方式，即讨论"义利"的关系，这实际上就是后来中国古人对价值观问题特有的一种讨论方式。"义"就是仁义的义，"利"是利益、功利的利。孔子讲的"义"总是和"利"相对待，甚至相对立。所以大讲"君子喻于义，小人喻于利"。因为功利更多是指个人的私利，而道义则是指道德的公义，所以"义"代表道德原则的整体。对此孔子的立场是非常明确的，即义先于利、义高于利。这样的价值观对中国历史的影响非常大，在儒家思想中非常重要。孔子自己讲"义以为上"，意思是"义"与"利"或其他事情相比，总是占据首要地位。所以说孔子思想为中华文明确立了道德的基础。"仁"和"义"这两点都是孔子特别加以强调的，到了孟子对"义"的问题强调得更多。"义"关联着很多的价值选择，孟子发挥孔子"义"的思想，主张"舍生取义"，是说人在生活中会面临很多价值选择，按照孔孟的思想或儒家的思想，要把"义"或把对道德原则、道德理想的坚守、持守放在第一位，而不能让对利益的寻求，甚至对个人生命的保护，侵犯了道德理想的最高地位。所以古来仁人志士能牺牲自己的生命来追求完成他的道德理想、实现他的道德承诺，这都体现了"义"的思想和价值。

问：请您谈一下"和而不同"的含义及其在今天的价值。

陈来："和而不同"的思想在孔子以前就有它的根源。在孔子以前的西周或者更早期就有和同之辨，即"和""同"二者相比，"和"是优越的。其中"和"是多样性的综合或调和，"同"是单一性的重复，比如说白水兑白水就是重复、就是"同"，把各种不同的东西煮在一起变成羹就是"和"。所以"和"很早就代表一种多样性、差别性的综合调和，与那种仅仅追求单一性的思维是对立的，它体现了一种古老的智慧，能够包容、容纳不同的、有差别的东西。它无疑有多方面的意义，不论在生活上还是在政治上。比如我们今天讲的民主就是要求包容差别性，而这在孔子以前就已经有所体现了，就是看重"和"，贬斥"同"的思维倾向或价值观。到了孔子，这种简单的和同之辨就被概括为了"和而不同"这个命题，而且孔子还有"礼之用，和为贵"的思想。所以结合起来看，孔子思想不仅继承了早期中国历史上强调差别性的思维的智慧，而且在他"和而不同"的命题里面也代表了、容纳了和谐的意义。严格来说在早期或在西周时期，"和"的主要意义可能还不是和谐，而是调和，即把不同的东西调和起来。但在孔子"和为贵"的思想中就包含了和谐的意义。其实和谐的观念在中国历史上出现得很早，比如《尚书》里不仅讲了"协和万邦"，还讲"以谐万民"，都是讲国与国、人与人的和谐。甚至还有讲到宇宙的和谐的，《周易》里讲"保和太和"，"太和"就是指宇宙里最高的和谐，"保和太和"就是说人类应该致力于追求这种最高的和谐。所以中国古代是把和谐看得很高的。孔子讲的"和而不同"，一方面吸收古代追求"和"的智慧、包容不同和差异的宽容的智慧，另一方面也包含了强调和谐的意义的这种价值观。今天"和而不同"思想的现实意义尤其体现在文明交流、文明互鉴方面。文明的交流、互鉴不能只讲那些自然的事实，比如农牧业方面的交流，而是要更重视不同文明内在的能够支持这种文明交流的态度、价值观。所以"和而不同"就是中华文明内在的一种价值观，它支撑着中华文明和外部世界开展各种文明交流。其实其他文明是他者，就此进一步说，中华文明对待其他文明的态度可以引申为两个方面，一个是"和而不同"，一个是"与人为善"。"与人为善"是孟子的话，经过儒家思想的传承，"与人为善"今天可以理解为要和他者建立友善的关系，进行友好地交流。所以可以说，"和而不同"和"与人为善"是儒家文明提供给整个中华文明的内在的对文明交流的价值观念的支撑。因为在今天的世界上有人不是与人为善，而是主张异者为敌，这种思维其实就是"同"的思维。"同"是单一的重复，强调你必须要跟我一样，而不是"和"。"和"意味着不一样的也可以调和、和谐，成为一个共同体。以异为敌的思维就是单一性的思维，即你只能和我一样，如果你不跟我一样，你就是我的敌人，我就要把你置于死地而后快，这和中华文明"和而不同""与人为善"的价值观是完全对立的。所以今天世界上很多大的问题，包括战争和一些造成国家间关系紧张的准战争行为，恐怕都是内在于一些文明中的因素所引起的。所以今天中华文明要"走出去"，让世界了解中华文明，坚持中华文明"和而不同""与人为善"的文明观、文明交流的态度是非常重要的。

问：最后您对我们这个片子有什么寄语吗？

陈来：中央电视台拍摄的这部以孔子为中心的纪录片有很重要的意义。中央电视台以孔子为中心，用六集的篇幅做这部片子，在当代文化市场应该是少有的。我希望这部片子能够使我们今天的社会更多地了解孔子的历史价值和现代价值，增强我们对中华文化的文化自信，更深入地了解中华优秀传统文化对中华民族发展的重要意义，更明确地了解中华优秀传统文化对中华民族伟大复兴的重要意义以及对中华文化当代发展的重要意义。希望中央电视台能够更多地拍摄这类可以鼓舞广大人民文化自信的优秀纪录片。

（2020年1月答央视"孔子与我们"节目组记者问）

孔子思想的现代价值

　　今天我就从孔子讲起，拟定了个题目：《孔子思想的现代价值》。这个题目也不能面面俱到，主要从道德文化这个角度来讲。2013年习近平总书记视察济宁曲阜时发表了重要讲话，特别强调要弘扬中华传统美德，引导全体人民向善向上，使每个人都成为践行中华传统美德的主体。今天我讲孔子思想，还是契合习近平总书记讲的文化主题的方向，谈一点自己的认识。

　　孔子是儒学的创立者，孔子思想以及已经继承和发展了孔子思想的儒学，跟中华文化有什么关系呢？在中华文化里占有什么地位？这些问题必须首先弄清。我们在谈到孔子和儒学的时候，必须首先肯定孔子的思想以及后来沿着孔子思想发展的儒学，是我们中华文化的主干和主体。虽然近代以来我们对孔子的儒学有各种各样的评价，但就历史事实来讲，恐怕没有人否认这一点：在2500多年的中华文化的历史长河里，孔子思想和孔子开创的儒家学派是中华文化的主干和主体部分，而且确实长期居于主导地位。我们可以说孔子和儒学奠定了中华文明的核心价值，对整个中华文明的传承和发展，产生了极为重要的影响。

　　相对于中国文化史上的其他思想流派，儒家对整个中华文明传承发展的影响最为深刻。比如说在山东也诞生了墨子，墨子也是战国时代伟大的思想家，当时儒墨并争。但是汉代以后，墨学的发展停滞了，在后续的2000多年的文化发展中，很少能再看到墨家的身影，它的影响当然不能跟孔子思想的影响相提并论了。可以说，孔子和儒学塑造了中华文化的精神和中华民族的精神。对于文化精神和民族精神的塑造，孔子和儒家思想起了不可替代的作用，这表现在，它既是主干又是主体，又居于主导地位，这些不是思想文化里面的任何其他一派能够取代的。正是因为孔子思想处在这样一个历史地位上，近代以来，在大多数中国人的头脑中，形成了一个共识，即孔子在相当程度上已经成为中华文化的标志。

中华文化如果想找一个标志，非用一个人物来代表，那这个人物非孔夫子莫属。十八大以来习近平总书记的系列重要讲话，多次谈到中华文化和儒家思想的重要意义，要求我们大力弘扬中华优秀传统文化。特别是2013年11月在曲阜的讲话，在这个问题上指明了方向，确定了基调，明确了基本立场。所以我们要不断地学习习近平总书记2013年在济宁曲阜的重要讲话，作为我们理解孔子和儒家文化的遵循和方向。

孔子思想最重要的作用，就是奠定了中华文化的核心价值，如果用一种学术性的语言，也可以说，孔子和儒家思想最重要的作用就是确定了中国文化的价值理性。"价值理性"这个概念是一个社会学的概念，在20世纪的西方社会学和社会思想里面有很重要的作用。价值理性就是要关注行为的价值目标，以价值理性来看待行为的合理性。从这个角度来讲，儒家思想确立了中华文化的价值理性，奠定了中华文明的道德基础，赋予了中华文化最基本的道德精神和道德立场，它也使得儒家文明成为一个"道德的文明"。

中国在历史上往往被称为"礼义之邦",不是"礼仪之邦"。"礼仪之邦"突出的是礼节仪式,是好客。但是"礼义之邦"则突出道德的本质,是突出了中国这个文明国家具有成熟的道德文明。把中国叫作礼义之邦,就是要指明中国文明是一个成熟的道德文明,而且是一个高质量、高层次、高级的道德文明。用今天的话可以说,道德力量是中华文明最突出的"软实力"。

那么孔子思想有哪些内容呢?以下我就简单地谈五点:

一、崇德

"崇德"是孔子的原话,在《论语》里面就有,在《尚书》里面也出现过。从西周以来,中国文化开始了与夏、商时期所不同的一种新的文化发展和倾向,这个发展和倾向就是不断重视"德"的力量。孔子也就是在这样的基础上,在周公的思想、在西周的文化基础上更加强调"德"的发展。西周有很多这方面的概念,比如"敬德""明德",孔子特别强调"崇德",而且孔子思想里面突出体现了"崇德"的精神。崇德就是始终把道德放在首要的地位,不管是政治、外交,还是治国理政、个人修身,都要以道德价值作为根本力量,把道德价值作为处理、评价一切事物的根本依据。对人、对事首先要从道德的角度加以审视,这种精神和态度就是坚持道德重于一切。在治国理政方面,孔子强调"道之以政,齐之以刑,民免而无耻。道之以德,齐之以礼,有耻且格"。用政令领导国家,用刑罚管理国家,人民可以服从。但是在这样的社会里,人没有道德心。如果用道德、礼制来领导国家,人民不仅乐于服从,而且也会变得有道德心。可见孔子不相信强力、暴力能够成为治理国家的根本方法,孔子的理想就是要用道德文化的力量，用非暴力、非法律的形式来实现对国家和社会的管理和领导，也就是我们今天讲的"以德治国"。

《论语》里孔子的言论及其论述思想中，谈到国家、社会、个人时，处处体现了"崇德"的精神。所以孔子所倡导的"崇德"精神，包括在这个精神下阐发的各种具体的论述，成为中国文化的道德基础。中国文明是一个道德的文明，道德的文明一个主要的特点就是以孔子的这些论述体现的精神作为根本基础。"崇德"是孔子思想总的精神。

二、贵仁

在《论语》里，孔子有一百多次谈到"仁"的观点。"仁"不仅是孔子谈得最多的道德概念，也是孔子最重视的道德概念。所以战国时代的末期，当时的思想界大家共同认为，孔子思想最重要的是对"仁"的推崇理解。我们今天说"贵仁"不是我们自己创造赋予孔子思想的一个概念，而是古已有之。在2000多年前的战国末期，《吕氏春秋》这本书里面明确讲"孔子贵仁"。即孔子在诸多的道德概念里面，最重视最推崇"仁"。古代人没有价值这个概念，都是用"贵"字来表达，比如"以和为贵""以民为贵"。"仁"是孔子思想里面最重要的伦理范畴，也是孔子思想里面最高的美德道德理论，同时也代表了孔子的社会理想。"仁"在字义上可以说是代表仁慈、博爱，但"仁"在孔子思想里也是一个全德之称，代表了所有德行。如果从儒家思想来看，"仁"也代表了一种最高的精神境界。就是说它既是人的原则，也是最高美德，又是社会理想，还是最高的精神境界。正是这样，"仁"成为中华文明核心价值里面首要的道德概念。我们今天要总结中华文明的核心价值，第一个就是"仁"。不管是"仁义礼智"还是"仁义礼智信"，都是以"仁"为首。

"仁"的含义在《论语》里面已经有明确的解释，最著名的就是"樊迟问仁，子曰：爱人"。孔子是很重视家庭伦理的，特别是"孝"。"仁"的实践的起点本来是最直接的对双亲的亲爱，但是孔子在这个基础上提出了普遍的人际伦理，就是"仁者爱人"，把"仁"的观念设定为社会文化的普遍价值。当然"仁"有多种多样的表现形式，比如说，在伦理上是博爱、慈惠，在情感上是恻隐、不忍、同情，在价值上是关怀、宽容、和谐，在行为上是和平、共生、互助，特别是其中包含了扶弱——对弱势群体的关爱。更广泛地来看，还包含着珍爱生命、善待万物。"仁"是孔子和儒家的思想核心，在2500多年以来的历史中，"仁"的观念也已经成为中华文明道德精神最集中的一个表达。近代所讲的大同，包括今天所讲的人类命运共同体，最后的基础都是"仁"。

孔子不仅强调了"仁"的重要性，而且把"仁"展开为两方面的实践原理，或者说实践智慧。一个是"己所不欲，勿施于人"，一个是"己欲立而立人，己欲达而达人"。"己所不欲，勿施于人"也称为"恕"，"己欲利而利人，己欲达而达人"也可以称为"忠"。孔子很重视这两方面的实践原理和智慧，所以《论语》里说"忠""恕"体现了孔子的一贯之道："恕"就是你自己所不想要的也绝不要施加给别人；"忠"就是自己要发展，自己要幸福，也要让他人发展得到幸福。孔子不主张"己之所欲，必施于人"，不会把自己认为好的东西强加给别人。强加于人的心态和行为，可以产生无穷的不良后果，比如在国际交往中的霸权主义，从根源上讲就是建立在"强加于人"的原理之上。

20世纪有一个大儒学思想家，就是梁漱溟先生。在20年代到30年代相当长的时间里，梁先生在河北、山东开展乡村建设运动，他有一个体会，他认为儒家的伦理就是以对方为主，或者说是互以对方为主。概括说来，我们古代中国伦理的特点，也可以说是儒家伦理的出发点，就是要尊重对方，尊重对方的需要，而不是把别人作为自我的实现意义、把他人当作自我的实践对象。梁漱溟先生对孔子的"忠恕之道"，对儒家伦理的理解是一种现代的感受。从这个意义上来讲，儒家伦理的特点不是突出自我，而是突出他人，坚持他者优先，他者先于自我。这就是"仁"的伦理的出发点。

孔子仁学的教诲和他的"忠恕之道"已深入人心，化为中华文明的道德精神。"己所不欲，勿施于人"已经被确认为世界伦理的金律，揭示出它重要的伦理意义。

三、尊义

孔子思想里面也有对"义"的推崇，"利"和"义"的关系怎么处理，是人类文明永恒的道德主题。以孔子为代表的儒家认为基本价值问题就是"义""利"的关系问题。孔子讲"君子喻于义，小人喻于利"，君子和小人的分别不是地位上的分别，而是在道德觉悟、道德认识、道德品质、道德素质上的差别。孔子也讲"君子义以为上"，即以"义"为上，就是在任何事情上都把"义"放在第一位。因此，如果说中国道德思想史、伦理思想史有一个贯穿始终的义利之辨的话题，那这个话题从孔子就开始了。在《礼记》中还引用了孔子的一些说法，比如说"忘义而争利，以亡其身"，就是说总是去争利，把义都忘了，最后的结果是家破人亡。到了孟子，更加重视义与利的关系，把"尊义"这一面大大地发扬了。到了汉代，董仲舒明确强调儒家的"义"的立场和"利"的追求的对立，提倡"正其义不谋其利，明其道不计

其功"。这就是说，道义和功利一定要区别开的，义和道义就是
指道德的原则。孔子讲"君子义以为上"，这个"义"就是道德原
则。所以从先秦到汉代，"尊义"的思想已经形成了，始于孔子。
在孔子看来，君子就是道德高尚的人。道德高尚的人的特征和品
质是什么？一个重要的方面就是"尊义"。孔子认为人在任何时候
都要以"义"为上，以"义"为先，把"义"置于其他事物之上
作为评价的标准。从孔子开始，到先秦后期，到汉代儒学都坚持
这个立场，即坚持道义高于功利，把追逐功利的人看作小人，认
为"争利必亡"。

　　"义""利"之辨深刻地影响了中国文化的价值偏好。每个文
明都有它的价值观，价值观表达了一种价值上的偏好，就是谁比
谁更重要，"义"比"利"更重要，就是中国文化的价值偏好。
正如孟子讲的鱼和熊掌的选择，不仅仅适用于一个人，也适用于
社会和国家。孔子及他的学生、后学在不同方面表达了这样的思
想。比如《大学》里讲"国不以利为利，以义为利也"，"以义为
利"的思想是对前面讲的"义""利"关系的一种新的表达。儒
学不是不讲"利"，而是把对"义"的追求看作最根本的"利"。
国家不能只追求财富、强大这样的利益，国家要把对道义的追求
看作它最根本的利益。这样深刻的思想，与今天的社会主义核心
价值都是一致的。

　　我们今天处在一个现代化、全球化的过程里，近代以来
的现代化过程有一个很重要的特点，就是极大地促进了人类生
产力发展。但也要承认，现代化在相当程度上破坏了传统的
"义""利"平衡。在传统社会，人也是要求"利"的，但是在孔
子和儒家思想的作用下，大体上能够达到一种"义""利"的平
衡。而现代社会和文化，是向着工具和功利的一边片面发展的。

"功利"就是跟道义相对的。"工具"特别是"工具理性"的概念，跟我们前面讲的"价值理性"的概念一样，在西方社会学中也是一个重要概念，它是与价值理性相对的概念。价值理性就是有确定的价值目标，"工具"是强调手段的合理性和理性化。我们可以说孔子和儒家的思想，能够对现代社会发展的片面性或者说偏向形成一种制约，这是孔子和儒家思想的现代价值。

"义"的概念，在孔子思想里面一般是指道德原则。孔子以后，儒学里面"义"的概念更加丰富了，其中最重要的就是被赋予了"正义"的规范含义。《礼记》里面讲"仁以爱之，义以正之"，也讲"仁近于乐，义近于礼"，都突出了义的规范意义。仁是用来爱的，仁义代表了一种规范的力量。在孔子思想里面，也讲道义，但并没有把"仁"和"义"并列，同等看待。而在孟子以后，儒学里边不仅单独提到"仁"的重要性，而且更多地把"仁""义"并称，使"仁义"成为儒学里最突出的道德价值。在儒学里，"正义"的含义特别强调对善恶是非作出明确的区分判断，对惩恶扬善要有果断的决心。义不仅仅是个人的德性，也是社会的价值。

在今天的现实世界中，我们面对各种复杂的现象，"仁"和"义"还有何种含义？"仁"是要导向社会和谐，"义"是要导向社会正义；"仁"要导向"世界"和平，"义"要导向国际正义，两者相辅相成、缺一不可。

四、守中

"守"就是守卫守护，"中"就是中庸的"中"。孔子很重视中庸，"中"的本意就是不偏不倚，另外一个意思就是"时中"。"时中"指道德原则要随着时代的变化、环境的变化有所调整，经过调整能够达到"无时不中",从而避免道德原则跟时代脱节,使道德原则的应用实践,能够跟时代和环境的变化相协调,也就避免了道德准则的固化、僵化。这里的"中"应该说具有很丰富的含义。"庸"是注重变中有常,庸即是不变之常,尽管时代环境在不断变化,人要不断适应,然而在道德生活里,终归有一些不随时代而改变的普遍原则。

"中庸"在孔子看来就代表了这样的普遍原则。"中庸"的"中"的本意是不偏不倚,所以"中庸"思想之所以受到历史上的关注,就是因为它反对"过"和"不及",反对有所偏倚。《论语》中说"过犹不及",孔子始终主张以中庸排斥极端。"尊义"是强调道义高于功利,"守中"就是强调以中庸排斥极端。"智者过之,愚者不及也""贤者过之,不肖者不及也",就是说有智慧的人、有道德的人也会犯错误,他们犯的错误往往是"过",而愚人、小人容易犯的过失是"不及"——达不到。孔子提出"执其两端,用其中于民",主张"中立而不倚",这既是人生的态度,也是一种思维方法,他的这种思想和态度对中华民族有很重要的影响和作用。"中庸"思想提醒我们,每个时代,社会上总会有不同的极端主张,领导者一定要力求避免极端,不断地调整来接近中道。每个时代,每个社会主张极端的人是少数。因此,不走极端、避免极端、选择中道,必然是符合大多数人要求的选择,我们也可以说是大多数人民的选择。在孔子思想中,"中庸"一方面是实践的方法,同时也强调中庸自身就是一个根本的德性,中庸的观点本身也具有道德价值。"中庸"作为道德来讲,作为德性来讲,是道德君子才能够掌握,才能够体现的。

从这个意义上来讲,中庸的思想应该具有双重性格:一方面它具有道德本身的意义,把中庸作为道德德性本身;另一方面这种中道思想、中庸之德，赋予了儒家以及中华文明一种不走极端的稳健的性格。在中华文明的历史上，在儒家思想主导的时代，没有发生过政策上的极端重大失误。凡是出现了政策上的极端失误，都是丧失了儒家思想的主导。这体现了中庸价值和中庸的思维方法，在中华文明历史上起到的一种引导作用、约束作用。如果从中华民族和中华民族性格角度来讲，中庸也可以说对中华文明的性格起到了一种塑造作用，它塑造了中华文明不走极端，接近中道的性格。

五、尚和

我们选择了"仁、义、中、和"四个观点来描述孔子崇德的精神表现。应该说包括孔子以前以及跟孔子同时代的一些智者，他们都提出了"和"与"同"的不同，即"和同之辩"。和，就是不同事物调和在一起；同，就是单一事物的不断重复。也可以说"和"就是不同的要素的和谐、相和，"同"就是单一事物的同一，也叫作单纯的同一性。在孔子以前的西周时代，以及春秋后期，智者已经有这样的认识了，就是"和"优于"同"，和合优于单一。孔子的思想吸收了西周以来的这种思想和同时代的思想精华。所以在孔子思想里面，这种尚和的思想倾向，继承发展了我们中国早期"和同之辩"的智慧。从西周到春秋末期的"和同之辩"认为差别性、多样性是事物发展的前提，不同事物的配合、调和是事物发展的根本条件。只有不同的事物相配合，生命才能不断发展。宇宙才能生生不息。如果否定多样性和差别性，只追求单一性，结果往往是强迫同一。"和合"包含着对于差异性、多样性的包容和宽容，这样的包容、宽容正是今天我们所讲的民主价值的基础。孔子提出"君子和而不同，小人同而不和"，

《论语》中提出"和为贵"都是在表达一种价值的选择和偏好。所以"和而不同"相对于早期的"和同之辩"来讲，既肯定了差别又注重了和谐，在差别的基础上来寻求和谐，比早期的"和同之辩"更进了一步。孔子还认为，"和"是君子的胸怀、气度、境界，孔子追求的"和"也是建立在多样性共存基础上的一种和谐观。

当然，单独的"和"的观念很早就出现了。在儒家的经典《尚书》里面就提出了"协和万邦""以和邦国"，都是关于国与国之间的关系的规范，把"和"这种观念作为对外交往的一个基本对话和价值。所以以中华文明世界观为基础的对外交往，很早就确定了自己的价值理想。这个理想就是"和"，也就是和谐。孔子以后，在"和合"观念的基础上，"和"的"和谐"意义更加突出了，强调以和谐取代冲突。刚才我们讲"守中"是以中庸排斥极端，"尚和"就是以和谐取代冲突。

从中国文明史中可以看到一个特点，就是我们不断追求和平共处的世界，这是我们几千年来持久不断的理想追求。60多年前，在印度尼西亚的万隆会议上，形成了"和平共处五项原则"这个共识。中国是这个共识的主要倡导者之一，并积极参与这个共识的达成。从中可以看到，中华文明的基本价值在当代仍然有深刻的影响。国家间的和平共处是人类的普遍理想，孔子思想产生在2500年以前，孔子思想和儒家思想对于与外部世界关系的主张，基本就是尚文不尚武，尚柔不尚勇。孔子主张对于远方的世界应该"修文德以来之"，就要发展文化的软实力，发展我们的价值吸引外部世界来建立友好关系。当然，"和"不仅仅是对外交往的基本价值，也是对内调整社会关系，促进社会和谐的基本价值。

所以孔子思想主要的道德精神可以用"崇德"来概括。具体的表现是坚持道德重于一切，主张他者先于自我，强调道义高于功利，以中庸排斥极端，以和谐取代冲突。这些不仅仅是孔子和儒家思想的精髓道义，也必将在我们今天的社会实践中，在中华民族伟大复兴的实践中，继续发挥价值引领的作用。

在21世纪的当代中国，我们要更加自觉地提取中华文化的主流价值思想，正面宣示我们对中华文明的继承。在世界舞台上，我们更多地以中华文化来解释中国政策的背景，呈现中国的发展方向。21世纪以来，我们以和谐为中心的国内政治理念口号，都体现着类似的努力，就是探求以中华文化为基础来构建我们共同的价值观，来巩固我们国家的凝聚力，大量地、积极地继承和发扬中国文化的资源来建设我们的国家，应该说这是21世纪当代中国文化的特色。

习近平总书记在2014年孔子诞辰2565周年纪念大会上指出，孔子思想虽然不能够全部搬到今天的时代，但是其中含有超越时空、跨越国界、有当代价值和永恒魅力的部分。这是中国国家领导人在文化和价值引领方面所作的重大宣誓，也显示出孔子和他的思想对于当代中国有重要的现实意义，对未来中国的发展也会继续发挥重要的意义。因此，今天讲中华民族的伟大复兴，必然也是对中华文明的复兴和发展。所以在孔子和儒家传统及其核心价值的影响下，中华民族的伟大复兴不仅仅是对富强的追求，对富强的追求并不是当代中国发展的全部，对世界和平和道德价值的追求，也将永远是中国发展的价值目标。最后讲这句话就是因为都和孔子有关。2014年，我在印度尼西亚孔子学院开会，这个会就是讲新时代的孔子和孔子观，印度尼西亚学者提出一个问题：中华民族伟大复兴跟孔子思想的复兴有没有什么关系？他们的观点是，中华民族伟大复兴如果仅仅是追求国家富强，如果中国的发展目标只是富国强军和指向外部世界，那么中国就难以避免走上20世纪那些强国的旧路。当时我就回答，仅仅从富强的角度来理解中华民族伟大复兴是片面的，中华民族伟大复兴包含着中华民族的价值追求，其中重要的一个方面，就是孔子以来中华文明的一些内在价值。

所以，中国梦的实现也是中华民族价值观、价值理念追求仁爱、正义、大同理想的实现。这样我们就可以把中国梦的完整的价值内涵向世界展现。

（2018年5月）

继承弘扬中华文化

习近平同志2013年8月以来的系列重要讲话（以下简称讲话），其中一个重点是关于中华文化与中华美德的传承与弘扬。在这些讲话中，他站在新的文化高度，以宏大的历史眼界，辩证地将历史唯物主义的方法运用于对中华文化的认识，提出了一系列新的重要论述。讲话深刻肯定了民族文化、民族精神对民族生存、发展、壮大的作用，肯定了中华优秀传统文化含有超越时代和地域的普遍性价值，明确指出中华文化的发展对中华民族伟大复兴的重要意义。讲话内容丰富，把继承与发展相结合，吸收了学术界有关传统文化研究的成果，也充分反映了广大人民的意愿，对十七届六中全会以来党对中华文化的认识做了重要推进和深化。作为研究传统文化的学者，以下谈几点个人的理解和体会。

一、中华民族与中华文化

在讲话中，首先集中论述了中华民族与中华文化的关系，通过对"讲清楚"的要求强调了中华文化对中华民族的意义，即中华文化积淀了中华民族的精神追求，中华文化是中华民族的丰厚滋养，中华文化是中华民族的突出优势，中华文化是中华民族的文化实力。与以前重在讲中华民族创造了中华文化、中华文化为民族发展提供精神力量不同，习近平更强调中华民族的民族文化对中华民族的生存发展的关键性作用，表现了强烈的文化意识，使得民族文化问题被大大突出了。由于讲话不只是要论述中华民族与中华文化的历史关系，而且要落实于今天的现实，所以他同时指出，中华文化就是我们在当今世界的比较优势和软实力所在，是我们在动荡世界中站稳脚跟的根基，并进而提出中华民族的伟大复兴需要以中华文化的繁荣发展为条件，从而确立了中华文化传承发展在当代中华民族伟大复兴进程中的重要地位。我以为，讲话对中华文化的高度强调还意味着，中国共产党不仅要代表中国先进生产力的发展要求，代表中国先进文化的前进方向，代表中国最广大人民的根本利益，最基础的是要代表中华民族和中华文化。

二、中国特色社会主义与中华文化

更具有直接现实意义和理论意义的是，讲话明确阐发了中国特色社会主义和中华文化的关系，同时也就阐明了马克思主义中国化与中华文化的关系。因为，所谓马克思主义中国化的关键，就是如何确立中华民族的立场、认识中华文化的意义。在十七届六中全会报告中，开始尝试回答中华文化与当代中国特色社会主义的相互关系，如提出中华文化是建设共有精神家园的重要支撑，中华文化是发展社会主义先进文化的深厚基础等。讲话对此做了新的发展，按照讲话的精神，中华文化不仅是精神家园的支撑、先进文化的基础，在根本上，中国特色社会主义要植根在中华文化之中，中华文化是中国特色社会主义的沃土，中国特色社会主义应把中华优秀传统文化作为自己的深厚历史渊源。这些思想力图理顺中国化马克思主义与中华文化的关系，肯定中国特色社会主义要以中华文化为基础，强调中国化的马克思主义就是要和中华文化紧密结合，意味着马克思主义中国化就是要确立中华民族和中华文化在中国特色社会主义建设中的基础地位。这些无疑是马克思主义中国化的重大发展，也是中国特色社会主义理论的重大创新，对未来中国特色社会主义的实践具有重要的方向性指导意义。

三、中国梦与中华价值观

按照习近平的讲话精神，中华民族伟大复兴的"中国梦"不是简单地追求强国富民，而且是中华文化的繁荣复兴，内在地包含着中华民族的价值追求。因此中国梦的实现同时也是中华民族价值观、价值理念追求仁爱、正义、大同等理想的实现，这就指出了中国梦的文化和价值内涵，把中国梦的意涵提高到了一个新的高度。

就价值而言，中华文化的重要性，直接体现在关于社会主义核心价值理解的问题上，其关键是要解决社会主义核心价值与中华文化的基本价值、与中华美德体系的关系。按照讲话的提法，中华文化是社会主义核心价值的根本、精神命脉，社会主义核心价值的提炼必须以中华文化的基本价值为基础、源泉和立足点。在这一点上，讲话提出讲仁爱、重民本、守诚信、崇正义、尚和合、求大同，也就是以这六条为中华文化的基本价值，要求社会主义核心价值与中华文化基本价值相对接，前者以后者为根基，使中华价值成为社会主义核心价值的重要根源。讲话注重把社会主义核心价值与中华文化基本价值联结起来，对理解社会主义核心价值具有深刻的理论意义。讲话不仅强调中华优秀传统文化的价值，也强调中华优秀传统文化必须与当代文化相适应，与现代社会相协调，使中华文化在传承转化中得到发展，表现了鲜明的古为今用的时代意识。

四、社会主义核心价值与中华美德体系

习近平指出，建设社会主义核心价值体系，培育和弘扬核心价值观，就是要加强思想道德建设，在全社会形成良好道德规范、树立崇高道德理想，教育引导人们向往和追求讲道德、尊道德、守道德的生活，形成向上的力量、向善的力量。可见，思想道德建设是建设核心价值的主战场。这是其系列讲话的基调之一。

讲话强调，中华美德是中华文化的精髓，要善于传承中华文化的道德美德，要使每个人成为传承中华美德的主体，促进中华传统美德的创造性转化。应当说，中华美德和道德建设是讲话所关注的核心和重点。按我的理解，其中的关键是要解决践行社会主义核心价值与传承中华美德体系的关系。社会主义核心价值的对象化实践主要有两个领域，制度建设和道德建设。在道德建设上，如果社会主义核心价值要落实在每个人身上，体现其道德的功能，就必须以中华美德的传承实践为基础、为根本。核心价值与传统美德必须两手一起抓，一方面要注重社会主义核心价值的培育，一方面要注重中华美德的传承。只有这样，"讲道德、守道德"才能落到实处，而不能孤立地去讲社会主义核心价值的道德实践。在道德建设的领域，社会主义核心价值的践行需要以中华美德体系的传承与实践为立足点、为条件，离开中华美德的传承实践去孤立地讲社会主义核心价值的践行，就不能体现讲话的要

求和精神，不能充分实现道德建设的功能。因此，必须以讲话的精神宣传核心价值，要通过贯彻讲话精神来整体思考核心价值的宣传与施行。在这个问题上需要转变认识，把对核心价值建设与中华美德关系的认识统一到讲话的精神上来。

2013年11月下旬，习近平同志以党和国家领导人的身份到访曲阜和孔府，并发表重要讲话，这是中国共产党执政以来的第一次，具有重要的象征意义。选择在曲阜发表有关中华文化和孔子儒学的讲话，明确强调弘扬中华文化和儒家文化的优秀传统，这是党和国家领导人在文化与价值引领方面所做的重大宣示，其意义绝不可低估。中国古代，历朝历代的主政者往往通过宣示对孔子的尊崇来引领风尚，改善风俗。习近平同志扬弃了古代对孔子的尊崇形式，而明确指出孔子及儒家思想是中华民族传统文化的重要组成部分，在中国历史上发挥了极为重要的作用，儒家传世的至理名言，经过两千多年的历史检验，要结合时代条件加以继承和发扬。在这一点上，习近平的山东曲阜之行作为对传统政治文化的一种传承转化，标志着执政党政治文化的一个重大突破，同样具有重要的意义。

（《中华读书报》，2014年4月16日）

近代思想史研究中的"创造性转化"

一、林毓生的"创造的转化"

"创造的转化"这个概念本是美国华裔学者林毓生在20世纪70年代面对五四时代激进的文化思潮而提出来的，他本人也曾说明他对应使用的英文为"creative transformation"，"创造的转化"是对这一英文的翻译。

"创造的转化"这一概念是针对五四自由主义对传统文化的否定态度而提出来的一种修正。林毓生把五四自由主义对传统文化的态度归结为"全盘反传统主义"，他认为这是不可取的，这只能使得自由主义在中国的发展得不到任何本土文化资源的支持，反而使自己成为文化失落者。另一方面，他也强调这一立场与文化保守主义的区别，他反对"发扬固有文化""文化复兴"一类的提法，反对唐君毅等港台新儒家的文化思想，显示出他自己对这个概念的使用还是有着自由主义的印记。他还指出，一方面，"创造的转化"这个观念的内涵是重视与传统的连续性，而不是全盘断裂，另一方面在连续中要有转化，在转化中产生新的东西。所以新的东西与传统的关系是"辩证的连续"。

关于创造性转化这个观念的内容，林毓生多次做过明确说明，如："简单地说，是把一些中国文化传统中的符号与价值系统加以改造，使经过创造地转化的符号与价值系统，变成有利于变迁的种子，同时在变迁的过程中，继续保持文化的认同。"他所说的符号主要指概念和语句，他所说的变迁是指以自由民主为主的社会变迁。因此，他对创造性转化概念的定义和说明可概括为三句话：一，把中国文化中的概念与价值体系加以改造。二，使得经过改造和转化的概念与价值体系变成有利于现代政治改革的种子。三，在社会变迁中保持文化的认同。其思想实质，是使社会变迁和文化认同统一起来，而不冲突；其基本方法是改造、转化传统的观念，但不是打倒传统的观念。

虽然"创造的转化"本是自由主义内部在文化上的调整，要求自由主义把"五四"对传统的"全盘否定"改变为"创造转化"，但林毓生自己后来也把它的应用做了扩大，使它不仅是对自由主义的要求，也希望使之成为一般人对传统文化的态度。近几十年来，海内外各界人士广泛积极地利用"创造的转化"这一观念形式，抽象地继承这一观念形式，但是，如果从我们今天对文化传统继承的立场来看，林毓生对"创造的转化"的具体理解，仍有很大的局限性，主要表现是：第一，这一观念没有表达"继承"的意识，甚至和"弘扬"相对立，这样的立场不可能成为全面的文化立场。如果林毓生把他的观念概括为"辩证的连续""创造的转化"两句会更好。第二，转化的方向只是有利于与自由民主的结合，完全没有考虑与现代社会道德、伦理秩序、心灵安顿、精神提升、社会平衡的需要结合，这种转化就不能不是单一的、片面的。

二、墨子刻以"调适"批评"转化"

与林毓生同时代的美国中国学家墨子刻从一开始就对林毓生的"创造的转化"的观念提出异议，他从英文的语感出发，认为transformation（转化）含有革命和根本改变的意思，而应当重视改良、调适（accommodation）。所以他提出了transformation vs accommodation（"转化/调适"）的中国近代史研究框架。他认为，中国近代历史中的革命派属于转化型，改良派属于调适型，前者主张激烈转化，后者主张逐渐调适，而民国初年以来革命派代表的转化方向一直居于思想上的优势地位，他甚至称五四思想为转化思想。不过，"转化/调适"这一框架更多地是来处理革命和改良的分别，并不像林毓生的"创造的转化"观念是专对思想文化的激进化倾向而发。墨子刻学生黄克武在他的《一个被放弃的选择》一书中即运用了这一框架对梁启超的调适思想做了新的研究。

在墨子刻看来，"转化"是根本改变，是在性质上发生变化，属于革命派思维，"转化"与改良、调整的观念不同，故墨子刻用accommodation（调适）来说明与革命思维不同的改良方针。在中文中，"转化"虽然不一定有革命式的决裂意义，但确实没有渐渐改良的意思，而有一种从方向上转换的意思。林毓生自身的立场并不是主张政治革命和思想革命，创造性转化观念的提出是针对思想革命而提出的。所以墨子刻对这个概念的反对并不能针对林毓生的思想。但墨子刻提出"转化"这个概念是不是过强，值得我们思考。由于墨子刻对"转化"与"调适"的分别，主要用于政治思想史的主张，而不是文化态度，所以这里就不再多加讨论了。

三、傅伟勋"创造的发展"

与林毓生等不同，20世纪80年代初，傅伟勋由哲学思想史的研究中提出"创造的诠释学"的方法论。其创造的诠释学应用于文化传承发展，是"站在传统主义的保守立场与反传统主义的冒进立场之间采取中道，主张思想文化传统的继往开来"。他强调，"继往"是"批判的继承"，"开来"是"创造的发展"，所以他的文化口号是"批判的继承，创造的发展"。这个口号较林毓生的单一口号"创造的转化"要合理，可惜没有得到充分的注意和推广。傅伟勋与林毓生不同，他不只是从政治改革着眼，而且面对中国学术思想文化的重建发展，其文化的视野和对应面更为广泛。而且，"创造的发展"这一观念，比起"创造的转化"来，也没有墨子刻对"转化"所提出的可能的问题。在该口号中，"批判的继承"应是取自50年代以来中国文化界对待传统文化的普遍提法，而"创造的发展"是傅伟勋自己特别基于其"创造的诠释学"所引出的。其中还特别关注当代人与古典文本的"创造性对话"，以体现"相互主体性"。由于他的诠释主张基于海德格尔和伽达默尔的诠释学理论，也曾被他应用于道家和佛教的典籍文本的解读，是经过深思、实践而自得，故比较有系统性。当然，由于他的这一主张更具体化为五个层次的诠释阶段，故而往往被认为主要是针对思想文化文本的诠释而言，容易忽略了"批判的继承，创造的发展"具有的文化主张的意义。

应该说，就观念的历史而言，傅伟勋的"创造的发展"为我们今天提出"创新性发展"提供了基础。就其创造的诠释学的五个层次而言，即"原典作者实际说了什么""原典作者说的意思是什么""原典作者所说可能蕴涵的是什么""原典作者应当说出什么""原典作者今天必须说出什么"，他强调"应当说出什么"的层次就是"批判的继承"，"必须说出什么"的层次就是"创造的发展"。这些说法对古代文化的"创造的诠释"提供了具体的途径，从而也就如何面对古代经典文本进行"批判的继承，创造的发展"提出了具体的实践方法。但其中"批判的继承"是我们50年代的口号，不能不含有批判优先于继承的意义，今天应该予以调整。

四、李泽厚的"转换性创造"

李泽厚在20世纪80年代中期以后提出了"转换性创造"，很明显这是从林毓生的提法变化出来的。

其实，李泽厚在许多地方讲的"转换性创造"就是"创造性转化"，重点是转换，不是创造，与林毓生的讲法在内容上区别不大。李泽厚的出发点与林毓生也有一致之处，"重复五四那种激烈的批判和全盘西化就能解决问题吗？我们今天的确要继承五四，但不能重复五四或停留在五四的水平上。对待传统的态度也如此。不是像五四那样扔弃传统，而是要使传统作某种转换性的创造"，说明他的提法也是针对五四文化观念而发。李泽厚很强调革新和批判，他认为，至少有两个方面的转换性创造：一个是社会体制结构方面的，第二个是文化心理结构方面的。这实际讲的是两个方面的转换，其目的是"转换传统"。他说这种创造既必须与传统相冲突，又必须与传统相接承。"在对传统中封建主义内容的否定和批判中，来承接这传统心理，这就正是对传统进行转换的创造"，所谓在对传统的批判中承接传统，认为这就是转换性创造，其实就是以往所说的"批判的继承"。

从文化继承的角度来看，他认为，总起来看，历史的解释者自身应站在现时代的基地上意识到自身的历史性，突破陈旧传统的束缚，搬进来或创造出新的语言、词汇、概念、思维模式、表达方法、怀疑精神、批判态度，来"重新估定一切价值"，只有这样，才可能真正去继承、解释、批判和发展传统。这种立场强调破旧出新、怀疑批判的继承发展传统的说法，还是"批判的继承"的思想。这都表明，李泽厚讲的重点是改换，不是创造，如他说"我们还要在取得自我认识的基础上，设法改造我们的传统，使传统做某种转换性的创造"，其实还是改造、转化，并不是与"创造性转化"不同的"转换性创造"。所以学术界和知识界都没有对李泽厚的这一概念产生兴趣。

另一方面，李泽厚认为，儒学的伦理绝对主义所突出的"天理""良知"只是心理形式，而不是具体内容，它们提出的具体内容都只是相对伦理，都服从于特定的时空条件的社会要求，但其结果是通过各种相对伦理，历史地积淀出了某些共同性原则和文化心理的结构形式。绝对伦理看起来是超越时空的，其实是以一定时空条件下的"社会性道德"的相对伦理为其真实的产牛基地。这也就是"绝对伦理"与"相对伦理"的辩证法。照这个思想，文化继承所继承的对象，一定是历史积淀出来的"心理形式"，而不是具体内容、具体规范，其中明显受到康德的影响。

五、伽达默尔的"创造性诠释学"

在伽达默尔看来，文化的继承就是要通过每一时代自己的理解赋予或揭示其中适于今天的意义，继承的本质在于，真正的真理是文本的过去意义与今天的理解的结合，解释者要把自己所处的具体境况和文本联系起来。因此在继承上，对诠释学而言，文本意义的开放性和解释者的创造性是最重要的。每一时代的人们都面临着自己新的问题，由此依据自己的具体语境不断更新对文本意义的理解，这才是继承。从而，继承是创造性的继承，创造性应是诠释的本质、也是继承的本质。照伽达默尔所说，诠释学自古就是使文本的意义和真理运用于当下具体境况。诠释就是把文本的形式意义扩张，创造性地用于当下时代的需要，用创造性诠释结合当下时代的实践需要，就是创造性转化。诠释学对传承实践中"创造性"的强调是很有意义的。

文化的传承发展，应该是将"同一性"与"创造性"整合在一个过程之中，从这个角度来看，伽达默尔的诠释学重点在强调创造性，而在一定程度上忽视了文化传承中的同一性。如果仅仅有解释者的具体理解与创造性，只有每个时代的新问题、新理解，就不能构成传承的同一性，也就不能构成传承，不能证成继承。伽达默尔虽然主张过去与现在是综合，视界的融合，但始终没有对"过去"之维加以论述和分析，没有明确肯定过去的普遍性，只强调当下的具体性。

可见，仅仅讲创造性，还不能满足文化传承发展的全部理论需要，创造性只是满足了我们对文化的发展和创新的主要方面，而整个文化的传承创新，还需要肯定继承和弘扬的方面，继承和创新两个方面的结合才能构成文化传承发展的辩证展开。

六、当代中国文化方针的"创造性转化"

最后，让我们回到对"创造性转化"这个观念的讨论。

习近平总书记在十八大以来所做的有关中华优秀传统文化的系列重要讲话在国内外广受好评，并引起了巨大反响。习近平总书记有关传统文化的系列重要讲话充分综合了党在历史上提出的古为今用、推陈出新、去粗取精、去伪存真的文化方针，又在此基础上吸收了学术界有关传统文化研究的成果，加以发展创新，提出了"两有""两相""两创"的方针，为全面继承和发展中华优秀传统文化指明了方向。"两有"即对古代的文化要有区别地对待、有扬弃地继承；"两相"即中华优秀传统文化必须与当代文化相适应、与现代社会相协调；"两创"即对中华优秀传统文化要实现创造性转化、创新性发展。"两有"是讲继承的区别原则，"两相"是讲继承的实践要求，"两创"是讲继承和创新的关系。按照习近平总书记系列重要讲话的精神，继承是基础，转化是方向，创新是重点。结合时代条件赋予中华优秀传统文化新的含义就是转化，以古人之规矩，开自己的生面就是创新。强调要处理好继承和创造性发展的关系，重点做好创造性转化和创新性发展。讲话在这些方面提出的一系列新的思想观点，是对党以往的文化方针的新发展。当然，这并不是说对党的理论和实践来说，有关继承的理论难题都已经解决，事实上在继承的问题上还有很多人停留在以批判为主的思维，需要加以转变；而是说，面对今天治国理政的复杂实践需求，今后应当更多地以理论联系实际的态度，集中于对传统文化进行创造性转化、创新性发展。

中华优秀传统文化与社会主义市场经济、民主政治、先进文化、社会治理等还存在需要协调适应、建立合理关系的地方。因此，创造性转化，就是要按照时代特点和要求，对那些至今仍有借鉴价值的内涵和表现形式加以改造，赋予其新的时代内涵，激活其生命力。创新性发展，就是要按照时代的新进步、新进展，对中华优秀传统文化的内涵加以补充、拓展、完善，发展其现代表达形式，增强其影响力和感召力。

需要把"对中华优秀传统文化要实现创造性转化、创新性发展"放在习近平系列重要讲话的整体中来加深理解。讲话中反复提到"要继承和弘扬中华优秀传统文化",因此,继承、弘扬应当是转化、创新的前提,善于继承才能善于创新;在扬弃中继承,在继承中发展,在发展中创新。这些都是与林毓生或其他人的讲法有重要不同的。由于独立的"创造性转化"的命题中没有表达出继承、弘扬的意思,"转化"中不仅没有包括继承和弘扬,而且突出的是改变、转变的意思,所以"创造性转化"的提法,是有其应用范围的。可见"两创"虽然是实践的重点,但毕竟还不能把党对中华优秀传统文化的方针全部归结为"两创",仅仅提"两创"还不能使我们全面掌握习近平总书记讲话的内容精神,按照讲话的精神,必须把"两有""两相""两创"的方针结合起来。"两有"即对古代的文化要有鉴别地对待、有扬弃地继承;"两相"即中华优秀传统文化必须与当代文化相适应、与现代社会相协调;"两创"即对中华优秀传统文化要实现创造性转化、创新性发展。"两有"是讲继承的区别原则,"两相"是讲继承的实践要求,"两创"是讲继承和创新的关系。继承是基础,转化是方向,创新是重点。只有这样,才能更加完整地理解、体现党的文化方针。

（原题为《"创造性转化"观念的由来和发展》,

《中华读书报》,2016年12月7日）

第二章 儒学与时代

中华文化与马克思主义中国化

有关传统文化和马克思主义的问题，我提出几点粗浅的看法，供大家讨论：

第一，"传统文化与马克思主义"或"马克思主义中国化"的问题，不应当是一个抽象的理论对比或推演，按照我的理解，其本质应当是今天的中国共产党，以马克思主义为思想理论基础的现代中国的执政党，在面对如何把中国建设为富强、民主、文明的现代国家过程中，如何看待、对待传统文化的问题。简单来说，"传统文化与马克思主义"或"马克思主义中国化"的问题，就是中国共产党和中国政府今天如何看待中国传统文化的问题。因此，"传统文化与马克思主义"的问题不能拘泥在这十个字的字面上去理解，也不应该一般地去关注马克思主义和传统文化的理论结合点，不需要把注意力放在马克思主义和儒学的学术对话上，更不需要纠缠在马克思主义经典文本与儒学经典文本的具体比较上。在这个问题上，我们要拨开种种枝节，直指根本，要直接指向当代中国社会协调发展的文化需要、中国特色社会主义的实践需要。

"马克思主义中国化"这个提法带有历史的特点，在20世纪二三十年代的共产国际与中国共产党之间，在被视为普遍与特殊之间，中国的主体地位不能突出。因此，从今天来看，"中国特色社会主义"才是正题和主题，更能突出中国社会主义建设的主体性。马克思主义中国化只是中国特色社会主义题中之一义，而不是全部。不能以马克思主义中国化取代中国特色社会主义，主体是不能移位的，立足点和基础是建设中国特色社会主义的实际。党的路线要转型，理论路线也要转型，理论中心和重点应当从马克思主义中国化转到建设中国特色社会主义上来。

第二，关于"马克思主义中国化"的问题，毛主席在革命战争时期说过，是用马克思主义的"矢"，去射中国革命的"的"，"的"就是目标。因此在谈到这个问题的时候，不能忘记中国实际和中国问题具有目标的意义。必须清醒地认识到，党的任务和使命在"文化大革命"结束以后的新时期，在改革开放的新时代经历了重大变化和根本转向，这就是从以革命和阶级斗争为中心，转变为以建设和经济发展为中心。90年代以来，党更加明确了对中华民族生存和发展承担的当代责任，这就是推进中华民族的伟大复兴和中华文化的伟大复兴。21世纪以来，党的理论和路线进一步体现了与时俱进的发展，面对和谐社会的建构和国家的长治久安，提出了一系列传承发展中华文化的提法。今天作为执政党，党和政府面临着、承担着维护国家利益、增进人民福祉、发展文化传承、保持民族统一、寻求社会和谐等重大而基本的任务。我们到底应该如何对待优秀传统文化及其价值，必须在思想上真正从以社会革命为中心转变为以社会和谐为中心，在明确认识目前的形势和我们的任务的前提下，真正从中华民族的立场出发，才有可能解决。十八大以来，实现中华民族伟大复兴的中国梦成为党和全国人民的历史目标，引领民族复兴成为时代的主题。应该说，中华文化是中国梦实现的条件，中华文化为中国梦的目标提供了价值内涵的基础，正如社会主义核心价值观体系有其基础。同时，中华优秀传统文化也构成了实现中国梦的现实动力，是鼓舞我们今天去实现中国梦的动力根源。当然，实现中国梦必须要把中华优秀传统文化跟时代价值结合起来，对中华优秀传统文化进行创造性转化和创新性发展，因而中华优秀传统文化的转化和创新是我们今天实现中国梦的基本方式和路径。今天，中华优秀传统文化和经典马克思主义是服务于中华民族伟大复兴的两个轮子，因此不需要纠缠于中国文化与马克思主义的异同，最重要的是他们都要肯定双方在实现中国梦历程中的地位作用，共同地自觉为中华民族伟大复兴中国梦的实现来服务。

第三，对于"传统文化与马克思主义"或"马克思主义中国化"的问题，重要的是如何理解马克思主义。马克思主义是发展的，中国化的马克思主义是与时俱进的。马克思主义中国化是20世纪的口号，今天我们要更加突出"中国的马克思主义"。我们讲儒学和马克思主义的关系，这个马克思主义应以"当代中国的马克思主义"为主体，以邓小平理论、"三个代表"重要思想、科学发展观、习近平新时代中国特色社会主义思想为主体，反对僵化主义、教条主义。正确对待传统和儒学的问题属于文化的问题，而在中国化马克思主义不断发展的同时，不断开辟着解决这个问题的道路，十八大以来的一系列主张为我们正确思考和解决这个问题指明了方向。

习近平总书记在系列重要谈话中指出，中华文化积淀着中华民族最深层次的精神追求，代表着中华民族的独特精神标识；中华文化记载了中华民族长期奋斗中开展的精神活动、理性思维、文化成果，其中最核心的内容已经成为中华民族最基本的文化基因，是中华民族的根与魂。又指出，中华优秀传统文化为中华民族生生不息、发展壮大提供了丰厚滋养，孕育了中华民族的宝贵精神品格，培育了中华民族的崇高的价值追求，培育了共同的情感和道德，共同的理想和精神。他强调指出中华优秀传统文化是中华民族的突出优势，是我们最深厚的文化软实力，今天依然是我们推进改革开放和社会主义现代化建设的强大精神力量，是我们在世界文化激荡中站稳脚跟的根基。中华民族的伟大复兴要以中华优秀传统文化的繁荣发展为条件。讲话还指出，中华优秀传统文化为中华民族培养了共同的价值，蕴含着我们共同坚守的价值信念。培育和弘扬社会主义核心价值观必须立足于中华优秀传统文化。强调中华优秀传统文化价值观对于社会主义核心价值观的基础意义，这是讲话对社会主义核心价值观建设在理论上的重大发展。讲话指出牢固的核心价值观都有其历史、文化的根本，抛弃传统、丢掉根本，就等于割断了自己的精神命脉，从而在根本上阐明了中华优秀传统文化是社会主义核心价值观的历史根源、文化命脉，提示了社会主义核心价值观建设必须自觉地把中华优秀传统文化作为重要基础和源泉，使二者有机联系在一起，融合为一体。这些提法都是党的历史上所没有的，显示出习近平对十七届六中全会以来党对中华优秀传统文化的认识又做了全面推进和大幅深化，值得高度重视。

因此，所谓马克思主义中国化的关键，在今天的时代，就是如何确立中华民族的立场、认识中华文化的意义，促进中华民族的复兴。在十七届六中全会报告中，提出中华文化是建设共有精神家园的重要支撑，中华文化是发展社会主义先进文化的深厚基础等。习近平系列重要讲话对此做了新的发展，按照讲话的精神，中华文化不仅是精神家园的支撑、先进文化的基础，在根本上，中国特色社会主义要植根在中华文化之中，中华文化是中国特色社会主义的沃土，中国特色社会主义应把中华优秀传统文化作为自己的深厚历史渊源。中国特色社会主义就是中国道路的历史展开，中国道路是从五千年中华文明的传承中走出来的，具有深厚的历史渊源。讲话阐明了马克思主义中国化与中华文化的关系，进一步确认了中华文化的当代价值和意义。根据讲话的精神，中国特色社会主义是在中华大地上展开的伟大实践，它以中华民族为实践主体，必然要立足于中华民族的民族精神，立足于中华优秀传统文化，扎根于中国的历史文化，依赖于中华文化的精神支撑。特别是中华民族伟大复兴的中国梦，是今天中国特色社会主义阶段发展的奋斗目标，而中国梦的实现需要汲取中华优秀传统文化的思想精华，弘扬中国精神，坚定文化自信。弘扬中国精神必须把长期以来我们民族形成的优秀思想文化充分继承和弘扬起来，使之成为全国各族人民团结奋斗的重要思想基础。中华民族伟大复兴的中国梦不是简单地追求强国富民，而且是中华文化的繁荣复兴，中国梦的实现同时也是中华民族价值观、价值理想的实现。习近平系列重要讲话力图理顺中国化马克思主义与中华文化的关系，肯定中国特色社会主义要以中华文化为基础，强调中国化的马克思主义就是要和中华文化紧密结合，意味着马克思主义中国化就是要确立中华民族和中华文化在中国特色社会主义建设中的基础地位。这些无疑是马克思主义中国化的重大发展，也是中国特色社会主义理论的重大创新。习近平系列重要谈话关于中华文化的论述是当代中国马克思主义关于文化问题的重要文献，也是我们处理传统文化、儒学和马克思主义问题的基础与指针。我们必须牢牢把握这个大方向，紧密结合社会主义文化建设的实际，不断开创把马克思主义与中华文化相结合的新局面。

（2017年9月在中央社会主义学院"中华文化与马克思主义中国化"学术论坛上的发言）

儒家与基督教的核心价值及当代意义

关于孔子与耶稣的核心价值，我的体会是这样的：从他们本身的教义来看，代表孔子的就是《论语》，代表耶稣的就是福音书。我们今天看他们的核心价值之间的比较，应以《论语》和福音书为基本的对照基础，同时应该有一个文明对话的背景、文明对话的意识。

从这个背景看，孔子有四个观念作为他的核心价值非常重要，即仁、和、忠、恕。"仁"，大家都知道，就是"仁者爱人"。"和"，一般来说是和谐、和睦，但我想突出的是，"和"不是外在的东西，跟一般讲的和谐不完全一样，它是人的一种价值取向，也是一种内在的与人为善的态度。"恕"就是"己所不欲，勿施于人"，是恕道；"忠"就是"己欲立而立人，己欲达而达人"，是忠道。忠恕简单讲就是推己待人，尽己为人。

从福音书的角度来看，有三个观念作为耶稣的思想的核心价值很突出，一是爱上帝，能够全身心地爱上帝；二是爱人如己，这里的"人"指他人。三是你要别人怎样待你，你就要怎样待别人。

儒耶的这两组核心价值相比较，有很强的共通之处，如都强调"爱人"，都重视"己所不欲，勿施于人"。《圣经》中的上帝和耶稣也都提倡仁慈，与孔子相通。那二者有什么不同的地方？

首先在核心价值的实践方式上有不同。在《圣经》里，对这些价值的强调往往是通过律法和戒令的形式，可以说带有神的他律的保证形式。而孔子不是把人的价值放在神的信仰方面，他更多是强调通过人的德性与品质来实现这些核心价值，因此孔子不强调外在的惩罚、外在的监督。对于孔子，与神的他律相比，更强调人的自律，注重人心的一种反省，这是强调落实和实践方式的不同。

从比较的意义上来看，孔子和耶稣的核心价值的特点还有两点值得注意：一个是，他们始终坚持对弱势群体的关爱和关怀（如果说这个问题在20年前的中国没有这么突出，现在这个问题越来越现实和突出了），在比较的意义上讲，耶稣在这方面的教导更强烈——对穷人的关心和关爱。另一个是，我们在文明对话中强调文化间的关系，东西方传统有很多东西能够帮助我们今天促进不同文化间的相互尊重和相互理解。在这方面，从比较的意义上来看，我觉得孔子的教导，如我刚才讲的仁、和、忠、恕，更能促进文化间的相互包容。特别是"和"的态度与精神，比耶稣的教导更能表达人道主义的精髓。

（2010年在"首届尼山世界文明论坛"，"孔子与耶稣"对话
分场的发言）

儒学复兴的运势与条件

儒学的复兴，我觉得有两个方面，或两个条件。一个是理，一个是势。"理"的条件就是对理的阐明，对于儒学义理、价值所做的抉发，这对儒学的复兴是很重要的。"势"的条件就是势的累积，没有一定的运势的累积，儒学复兴也就不能成为现实。"理"的问题大家谈了很多，下面我仅就儒学复兴的"势"的条件，从四个方面来说明。这四个方面的顺序是依照历史的发展来展开，而不是从重要性来展开。

第一个是政府的理性推动。1978年，由于外国人要参观三孔——孔府、孔庙、孔林，于是政府要求《历史研究》杂志组织写一篇正面肯定孔子思想的文章。庞朴先生受命来写这篇文章，即《孔子思想再评价》。当时，从"批林批孔"拨乱反正并不是没有风险的，而有了政府的肯定，孔子的平反就比较顺利了。1978年春天，中学历史教材把"文革"中的"孔老二的反动思想"改为"孔子的反动思想"，开始了调整的步伐。1978年年底，中共十一届三中全会过后，中学历史教材里的"孔子的反动思想"就变为"孔子的思想"了。1979年李泽厚也写了对孔子再评价的文章，学界对孔子的肯定就更多了。1984年，在政府的推动下成立了中国孔子基金会，1985～1987年孔子基金会的学术活动，杜维明先生也都参加了。1989年，在中国孔子基金会主办的纪念孔子诞辰2540年大会上，江泽民出席并讲话，他的讲话从政府最高层为正面肯定孔子及其思想的地位和意义，奠定了基调。在当代中国的历史条件下，政府的因素很重要。政府的理性推动，可为儒学的复兴创造有益环境。

第二个是知识群体的文化自觉。1979年后的几年，庞朴先生每年都写一篇关于孔子评价的综述，基本上说来，对孔子的政治平反相当顺利，只是对孔子思想的评价还有分歧。然而，最重要的是，对孔子的肯定，并不等于对儒学的肯定。80年代知识界有一种引人注意的说法，即"回到孔子"，这是什么意思呢？就是说，孔子之后历代所讲的儒学都是错的，都要否定，所以我们要回到孔子去理解儒学。这就把孔子和后来的儒学对立起来了，事实上，如果否定了汉以后的儒学，孔子也就很难在中国历史上立足。这种对儒学的否定的观念，在80年代普遍流行。所以，在80年代，我们的学术界和知识界仍然主要受着五四激进主义的影响，批判儒学是主流。把传统与现代完全对立起来，不能认识传统价值系统对现代化社会的意义。只有杜维明先生1985年来大陆提出儒学复兴的问题，所以文化热中，杜先生的观点被概括为"儒学复兴派"。因为他是从美国来，外来的和尚大家比较尊重，能够倾听他的主张。但一般人都认为，儒学的复兴只是一种抽象的可能，积极地说，也只是遥远的梦想。知识群体的文化自觉是儒学复兴的关键。知识群体没有文化自觉，儒学的复兴是根本不可能的。总体上说，1978年以来儒学复兴的障碍其实主要来自知识分子。当然，老意识形态的惯性不可能一下子消失，有些意识形态工作者仍以教条主义的方式不断阻碍儒学的复兴。在

80年代,左的和右的反对儒学的观念支配了绝大多数知识分子的观念。那时没有一个可以代表儒学的声音,我们本土没有一个儒学发出的声音。杜维明先生的功绩在于把海外(包括英语学界)对儒家思想与现代化的关系的思考,以及所谓儒家人文主义的各个侧面的思想等带进来,作为当时文化热讨论里面的几大热点之一,使讨论更加多元化了,从而使得文化热不仅仅都是反传统的,而多了一个传统的声音。由于有了杜先生的观点和海外新儒家的文化呼声,1990年以来才可能成为儒学复兴的一个生长点。1991年底我应香港的《二十一世纪》杂志之邀,在每期篇首《展望二十一世纪》专栏写了我对儒学的展望《贞下起元》:"儒家思想,在20世纪知识分子从文化启蒙、经济功能、政治民主等全方位的批判中,经历了两千多年来最为严峻的考验,但是站在20世纪即将走过的今天,放眼儒家文化的未来命运,没有理由绝望或悲观。恰恰相反,我确信,在经历了百年以来,特别是最近一次的挑战和冲击之后,儒学已经度过了最困难的时刻,已经走出低谷。"我的依据是90年代初知识分子开始沉静下来,重新认识中国文化和儒学价值,虽然这在当时还只是很少人。到了1995年年中,《孔子研究》发表了多位学者的文章,公开抗争主流左派对孔子儒学和中国文化的批判态度,文化自觉在知识群体中慢慢扩大和累积起来。

第三个是社会文化的重建。已经有学者讲到,90年代末以来中国大陆重建民间学堂、书院、读经班等。就今天的特殊场合,我只提出几个21世纪以来与孔子有关的文化重建的标志性事项。2000年前卫戏剧导演张广天在北京推出了话剧《圣人孔子》,预示了商业化时代民众和文化对孔子的呼唤。2004年第一个孔子学院建立,到今天全世界已经有300多所孔子学院了。2005年由山东省政府主办了孔子公祭大典，后来发展为海内外华人全球祭孔大典。2006年中央电视台《百家讲坛》策划开讲孔子和《论语》思想。2007年由中华人民共和国文化部与山东省人民政府主办"世界儒学大会"并颁发孔子文化奖。2008年北京奥运会开幕式以孔子"三千弟子"齐诵《论语》名句拉开帷幕。2009年学者联名要求以孔子诞辰为教师节。2010年电影《孔子》在全球上映。2011年孔子塑像出现在中国国家博物馆的门口。这一切社会文化的重建事项构成了儒学复兴的重要基础。其中民间的推动起了很大的作用。事实上，现在所谓儒学的复兴，也主要是文化的层面。

第四个是中华民族的整体复兴。政府推动是环境，知识群体是关键，社会文化是基础，而儒学的复兴最根本的条件则是中华民族的复兴和重新崛起，换句话说，中国现代化的成功和经济的迅猛发展是文化复兴的根本条件。90年代以来当现代化进程驶入快速发展的轨道、经济发展取得成功之后，国民的文化自信逐渐恢复，文化认同也随之增强。当代的国学热提示着中华民族自我意识的觉醒，体现了民族自尊与自信的高扬，开启了民族文化的自觉，文化自信增强了民族生命力，振奋了民族精神。中华民族的复兴运势是儒学复兴的历史根基。

（2012年4月在北京大学"儒学的复兴——孔垂长先生欢迎会暨两岸学者学术研讨会"上的发言）

儒学的时代使命

一、民族复兴与儒学的现代建构

谈到儒学的时代使命，不能不从回顾20世纪儒家哲学在发展期对历史使命的认识与承担说起。

近代以来中国遇到的挑战，从一定意义上说是近代西方文化对中国社会和文化的挑战。儒家的回应也是对这个宏观文化挑战的回应。20世纪30到40年代，儒家的回应以熊十力、梁漱溟、马一浮、冯友兰等人哲学体系的出现为代表。这些哲学体系不是对某个西方文化思潮的回应，而是对整个近代西方文化冲击和挑战的回应。同时，它们又是这个时期民族复兴意识高涨的产物。中华民族复兴意识的普遍高涨，成为这一时期儒家哲学的根本支撑。换言之，没有这一时期旺盛的民族复兴意识，就不可能有这些儒家哲学的现代构建。

在儒家哲学的这一发展期，熊十力坚持孟子所建立的本心的哲学思想，依据大易的原理，将本心建立为一个绝对的实体；这个实体是宇宙的实体，故同时建立了一套关于"翕辟成变"的宇宙论，因而他的哲学体系是一个注重宇宙论建构的哲学体系。马一浮把传统的经学、理学综合成一体，认为一切道术（也就是我们今天所说的各种学科）统摄于六艺；他所讲的六艺就是六经，故他的哲学体系是一个注重经典学重建的哲学体系。冯友兰继承程朱理学对理的世界的强调，通过吸收西方的新实在论，在哲学里面建立起一个理的世界，作为儒家哲学形上学的一个重要部分，所以冯友兰的哲学体系是一个注重形上学建构的哲学体系。梁漱溟早年研究东西文化论，后来又不断建构新的哲学。20世纪40到70年代，他一直在努力完成一本书，叫作《人心与人生》。梁漱溟主张心理学是伦理学的基础，所以他的哲学体系是一个注重以心理学为基础的哲学体系。贺麟则强调"以儒家思想为体、以西方文化为用"，或者说"以民族精神为体、以西洋文化为用"，对儒学复兴进行了系统设计。

上述现代儒家哲学家（也称新儒家）的工作表明，这个时期建构性的、新的儒学出现了。这种新儒学对时代的回应，基本上采取的是哲学的方式。也就是说，这是一个以"哲学的回应"为儒学主要存在方式的时代。上述这些重要哲学思想体系的准备、阐发乃至建构，都与抗日战争带来的民族复兴意识高涨有直接关系：由于这是一个民族意识高涨、民族复兴意识勃发的时代，所以民族文化与民族哲学的重建也得到很大发展。贺麟在当时表达了这种文化自觉，他认为："中国当前的时代，是一个民族复兴的时代。民族复兴不仅是争取抗战的胜利，不仅是争中华民族在国际政治中的自由、独立和平等，民族复兴本质上应该是民族文化的复兴。民族文化复兴，其主要的潮流、根本的成分就是儒家思想的复兴、儒家文化的复兴。""儒家思想的命运是与民族的前途命运、盛衰消长同一而不可分的。"

由历史的经验可知，在当代中华民族伟大复兴的背景下，必然迎来儒学的新发展时期。沿承20世纪抗战期间儒家思想的理论建构与发展，作为民族哲学的儒学，其当代使命应当是，在21世纪面对时代和社会的变化、调整及挑战，面对中华民族的新发展，面对现代化带来的人的精神迷失，发展出符合时代处境的儒家思想的新的开展，开展出新的发扬民族精神的儒家哲学，新的吸收了西方文化的儒家哲学，以及从儒家立场对世界和人类境况的普遍性问题给出指引的哲学。

二、儒学的当代"在场"：学术儒学与文化儒学

新儒家是以哲学的方式承担起自身时代使命的。然而，儒学的时代使命并不限于"哲学地"回应时代，而是更为广泛。为了说明这一点，我们必须了解儒学在当代的存在特性和功能。

儒学的存在不等于儒家哲学家或儒家哲学体系的存在，不能认为有儒家哲学家才有儒学存在，这是一种片面的看法。儒学在最基础的层面上，不仅仅是经典的解说，同时是中国人的文化心理结构。在民间、在老百姓的内心里面，儒学的价值持久存在着。中国人的伦理观念，今天仍然受到传统儒家伦理的深刻影响。我们把在百姓内心存在的儒学，叫作"百姓日用而不知"的、没有自觉的儒学。正因为它不自觉，所以会受到不同时代环境的影响，不能顺畅表达出来，有时候甚至会被扭曲。

在"百姓日用而不知"的潜隐层面之外，当代儒学也有显性的"在场"。必须强调一点，就是在认识改革开放以来儒学的显性"在场"时，我们的儒学观念一定要改变，不能说一定要有儒家哲学家儒学才存在、才"在场"。在当代中国，30多年来虽然没有

出现像20世纪30到40年代那样的儒学哲学家，但在这个时期，我认为有两个方面值得注意。

第一个方面是学术儒学。对传统儒学进行深入研究，把握儒学发展演化的脉络，梳理儒学理论体系的义理结构，阐发儒家的各种思想，包括深入研究现代新儒家的思想，这套系统我称之为学术儒学。学术儒学经过30多年的发展，已经蔚为大观，在当代中国学术界占有重要地位，产生了相当大的影响。

第二个方面是文化儒学。近30年来，我国很多文化思潮与文化讨论跟儒学有直接关系，比如，讨论儒学与民主的关系、儒学与人权的关系、儒学与经济全球化的关系、儒学与现代化的关系、儒学与文明冲突的关系、儒学与建立和谐社会的关系，等等。在这些讨论中，很多学者站在儒家文化的立场来阐发儒学的积极意义，探讨儒学在现代社会发生作用的方式。他们不仅阐述了很多有价值的文化观念和理念，也与当代思潮进行了多方面互动，在当代中国的社会文化层面和思想界起了相当大的作用。这些讨论和活动，也构成了儒学的一种"在场"方式，我称之为文化儒学。从一定意义上说，文化儒学是儒家哲学的一种表现，是其在现代社会日常文化领域发挥批判和引导功能的表现。哲学的存在有不同的形式。尤其在当代社会，哲学应突破仅仅追求哲学体系的传统观念，更加重视对社会文化和日常生活的引导，这一点也适用于儒学与儒家哲学。

所以，我们决不能说这30多年来没有出现儒家哲学大家，儒学就是一片空白。除了潜隐的存在形式以外，我们还需理解更为多样的儒学存在形式，所以我用学术儒学和文化儒学来概括和表达这个时代的儒学"在场"。事实上，在这个社会文化转型的时代，比起出现几个抽象的哲学体系，学术儒学和文化儒学对社会文化与社会思想所起的作用可能更大、更深入，同时它们也构成了儒学未来发展的基础。

三、对儒学未来发展的展望

进入21世纪，儒学复兴面临第二次重大历史机遇。如前所述，百年来儒学发展的第一次重大历史机遇出现在抗日战争时期，这是一个民族文化意识、民族复兴意识高涨的时期。当前，随着我国现代化进程的深入和发展，人们的民族文化自信和文化自觉进一步增强，中华民族伟大复兴和中华文化伟大复兴呈现前所未有的光明前景。在这样一个大背景下，儒学现代复兴的第二次重大历史机遇到来了。儒学如何抓住这次机遇，儒学研究者如何参与这次儒学复兴，成为重大时代课题。在我看来，除了前面说到的学术儒学与文化儒学应继续努力发展之外，至少还有几个方面的理论课题应受到重视：如重构民族精神，确立道德价值，奠定伦理秩序，打造共同的价值观，增强民族国家的凝聚力，进一步提升我们的精神文明，等等。这些方面都是儒学复兴要参与的重要思想理论工作。儒学只有自觉参与中华民族的伟大复兴，与国家和民族发展的时代使命相结合，与社会文化发展的需要相结合，才能开辟广阔的发展前景。

在以上这些重要工作之外，还有一项中心工作应予以关注，即儒家哲学系统的重建与发展。也就是说，随着我国现代化的进一步发展，新的儒家哲学应当出现，也必然会出现。它将是中华民族文化继往开来的见证，而且将是多彩多样的。新的儒家哲学将在传统儒学与现代新儒学的基础上，在学术儒学、文化儒学的配合下，随着中华文化走向复兴、走向世界而展开和显现。可以期望，经历了20世纪80年代的文化热和文化大讨论，经历了20世纪90年代后期至今的国学热积累，伴随着中华民族和中华文化的复兴进程，新的儒家哲学登场是指日可待的了。

（《人民日报》，2013年12月22日）

第三章 儒学与价值

儒家文明的价值意义

　　轴心时代的儒家文明延续了夏、商文明与西周人文思潮的发展，系统提出了文明的价值、德性，其中最主要的价值与德性都是针对人与他人、人与社群的关系而言。就其偏好而言，儒家文明特别重视仁爱、礼教、责任、社群价值，这些价值经过后世哲学的阐发更显示出其普遍的意义。

　　第一是仁爱。众所周知，儒家思想最重要的道德观念是"仁"。仁是自我对他人的态度，对他人的关怀、爱护，或对他人施以恩惠，故《国语》有"言仁必及人"的说法。从文字来说，中国东汉时期的字典《说文解字》解释"仁"字说："仁，亲也。从人二。"这说明仁的基本字义是亲爱。清代学者阮元特别强调，仁字左边是人，右边是二，表示二人之间的亲爱关系，所以一定有两个以上的人才能谈到仁，一个人独居闭户，是谈不到仁的，仁是人与人之间的相互关系。阮元的这一讲法是对仁的交互性特质的阐释。孔子以仁为最高的道德观念，孔子和孟子都强调仁者爱人，仁在孔孟思想中已经成为普遍的仁爱，超越了对双亲或对某些人的爱。当然，仁是爱，但爱不必是仁，因为爱如果是偏私的，则不是仁，仁爱是普遍的、公正无私的博爱。事实上，孟子更把仁扩大为"亲亲—仁民—爱物"，仁爱的对象已经从社会伦理进一步扩展到人对自然的爱护。中国的儒学始终把仁德置于道德体系和价值体系的首位。

从另一个方面来看，仁的原始精神是要求双方皆以对方为重而互相礼敬关爱，即以待人之道来互相对待，以待人接物所应有的礼貌和情感来表达敬意和关爱之情，展现了"仁"字中所包含的古老的人道主义观念。儒家则将之扩大为博爱、仁慈的人道伦理，但"仁"并不主张单方面主观地表达自己的感受，而必须尊重对方。现代新儒家的代表梁漱溟，把儒家文化的伦理概括为"互以对方为重"，正是发挥了儒家传统仁学伦理的精神。因而，仁的实践有其推广原则，解决如何推己及人，这就是忠恕之道。其中恕即是孔子所说的"己所不欲，勿施于人"（《论语·卫灵公》），它可以保证因尊重对方而不会把自己的爱好强加于他人，这在当今时代已经成为全球伦理的普遍原则。

第二为礼教。古代儒家文明被称为"礼乐文明"，礼在古代儒家文化中占有重要的地位。孔子强调，礼的实践是行仁的基本方式。儒家思想是东亚轴心文明的代表，而轴心时代的儒家思想可以说与"礼"的文明有极为密切的关系。西周的礼乐文明是儒家思想的母体，轴心时代的儒家以重视"礼"为其特色，充满了礼性的精神。礼性就是对礼教的本性、精神、价值的理性肯定。

在儒家看来，道德是在人与人交往的具体行为中实现的，这些行为的共同模式则为礼。礼是相互尊重的表达，也是人际关系的人性化形式。当然，古代历史文化的"礼"包含多种意义，古代礼书所载，更多的是属于士以上贵族社会的生活礼仪，规定着贵族生活与交往关系的形式，具有极为发达的形式表现和形式仪节。"礼尚往来"这一古语说明古礼是从祭祀仪式脱胎而来并逐步发展为西周的交往关系的规范体系。比较而言，古老的《仪礼》体系更多属于古代贵族生活的庆典、节日、人生旅程、人际交往的仪式与行为的规定。而后来的《礼记》则强调"礼义之始，在于正容体，齐颜色，顺辞令"，把礼作为行为规范体系，强调容貌、颜色、辞令的规范和修饰是这一规范体系的基础，也是礼仪训练的初始之处。古礼包含大量行为细节的规定和礼仪举止的规定，人在一定场景下的进退揖让、语词应答、程式次序、手足举措都必须按礼仪举止的规定而行，显示了发达的、行为形式化的特色。这些规定在一个人孩提时起开始学习，并成为一种自律的艺术，而这种行为的艺术在那个时代是一种文明和教养。子夏甚至说："君子敬而无失，与人恭而有礼。四海之内，皆兄弟也。"（《论语·颜渊》）做到了恭敬有礼，才能四海之内皆兄弟，达到人际关系的和谐。

历史表明，礼之"文"作为形式是可变的，它随时代环境而改变；礼之"体"则是不变的基本精神原则。可以说，几千年来，儒家文化培养了一种"礼教精神"，它起源于祭祀礼仪，而渐渐从宗教实践中独立出来成为社会交往之礼；它通过各种礼俗表达一种人文主义的礼性精神。这种礼性精神是超越具体仪节的普遍精神。礼的文化包括三个层面：礼的精神、礼的态度、礼的规定。我们可以说，儒家文明的"礼"是以"敬让他人"为其精神，以"温良恭俭让"为其态度，以对行为举止的全面礼仪化修饰与约束为其节目的文明体系。无论如何，礼不仅对个人修身有意义，更有提升社会精神文明的作用。在国与国的关系上，"好礼"则体现了尊重其他国家和人民的行为方式。

第三是责任。古代儒家的德行论非常发达，在春秋战国时代已形成完整的体系。其中忠、信、仁、义、孝、惠、让、敬，都是个人与他人、社会直接关联的德行，这些社会性德行的价值取向，都是要人承担对他人、对社会的责任，如孝是突出对父母的责任，忠是突出尽己为人的责任，信是突出对朋友的责任等。责任是相对权利而言的，责任取向的德行不是攫取个人的权利，古代儒家的道德概念"义"往往包含着责任的要求。在儒家思想中，个人与他人、群体存在连续的关联性，人在这种关系之中必须积极承担责任，以自觉承担责任为美德，以此来维护和巩固这种关系。责任心是儒家文化着力培养的人的普遍心理意识。

在儒家文化中，个人不是原子，而是社会关系连续体中的关联性的一方。因此，注重的必然不是个人本位的立场。在个人与其他对象结成的关系中，人不是以权利之心与对象结成关系，而是以责任之心与对象结成关系。个人与他方构成关系时，不是以自我为中心，而是以自我为出发点，以对方为重，个人的利益要服从责任的要求。人常常为责任的实现而忘我，不计个人得失，责任往往成为个人社会实践的重要动力。这样的立场就是在人际关系中的责任本位立场。由于个人是在社会关系网中的个人，个人与多种对象结成各种关系，因此个人的责任是多重的，而不是单一的，个人有多少角色，就相应地有多少责任。儒家思想始终强调担当责任的严肃性。

第四是社群。人在世界上不是独立生存的，一定是在群体之中生存、生活。人的价值也一定要在社群生活中实现。社群中，超出个人的最基本单位是家庭，扩大而为家族、社区，以及各级行政区划，如乡、县、市、省，直至国家。儒家文明特别重视家庭价值，家庭是第一个从个人向社会发展的层级。显然儒家文化的主流思想不强调个人的权利或利益，认为个人价值不能高于社群价值，社会远比个人重要，而强调个人与群体的交融，个人对群体的义务，强调社群整体利益的重要性。

虽然儒家思想在古代并没有抽象地讨论社群，更多地用家、国、社稷、天下等概念具体地表达社群的意义和价值，其所有论述，如"能群""保家""报国"等都明确体现了社群安宁、和谐、繁荣的重要性，强调个人对社群团体和社会的义务，强调社群和社会对个人的优先性和重要性。"以天下为己任""天下兴亡匹夫有责"等，都是中国儒家文化所倡导的士大夫的行为准则，并在民间有深刻的影响。在表现形式上，对社会优先的强调还往往通过公、私的对立而加以突出，"公"是超出私人的，指向更大社群的利益。如个人是私，家庭是公；家庭是私，国家是公等。社群的公、国家社稷的公是更大的公，最大的公是天下的公道、公平、公益，故说"天下为公"。

总之，儒家伦理不是个人本位的，而是在一个向社群开放的、连续的同心圆结构中展现的。个人—家庭—国家—世界—自然，从内向外不断拓展，这使儒家伦理包含多个向度，从而确认了人对不同层级的社群所负有的责任。

轴心时代儒家文明形成的基本价值，成为主导东亚文明后来发展的核心价值。经过轴心时代以后两千年的发展，儒家文明确定地形成了自己的价值偏好，举其大者有四：责任先于权利，义务先于自由，社群高于个人，和谐高于冲突。

儒家文明的价值与现代西方的价值有很大差异。现代西方自由主义道德的中心原则是个人权利优先，主张人人有权根据自己的价值观从事活动，认为以一种共同的善的观念要求所有公民是违背基本个人自由的。而中华文化和中华价值观强调社会共同的善、社会责任、有助于公益的美德。社群与个人、责任与权利是不同的伦理学概念，反映不同的伦理学立场，适用于不同的价值领域。在当代社会，我们应坚持中华文化和中华价值观以社群和责任为中心的立场，在赞同自由、人权的同时，毫不含糊地申明不赞成个人优先的立场。伦理学的社群—责任中心的立场必须明确自己的态度，即它应当在表明赞同自由、人权的同时，不含糊地申明它不赞成权利话语和个人优先的伦理立场。

儒家文化经历近代、现代的发展走到今天，面对现代化的社会转型和世界的变化趋势，毫无疑问，我们应当坚持和守护《人权宣言》中的所有要求，并努力使之实现。但这并不意味着个人权利是最重要的价值，或社会价值观仅仅为个人权利提供支持。在价值和伦理问题上，权利话语和权利思维是有局限性的，以个人权利为中心的价值观甚至是当今众多问题产生的根源之一。权利话语往往联系着个人主义。个人主义的权利优先态度，其基本立场是把个人权利放在第一位，认为个人权利优先于集体目标和社会共善。在这样的立场上，个人的义务、责任、美德都很难建立起来。权利优先类型的主张只是强调保障人的消极的自由，而不能促进个人对社会公益的重视，不能正视社会公益与个人利益的冲突。社群和责任立场要推进的是建设有积极意义的价值态度。现代新儒家梁漱溟以中国文化的代表自任，以"互以对方为重"的责任立场反对以个人主义和权利观念作为人生的根本态度，这在本质上也可以说是反对以自由主义作为人生的根本态度和根本的伦理原则。他所主张的是一种儒家的态度，可视为现代儒家文明价值观对于权利伦理的一种态度。梁漱溟"以对方为重"的伦理观，或者说由梁漱溟所阐释的儒家伦理，确实具有与突出主体的意识不同，也与"交互主体性"观念不同的意义，是一种以"他者"优先为特征的伦理。在这种伦理中，不仅突出了对他者的承认，也强调了对他者的情谊、义务和尊重，这种尊重不是交换意义上的，而是不讲前提条件的"以对方为重"。

在西方文化的主流理解中，人权是个人面对国家而要求的一种权利。它是每个人都需要的、对其政府提出的道德的和政治的要求。在这里，个人的权利要求即政府的责任和义务，故人权观念只涉及了政府的责任和应当，却无法界定个人对社会、家庭、他人的义务和责任。这样的权利观念是西方近代以来的自由主义哲学的核心，是近代市场经济和政治民主进程的产物。但由于把焦点集中在个人对社会的要求上，往往忽视了个人对社会的责任，集中在个人对自己权利的保护上，而忽视了个人也具有尊重他人权利的责任。

作为东亚文明的核心，儒家伦理的价值，在现代社会有不同的表达形式。例如，在现代东亚世界，新加坡"亚洲价值"的说法即是其中之一。新加坡"亚洲价值"的提法虽然可能受到有关亚洲文化，包括西亚、南亚文化的质疑，不过，按李光耀的解释，他所谓"亚洲价值"主要是指东亚受儒家文化影响的价值体现。这些"亚洲价值"是东亚传统性与现代性的视界融合中发展出来的价值态度和原则。这些原则源于东亚文化、宗教和精神传统的历史发展，这些原则又是亚洲在现代化进程中因应世界的挑战，排除传统不合理的要素，适应亚洲现代性经验所形成的。他所说的"亚洲价值"被概括为五大原则：一、社会、国家比个人重要；二、国家之本在于家庭；三、国家要尊重个人；四、和谐比冲突有利于维持秩序；五、宗教间应互补、和平共处。

这五项原则中不仅有东亚的传统价值，也有百年来吸收西方文明和建立市场经济、民主政治过程中生长出的新的价值，如尊重个人。因此，所谓"亚洲价值"并不是说它的价值体系中的所有要素只有亚洲性。现代亚洲的价值与现代西方的价值不是所有的价值要素都不同，而是价值的结构、序列不同，价值的重心不同。质言之，这是一套非个人主义优先的价值观，是新加坡版的亚洲现代性的价值观，也是新加坡版的现代儒家文明的价值观。其核心是，不是个人的自由权利优先，而是族群、社会的利益优先；不是关联各方冲突优先，而是关联各方和谐优先。这种社群利益优先的价值态度，不能用来做压制人权的借口，它要靠民主制度和尊重个人的价值实现人权的保护。而与现代西方价值的不同在于，这种价值态度要求个人具有对他人、社群的义务与责任心，这种义务与责任心是与社群的基本共识和共享价值一致的。当然，新加坡的伦理还不是现代儒家伦理的全部，如现代儒家伦理除了强调社群价值和责任之外，还注重要求人保持传统的美德，认为这种美德既是人性的体现，又是社会普遍利益的升华。这种价值致力于社会和谐之外，也致力于人与人、人与社会、文化与文化、人与自然的共生和谐等。更重要的是，即使是社会价值，现代儒家仍必须以仁为首位，这是与李光耀作为当政者的视角所不同的。

仁爱原则、礼教精神、责任意识、社群本位都是与个人主义相反的价值立场。由此发展的协同社群、礼教文化、合作政治、王道世界，是当今世界的需要。协同社群突出社群的意义，以对治个人主义；礼教文化突出道德意识，以区别律法主义；合作政治突出合作的政治沟通，以有异于冲突的政治；王道世界是一种与帝国主义强力霸权不同的天下秩序。这四点都以仁为核心，仁是以相互关联、共生和谐为内容的基本原理，是与西方近代主流价值不同的普遍性文化原理。在当今社会它可以与西方现代性价值形成互补。

（2014年7月在韩国安东"第一届21世纪人文价值论坛"
上的发言）

儒学的人文精神

中华民族传统文化中有哪些优秀部分呢？文学、科技、艺术等等，应当说有很多，限于时间，我们今天仅就传统精神文化中的价值观的几个主要点谈一下。

一、世界观

1. 天人合一

中国文化有一个基本观念，就是"天人合一"。所谓"天人合一"就是注重人与自然的和谐合一，注重人道（人类社会法则）和天道（宇宙的普遍规律）的一致，不主张把天和人割裂开来。天人合一思想不是强调征服自然、改造自然，不主张天、人对立，主张天、人协调。根据这种思想，人不能违背自然，而应当顺从自然规律，使自己的行为与自然相协调。我国古代的天人合一思想，一方面注重人是自然的一部分，注重人在自己身上体现自然的本性，致力于人与自然统一并与自然融合一体；另一方面主张人主动配合天地的生生变化，在与自然相协调的同时，协助并促进宇宙的和谐与发展。这种追求人与自然普遍和谐的思想，对纠正无限制地征服自然、不顾及环境与生态的平衡的行为，促进经济社会全面协调可持续发展，具有合理的现实意义。

2. 以人为本

中国传统文化的显著特点是以人为中心。中国古代哲学主张"人为万物之灵""天地之生人为贵""人者，天地之心也"，肯定在天地人之间以人为中心，在神与人之间以人为中心。所以与其他以基督教、犹太教、伊斯兰教为基础的文化不同，中国文化以人作为考虑一切问题的基点和归宿，神本主义在中国文化中始终不占主导地位。春秋时期，有思想家提出"天道远，人道迩"，孔子说"敬鬼神而远之"，孔子以后的人说"人事为本，天道为末"，儒家始终关注的焦点是现实社会政治的有序和谐和人生的价值理想的问题，这个特点可以称为人本主义或人文主义。所以中国传统主流文化不重视彼岸世界，不讲天堂地狱，不讲来生来世，始终强调在人的有限生命和现实生活中实现崇高的理想和价值。儒家所强调的道德价值不是从宗教的信仰来引出，而是从人的良心、人与人的现实关系中引申出来并加以肯定。所以中国文化没有在神本背景下的原罪观念和赎罪观念，而是主张启发和发扬人的善良本性，提高人的情操境界，重视人伦关系的调整和完满。

二、价值观

1. 崇德尚义

儒家文化重视人的德性品格，重视德性的培养和人格的提升，历来高度推崇那些有精神追求和高尚道德品格的人士。孔子说"朝闻道，夕死可矣"，把对真理和道德的追求看得比生死更重要。孔子又说"杀身以成仁"，孟子说"舍生而取义"，都是认为道德信念的信守和道德理想的坚持不受物质条件所影响，在一定的条件下比生命还重要。儒家的这种思想在社会上营造了崇德尚义的气氛。这种精神追求，通过古代的精神文明规范体系"礼"，形成了中华"礼义之邦"的社会风尚。孟子提出"富贵不能淫，贫贱不能移，威武不能屈"，鼓舞人们追求坚定独立的人格尊严，不被任何财富所腐化，不受任何外力所威胁，为那些为捍卫正义和美好生活的人提供了精神的激励和支持。在这样的精神影响下，中华文化一贯强调明辨义利，主张明理节欲，在价值评价上对坚持道德理想追求的人进行高度褒扬，对追求个人私欲的人加以贬斥，人的"美德"和修养始终受到重视。在中华文化的长期发展中，形成了以重视礼义廉耻，奉行仁孝忠公诚信为核心的传统美德体系。在这种道德取向的影响下，中国传统文化重视人的德行品格，重视自觉的道德修养和意志锻炼，同时在政治上强调"道之以德，齐之以礼"，注重用道德礼俗实现对社会秩序的维护，反对以刑罚暴力管理社会；对外强调"以德服人"，反对"以力服人"。这些都凸显了中华文化特别重视道德文明的特色。

2. 群体优先

在中国传统的人本主义文化中，重视人但不是强调个人，而是重视人伦。中国传统文化总是把人作为一定的伦理关系中的人、在一定的伦理关系中负有伦理责任的人，从而使个人的德性和价值实现紧密联结他和他人的关系。君臣、父子、夫妇、兄弟、朋友五伦所代表的政治关系、家庭关系、社会关系，和忠孝仁爱信义的德性品格相互配合与对应。人活着不是为了自己，而是为了人伦关系的美满。同时，中国文化重视处理群己关系，强调群体的利益高于个体的利益。群体的利益是公，个人的利益是私，于是关心国事大事和天下事成了中国人发自内心的责任，也成了一种不可遏止的忧国忧民的情怀。孟子说，君子要"自任以天下之重"，就是要把天下大事作为自己的责任，又说"乐以天下，忧以天下"。汉代以后的士大夫始终强调"以天下为己任"，"以天下之名教是非为己任"。在实践上，北宋范仲淹自颂其志说"先天下之忧而忧，后天下之乐而乐"，感论国家大事，时至泣下。明代东林党人说"家事国事天下事事事关心"，清初的顾炎武说"天下兴亡，匹夫有责"。这种"天下"的观念，是中国士大夫能超越家庭主义、地方主义而始终把国家整体事务作为己任的文化思想的根源。历史上的爱国志士，为国捐躯，为人民所传诵和敬仰，这样的例子举不胜举。在这种思想文化里，不仅个人对他人、对群体的责任意识始终被置于首位，也凸显了以小我成就大我、以牺牲个人和局部利益维护整体和全局利益、以国家和民族利益为上的价值取向。

三、文化传承

中华文化从夏商周以来传承连续，从未中断。在民族融合中，国家的政治统一成为历史的主流。所以，中华民族不仅几千年来文化传承连续不断，而且赖以生存的政治实体在不断扩大的同时也基本保持了稳定统一。抗战时期，哲学家冯友兰曾说："盖并世列强，虽新而无古；希腊罗马，有古而无今。惟我国家，亘古亘今，亦新亦旧，斯所谓'周虽旧邦，其命维新'者也。"他总是引用《诗经》的"周虽旧邦，其命维新"来说明中国是文明古国，但始终在与时俱进地发展，并在这种发展中保持了文化的连续性。近代历史学家曾就中国历史文化的三大特征探讨过三个问题。第一，地域辽阔，人口繁盛，先民何以开拓至此？第二，民族同化，世界少有，何以融合至此？第三，历史长久，连绵不断，何以延续至此？历史学家认为，从这三个特征来看，中华民族的历史发展必然有一种伟大的力量寓于其中。这个力量就是我们的文化，它给了中华民族伟大的生命力和内在的凝聚力。今天，我们的一个重要任务就是去发掘它、维护它，承担起发展中华民族文化和精神的重大责任。

传统文化的优秀部分还可以举出很多，比如中国文化崇文重教的文化意识，中国文化阴阳互补平衡的辩证思维，中国文化重视和谐中庸的价值取向。那么，中国优秀传统文化是如何传承的呢？传统文化的连续传承首先要归功于儒家的文化自觉。2500年前，孔子整理了三代以来的文化，确立了中国最早的经典文本，建立了中国文化的经典意识，并形成了文化传承的使命感。而后，孔子所开创的儒家学派努力传承六经，代代传经释经，后又形成了一种道统的意识，历代儒家学者始终以传承发扬中国文化的经典和维护华夏文化的生命为神圣的使命。其次，中国自古以来有一个注重历史的传统，历史的记述不断，而且受到珍视。历史的记述起着承载民族历史记忆、建构民族文化认同的重要作用。儒家在这方面也起了重要作用。最后，很重要的是，中国历史上的士大夫在政治实践、地方教化和文化活动中，始终自觉传播、提倡、强调中华文化的价值观念，使得这些价值观念渗透在一切文化层次和文化形式之中，从而影响着全体人民大众的文化心理。

四、民族精神

传统文化有各种各样的具体表现。民族精神是指中华民族绵延发展的深层动力和精神气质，也可以说民族精神是体，传统文化是用。民族精神是民族智慧、民族情感和民族共同心理和思想倾向的主导方面，与一个民族的共同价值目标、共同理想、思维方式紧密联结。中国屹立于世界东方五千多年，有古有今，它的发展壮大和延续必有其能以自立的精神基础。所以，我们不仅要了解中华文化创造了哪些文化成果和奇迹，更要自觉理解它的内在生命力和精神特性。

1.刚健有为

80年代初，国学大师张岱年提出，《周易》的两句话可以作为中华民族精神的集中表达，就是"自强不息"和"厚德载物"。《周易》里面解释乾卦说"天行健，君子以自强不息"，又把"自强不息"表达为"刚健"，刚健就是刚健有为、积极进取，奋发向上、永远前进。司马迁说："文王拘而演《周易》；仲尼厄而作《春秋》；屈原放逐，乃赋《离骚》；左丘失明，厥有《国语》；……《诗》三百篇，大抵圣贤发愤之所为作也。"这些都体现了中华民族愈是遭受挫折愈是奋起进取的精神状态和坚韧意志。

刚健有为的精神不仅在我们民族兴旺发达的时期起过巨大的积极作用，在我们民族危难之际，更成为激励人们的强大精神力量，在历史上无数志士仁人身上体现出来。如杜甫的诗句"剑外忽传收蓟北，初闻涕泪满衣裳""出师未捷身先死，长使英雄泪满襟"，陆游的诗句"王师北定中原日，家祭无忘告乃翁"，文天祥的诗句"人生自古谁无死，留取丹心照汗青"，这些读来荡气回肠的诗句，具有强烈的感召力量，无不体现了自强不息的精神，也发挥了爱国主义的激励功能，培育了中华民族反抗压迫、维护民族文化生命的精神。

2.厚德载物

《周易》里面解释坤卦说"地势坤，君子以厚德载物"。厚德载物就是待人接物要有宽容宽和的态度，既肯定自己的主体性，也承认别人的主体性，既要保持自己的尊严，也要尊重别人的尊严，在对外关系上表现为爱好和平，反对侵略。所以厚德载物又集中表达在"以和为贵"的价值取向，崇尚和谐统一。以和为贵的和就是不同事物的统一与融合，从这里发展出重视人际和谐的思想。孟子说"天时不如地利，地利不如人和"，和的要义是和谐，它既和"同"不一样，不是单纯的同一，而是不同事物的和谐相处；也和"争"成为对比，不崇尚斗争，注重平和地解决问题的方式。这种精神对中华一体、国家统一的民族心理的形成，对中华民族政治共同体的长期稳定发展，起到了重要作用。这种精神也体现在中国文化特有的"兼容并包"文化政策，使得不同宗教传统在中国历史上不断走向互相融合，而不是诉诸宗教冲突和战争。

中华民族的民族精神也就是中国文化的基本精神，在中国几千年的历史发展中发挥了重要的功能，为中华民族提供了强大的凝聚力、顽强的生命力以及巨大的同化力。今天我们虽然不见得能举出很多所谓提倡凝聚力的古代提法，但中国文化的历代教育和传承，的确实现了这些功能。所以从功能的角度来考察也是我们理解传统文化的重要角度。在中华文化的熏陶和教育之下，一般来说，以国家统一为乐，以江山分裂为忧，成了中华民族的成员的天经地义的当然价值，也成为民族文化的深层心理。

今天，弘扬民族精神，就是要把那些在历史上促进中华民族发展壮大，体现和促进了中华民族的生命力、凝聚力、创造力的优秀精神文化发扬起来，并加以新时代的发展，以加速实现中华文化的伟大复兴。

（原题为《儒家人文精神的特点》，《人民日报》，
2009年5月19日）

新人文主义应该充满道德意识

提出新的人文思潮是一个很好的想法，人文主义基本是从西方的文化经验中成长起来的。21世纪以来提出新的人文主义，尽量奠基在多元文化和文明基础上去理解，也就是说，我们今天讲的人文主义不仅仅是近代性的，而且是尽量吸收全球各个文明的观念。要达到对新的人文主义的理解，我认为有四点非常重要。

第一，新的人文主义思潮必须是道德的人文主义，就是说一定要用道德标准、视角、意识观察批评当今世界的各种社会文化，包括族群之间的冲突，这是新的人文主义必须要有的特性。

第二，新的人文主义思潮应该是一种建构性的，不仅仅是批判性，应该以地球社群和地球生命本身作为一个终极标准，来达到我们的共识。也就是说，在这点上并不需要引进任何一个其他的特殊宗教的终极信仰标准作为共识。从阿波罗登月以来，大家越来越清楚，这个蓝色的地球是大家共同生存的基础，是我们共在的一个社群。

第三，新的人文主义应该是和平的、友好的、宽容的，指引人类社群不断前进的文化，而不应当像西方近代以来所发展的人文主义一样，带有排他性，带有一定的侵略性，不够宽容。所以新的人文主义一定要是一个和平的、友好的、宽容的人类发展局面。

最后，新的人文主义内部包含新的自然主义，或者是与新的自然主义相结合。我们同属一个地球，地球的生命是大家生命的基础，今天的人文主义不能脱离对地球自然主义的态度，达到人和自然的一种和谐。所以这是我对世界新人文主义的理解。

因为新的人文主义要改变以前单一的由西方近代文明所发展的人文主义，所以要尽量吸纳各种不同的文明。所以，我想简单说一下儒家人文主义的特点，也希望这些特点能够融入世界新的人文主义思潮中来。

儒家人文主义有这样几个特点，第一，崇德尚义，特别注重对道德标准和意识本身的强调。第二，明伦乐群，伦是人与人的关系，群是社群的关系，儒家不是强调个人性，而是比较强调社群和伦理关系，站在这一基础上处理个人自由与社群集体的利益。第三，忠恕一贯，孔子在忠恕中特别强调恕道，己所不欲，勿施于人，是儒家人文主义中一条很重要的道路。第四，天人合一，这是中国古老的传统，儒家、道家都发扬了这个特点。儒家在宋代以后越来越强调天人合一，天人合一虽然有不同的面相，但是总体是主张人与人的和谐，人与自然的和谐，与整个宇宙根本的和谐。

明伦乐群强调社群和伦理关系，忠恕一贯解决对他人、他者的态度，天人合一解决人类和自然的关系，这些正好合于我刚才所讲的对世界新的人文主义思潮的理解。新的人文主义应该是一个充满道德意识的人文主义。这就是我对世界新的人文思潮、新的人文主义的理解。我希望这样一种理解能够慢慢成为世界文明对话和其他各种活动中大家达成的共识。

（2012年在"第二届尼山世界文明论坛"上的发言）

第四章 儒学与现代

儒学和现代化：一种合理的紧张

国学依旧是社会伦理的长久资源

新世纪国学热的发展

如何看待儒家文化与中国传统文化

「为官要修好私德」

应该叫响「企业儒学」

儒学和现代化：一种合理的紧张

梁一模[1]：如今，在中国兴起国学热，社会对于孔子与儒学的关心也越来越集中，您认为其原因何在？

陈来：国学热反映了广大人民在建设精神家园方面对本土的传统资源的热切渴求。社会转型需要一种与革命时代不同的意识形态，这是儒学在当代中国重新出场的文化大背景。在现代化市场经济发展的同时，社会道德秩序和个人安身立命的问题日益突出。社会道德秩序的建立离不开传统道德文化，安身立命则归结到心灵精神的安顿，从而心灵的需求比以往更加突出。市场经济的发展带来了人与人关系的新的变化，也使得青年一代在寻找人际关系处理方法等方面把眼光转向古老文明的儒学智慧，孔子与儒学已经成了现代人待人、处世、律己的主要资源。在稳定社会人心方面，与其他外来的文化相比，儒家文化提供的生活规范、德行价值及文化归属感，起着其他文化要素所不能替代的作用，为处在当代市场经济社会中的中国人提供了主要的精神资源，在心灵稳定、精神向上、社会和谐等方面发挥了重要的积极作用。

---

[1] 梁一模：韩国首尔大学教授。

梁一模：儒学确实有重视理性的伦理宗教特征，请问您是如何看待最近出现的为了考试在孔庙祈福的现象的呢？

陈来：任何宗教的最高象征代表都可能被大众所崇拜，在东亚社会类似现象更为常见。宗教可以被人民大众如此利用，是宗教能够存在和发生影响的重要条件。宗教寺庙和孔庙这一类的祭祀场所被许多考生当作求福许愿的地方，不是最近才有的，是东亚社会早就有的现象，只是在中国，在消失了50年以后重新在最近出现。但对任何宗教而言，这些只是它的世俗功能，不是它的本质体现，宗教的根本功能应当是为人的心灵和社会提供价值的导向。

梁一模：在中国近代史中，儒学曾经遭到了不少批判，而如今反而积极评价儒学，甚至也有学者提倡儒家社会主义。关于现代路线与社会主义市场经济的建设，儒学研究者或者中国哲学研究者的贡献会是什么？是否会如同20世纪先进知识分子所提出的，现代化社会主义市场经济与传统的儒学思想之间不存在矛盾因素呢？

陈来：就世俗儒家伦理而言，儒家赞美的节俭、勤劳等价值对现代化和市场经济的建设有辅助作用。但整体来说，儒家伦理对现代社会的功能不是在经济上促进市场经济的发展，反而是对市场法则下的社会行为提供导正的规范，约束市场法则的泛滥，坚持守护道德伦理的价值不被市场活动和市场法则所淹没，使共同体的道德价值在现代市场社会仍然能够挺立。事实上，一切古代文化传统都与现代化有冲突，都必然对现代化发展中的物欲横流、价值解体、人性异化、人际疏离、文化商业化等消极因素持批判态度。同时，我们又须承认现代化是一个不可避免的发展，在这样一种情境中，与世俗世界具有过分紧张关系的宗教就显得不适应，而儒家这种在世俗中求神圣、注重与世界相适应、重视道德与文化的体系，可能会在同化现代化的过程中与市场工具理性形成比较合理的紧张关系。

梁一模： 儒学思想不仅包含伦理道德理论，又有政治的、社会的一面。最近您多次强调关系、整体、共生、和谐等等。中国的经济发展令世界瞩目，而在内部也有贫富的差距、道德心的弛缓等问题。在这种时代背景下，特别强调儒学的道德规范的研究具有什么样的时代意义呢？您如何评价在韩国的儒学研究者经常强调知识分子对社会的批判功能？

陈来： 近代以来受西方文化的影响，只强调知识分子对社会的批判功能。其实就儒家传统而言，对现实政治的批评只是儒家知识分子一方面的功能，另一个方面是关注社会风俗的改变和道德伦理的建设。因此，20世纪90年代以来，在中国市场经济发展的时期，也是传统道德遭遇冲击的时期，在这样的时代里强调儒学的道德价值和对于市场经济的范导作用，也是知识分子的重要功能。公共知识分子们往往各有不同的政治主张和社会文化主张，无论是改革的时代或是革命的时代都是如此。知识分子可以是主张批判现状的人，也可以是主张回到传统精神价值的人，知识分子无须与现有政治保持一致，但也不必与政治结构刻意保持距离。知识分子不只是要做政治批判，也要做伦理建设，这是儒家的立场。

梁一模： 儒学也有王道天下观念的政治侧面。孟子说过"不嗜杀人者能一之"，而战国时代的历史并非孟子的预言。儒学的道德虽有崇高的理想，而与政治领域的现实之间的隔阂应如何解决呢？

陈来： 儒学倡导的价值是否在历史上实现过并不重要，重要的是儒家为人类和人类社会提出了什么价值和理想，对人类的心灵和行为是否有所指引。正如孟子的和平理想虽然没有在现实的历史中完全实现，但和平的理想成为人们为争取和平而努力的根据和动力，这就是有意义的。

梁一模：儒学的"天下"概念虽包含着超越民族主义的可能性，但是，以仁义礼让的伦理规范为中心的天下、大同、天下一家、朝贡的主张，在国际政治的现实中有说服力吗？您如何评价赵汀阳的《天下体制》和干春松的《重回王道》呢？

陈来：一种理想在历史中实现的方式和程度往往要受到历史的制约，所以也许可以把理想和理想在历史中实现的特殊形态、方式分开。前现代亚洲的天下结构是历史呈现的特殊形态，但其中所蕴含的超越民族国家的世界观念和以非武力的形式谋求世界和平的理想是有意义的。我想，赵汀阳和干春松的著作也是强调这个意思。对思想来说，说服力有两种，在现实的说服力之外，还有价值理想的说服力，理想是改变现实的动力，所以不能以现实的说服力作为唯一的标准来衡量一种价值理想。

梁一模：近代中国的文化保守主义者论中西关系的时候，往往试图在中国文化相对西方文化有特殊性的前提下，寻找中国文化的意义。但在欧洲中心的思维方式逐渐崩溃的世界史背景下，中国文化模式逐渐被视为欧洲中心的思维方式所面临的问题的解决方案，进一步也出现了中国文化具有普遍性的见解。您认为，儒学思想在世界的层面上能具有普遍性吗？

陈来：在前近代的东亚世界，儒学思想已经获得其普遍性，所以儒学思想超出中国的范围而有其意义，并不是问题。儒学以

及其他东方文化的价值和智慧也是"可普遍化"的，它们在历史
上都早已不是纯粹的地方文化，都随着传播的可能性而不断扩
展，先在近世东亚取得了世界性，并在近代以来向更大的世界性
展开。这种传播的扩大本身就说明了儒学以及其他东方文化具有
可普遍化的性质，其内容具有普遍性的意义。真正说来，在精
神、价值层面，必须承认东西方各文明都具有普遍性，只是东西
方文明价值之间互有差别，在不同历史时代实现的程度不同，这
就是我所说的多元的普遍性。

梁一模：有一种理论，认为文化是特殊的，而文明是普遍
的。根据这一理论，在普遍意义上或在中国文明的观点上应当主
张中国应进行"文明崛起"，而非"大国崛起"。对此，请谈一谈
您的看法。

陈来：中国的提法是"中华文明的复兴"，而不是文明的崛
起。对中国人而言，中华文明的复兴强调"文化自觉"。在世界
史的意义上，中国崛起当然不仅仅是中国人文化的自觉，因为中
国是一个文明国家，文明包含了其历史、语言、文字、思想、习
俗、礼仪等。同时中国又是一个大国，在世界格局和地缘政治的
意义上当然有"大国崛起"的意义。但中国的复兴确实不只是一
个单纯的民族国家的振兴，有其文明国家复兴的意义。

梁一模：您在文章里常常使用"多元一体论""民族文化的
中国主体""中国性"等概念。这是有关中国或者中国人的认同
（identity）问题，国外学界尤其是美国学界对"一个中国"或者
"中国性"有批判的视角。您如何看待此问题呢？特别是对中国有
其他宗教信仰的少数民族适用这样的概念，应如何加以说明呢？

陈来：这些讲法是就中华民族作为政治民族而言的。作为族裔的文化，少数民族有其自己的文化，但作为中华民族之一员，其政治认同只能是多元一体。正如美国人的族裔也不是单一的，但可以有共同的国家认同和文化认同。现代经济发展必然促成社会的高度分殊化，从而导致整个社会具有日益多元分散的社会离心力倾向。因此，现代政治的基本任务即在于创造一种政治过程，以使多元分散的社会利益仍能凝聚为民族整体的政治意志和政治向心力，否则，整个民族就会面临只有社会离心力而无政治向心力、无民族整体利益的危险局面。而中国人的认同决不能脱离历史。

梁一模：您主张"从批判与启蒙的时代转向创造与振兴的时代"，在世界范围内的资本主义体制扩大导致的全球化时代里，"世界的眼光"具有什么样的意义呢？这个观点与19世纪以来一直提到的"走向世界学习"有什么区别呢？

陈来：19世纪以来的世界眼光是全盘拥抱西方，如日本曾提出脱亚入欧，完全失掉了亚洲民族自己的主体性。一个多世纪以来我们学习西方、走向世界都是必需的，但在新的时代我们要加一个前提，在中国，就是加上"中国主体"。我们现在讲"中国主体，世界眼光"，而不是离开中国自己的主体性去全盘拥抱西方。事实上，在全球化的过程中，"地方全球化"和"全球地方化"是两个同时的过程。中国作为一个文明国家，必须同时把握这两个方面。

（梁一模访谈，《朝鲜日报》，2012年11月）

国学依旧是社会伦理的长久资源

国学热是文化自信心的表达和现实的需要

东方早报：您怎么看待国学热？能分析下它产生的原因以及可能引起的文化和社会后果吗？

陈来：1993年，市场经济刚刚兴起，还没有充分发展，但那时已经有国学热的苗头了。真正的国学热是最近十年发生的。最重要的原因是1992年邓小平南方谈话以后，中国现代化的快速发展和成功，使得国民的文化心理跟20世纪80年代相比，有了重要变化。

80年代时，我们在世界上每取得一点点成功，都会变成全民族的大事，比如那时聂卫平下一盘围棋，都会牵动全国人民的目光。那个时候，用以支撑民族自信的成果还比较少。在那个年代，一些人把对于中国不够强大的愤懑、怨气推给了传统文化。而实际上，同样受中华文化影响的日本、韩国、新加坡等地都浸润了浓厚的东方文化。它们同样承传儒家文化，却比较顺利地进入现代化，韩国最明显，这种现象本身就是对把责任推给传统文化的做法的一种否证。

人们的文化自信和文化认同从20世纪90年代中期以后越来

强。特别是在民众中，成千上万的民营企业家、普通中国人的文化自信和文化认同越来越强，这是国学热最根本的起因。

至于国学热引起的文化后果，从这些传统文化热现象可以看出，传统文化的资源被社会各个阶层日益重视。从政府层面来讲，我们可以看到当代中国政治文化的"再中国化"。现在我们对外宣示的观念都是中国文化，正面宣示我们现在是代表中华民族和中华文化，"以人为本""与时俱进""以和为贵"等理念，都是运用中国传统文化的政治资源来加强它的合法性。

当然不是说有了民间的国学热，才影响到中央，这是个互相联系、互动的过程。国学热虽然主要是在民间形成的，但政府的态度在客观上推动了国学热，跟民间达成了共识。

国学热兴起的原因，除了有现代化成功进行的背景外，最重要的是，自市场经济建设以来，伦理和精神资源的高度匮乏造成了文化真空，使得人民群众按照自己的需要和意愿完全转向传统文化。所以，国学热不仅仅是人民群众文化自信心的表达，同时反映了其对现实需要的认识。甚至跟经济发展相关的管理智慧，也主要是从中国式的管理中寻找智慧。企业家是最重视国学的，在中国做管理，不仅仅是用加加减减的数学符号来做的，更重要的是需要学习如何驾驭和调节现实中的中国式人际关系，这要运用中国的人学理解和中国文化的人学智慧。

台湾可做大陆国学发展的借鉴

东方早报：前段时间，山东省教育厅发文要求中小学在开展国学经典诵读活动时要"取其精华，去其糟粕"，湖北省部分学校则推荐删节版《三字经》《弟子规》《劝学诗》等，对此您有何看法？

陈来：我的看法比较中庸，应该说有其自身的理由。从总的方向来说，儿童的经典诵读活动我是赞成的。现在的学校教育和社会教育，没有比较集中地学习"如何做人"的主题。传统中国文化是从儿童抓起，学"做人"很重要，现在的教育应该重视这个阶段的学习。

在周代有关礼仪的经典里，就已经很详细地规定了如何对儿童进行礼仪教育。一直到清代，对儿童的行为教育都是有一整套东西的。这套东西基本上是对儿童和少年行为的一种训练，让他们学会自我约束和适应社会的礼仪，以及怎样从小学会在不同的范围内扮演自己的伦理角色。现在我们体制内的学校教育没有这方面的内容，但老百姓觉得这些内容还是重要的，我们需要学习。比如说《弟子规》，它不仅对儿童重要，对青年也重要，甚至对干部也重要，有些县级的党政部门就组织干部学习《弟子规》。

现在讲社会主义核心价值，但对于什么是社会主义核心价值还在探索。不管国家层面如何讲社会主义核心价值，地方政府、各级干部和社会的各个层次，都已明确认识到自身有对价值的需求。他们发现，人们所需要的那些价值，其实早在传统的很多文本里已经讲得很简练、很清楚了，因此他们就直接利用了这些资源。国学热的兴起，是现实的社会道德伦理和精神的需求。

东方早报： 台湾日前公布，将以"四书"为主要内容的"中华文化基本教材"列为高中必选课教材，对此您如何看待？

陈来： 台湾对传统文化还是非常重视的，一直确定"中华文化基本教材"以"四书"为核心，在高中实行传统文化教育。在台湾社会里，处处可见浓厚的中华文化的情义感、人情感。

台湾之所以能把中华文化较好地保存到今天，有几个方面的原因。第一，从消极方面来讲，它没有经历过"文革"，社会文化层面的这些习俗、传统得到了较好的保留。第二，就是它始终坚持在高中以前的教育里面有以"四书"为中心的传统文化的教育（虽然对于这种教育他们也做过检讨，"四书"一旦变成课程，再有考试的话，它就会异化，但它的教育是有效果的）。在一般的老百姓的心目中，传统文化还保留着较高的地位。第三，就是台湾传承中华文化的社会主体是比较多样的，不仅仅依靠政府的教育和推行，其他弘扬中华文化的渠道也很多样。

在台湾社会文化层面，保留了很多的传统文化。比如对中国传统圣贤的尊敬，对圣贤的信仰之心，以及对很多传统文化符号的敬畏感等，都还存在。但是，推动中华文化复兴的主导力量在大陆。

东方早报：您觉得台湾的做法能作为大陆国学发展的借鉴吗？

陈来：怎么样把传统文化的精神、理念，包括它的素材，正大光明地引入我们的教育体制中，值得思考。比如日本，关于国家的教育有一个法令性质的文件，对整个教育发展的精神方向、基本价值、理念做了明确规定。在这个规定里头，明确规定了中华文化应该有的地位。这些都是值得借鉴的。

中国只有教育发展纲要，多是技术性的，没有采用法令的形式来规定传统文化及其价值在教育中应该扮演怎样的角色，对于怎样传承文化、改良社会风俗、转化道德人心没有具体的文化导引。我们需要一些比较接近现实生活层次的道德文化，才能合理地建设社会的秩序。

传统文化支撑社会的主流价值

东方早报：您曾说过，在进入现代化的今天，在中国面临民族复兴和文化复兴的时候，儒学迎来了在现代复兴的第二次机遇。您怎么看待这个机遇？

陈来：20世纪的一百年对儒学来说主要是冲击和困境，其中比如抗战时期是有机遇的。虽然抗战时文化氛围是好的，但社会条件还是非常困难的。抗战时期，全国民族意识高涨，对民族文化复兴要求也很强烈，20世纪儒家的重要理论建设都是在这个时期，冯友兰、熊十力、贺麟的工作，都是在这个时期展开的。

今天有国学热的背景，新的机遇就来了。怎么抓住这个机遇，来实现儒学的复兴和发展，这还是开始。

东方早报：现在市场导向占据主流，民众中有功利主义和物质主义趋向。您觉得在个人精神和心灵的安顿方面，儒学能真正成为一种有效的资源吗？

陈来：传统文化肯定是有效资源的一部分，不能说是全部，但是相当重要的一部分。

现代人"待人处世"用的是什么资源？有一部分人，如老共产党员，用共产主义的理想支持他的精神世界。大部分人，尤其是青年人，他从别的方面难以找到这样的资源来支持他。现在社会文化是多样的，包括各种不同的宗教和文化。但仍然要有一种主流的文化，实际上，传统文化现在就扮演了这样一个重要角色。

另外，功利主义在当今社会不可避免。个人在经济活动中，需要有利益的计算和追求，但同时也有其他需求与其功利主义价值形成一种相互制约的关系。如果发挥得好的话，对功利主义的一面也能够起到一个良性的范导作用，使它不会超出它必要的经济活动所需要的范围。

语言学习还谈不上软实力

东方早报：截至2010年10月，全球已有96个国家和地区建立起322所孔子学院和369个孔子课堂。以孔子来命名中国在海外的语言推广机构，可否看作中国传统文化复兴的标志？

陈来：复兴我倒不敢说，这至少是中国政府对孔子在中华文化中地位的一种肯定或认可。对孔子来说，这不是中国政府加给他的一个光环，而是对他在2500年历史中早已有的由历史所赋予的地位的重新认可，还是一个比较积极的认可。按照国际惯例，语言学院要用本国最有名的文化名人来命名，比如德国的歌德学院，西班牙的塞万提斯学院，都是用最有影响力和代表性的文化伟人来命名。就这个方面来说，中文的海外学校用孔子命名是最恰当的。对中国政府来讲，相对于以往三十年我们对孔子所抱的一种暧昧的态度来讲，这是一个进步。

东方早报：孔子学院发展这么快，有人认为，它不仅是一个语言培训机构，更是中国在大国崛起背景下的一种软实力的输出。

陈来：我觉得语言也谈不上是软实力。软实力主要讲文化里面的那些深刻的价值、审美等它特有的能够吸引人的地方。

对大多数国家来讲，因为我们现在在世界经济上处于一个谁也不能忽视的地位，它们必须要跟我们打交道，而语言就是第一位的训练，所以没必要过于拔高对它的认识。

（《东方早报》，2011年3月23日）

新世纪国学热的发展

　　我想从文化现象入手，从文化事件入手，但不是依照逻辑的顺序，而是按照历史的序列，加以叙述，提出我自己对21世纪以来国学热的观察，以此与大家进行交流。

　　在最近十年的国学热中，第一个事件我想讲的是"儒藏编纂"。2002年开始，北京大学、中国人民大学、四川大学都提出了儒藏工程的计划，2003年教育部正式发布儒藏重大课题攻关项目，由北大牵头，儒藏项目后来在国家社科基金也得到重大项目立项支持。这项工程后来在几个大学的发展，各有不同的方向，如北大是以中国的儒家经典与文献为主，中国人民大学则以海外特别是以东亚为主，汇编日本、韩国、越南历史上的儒学文献，四川大学则结合自己的宋代古籍整理计划进行。儒藏的编纂工程，引起了社会广泛的注意。此后便有"子藏""子海"的规划，如山东和上海这类项目的立项，也引起了文化界的关注。总之，中国文化经典或者国学经典慢慢成为学界的热点。总体来讲，从2002年开始的这个"经典汇编"现象可以作为我们判定近十年国学热的第一个起点。

　　国学为什么现在很热？必定由很多因素促成，其中一定跟中国崛起、经济发展、国民文化自信的增强有关，和社会对文化的需求、认识有关。而经典汇编是国学研究的基础建设。所以我想说，国学经典汇编热，是这一波国学热的一个具有起点意义的文化事件。

第二个事件就是"甲申文化宣言"。2004年9月的"甲申文化宣言"，是由许嘉璐、季羡林、任继愈、杨振宁、王蒙等倡导并发起的。其中季先生、任先生代表了学术界的一种态度，杨先生和王蒙则代表了更广的中国文化界的知识分子对于中国文化的态度，这个宣言也从一定程度上反映了政府对中国文化的态度。事实上，这个事件也遭到了一些批评。这些批评主要来自把它和1935年的本位文化宣言抽象地联系起来，更多的是来自自由主义观点立场的批评。但是我想，这些批评虽然对于这一事件的出现表达了批评者自己的意见，但是都没有真正了解到宣言发起的意义和立场。这个意义和立场实际上就是，在新的时代，也就是在全球化时代、在一个多样文明共建的时代，中国文化怎么确立自己的文化态度，从而怎样正面回应从90年代以来关于文明对话的一个基本立场。像我刚才讲的，这个宣言其实反映了政府、专业学者、学术界、知识界、文化界的一种面对全球化挑战的对于中国文化的"共识"。这一事件其实也是面对全球化和文明对话挑战，所表达的关于中华传统文化及其普适价值的一种共识。这与1935年的情况不同，跟自由主义立场上所提出来的问题方向是不相干的。任何一个国家、一个民族都有权利保护自己的民族文化。这个宣言的宗旨延续发展到去年的尼山论坛。尼山论坛是面对全球文明对话的一个国家级论坛，由文化界主导，政府也参与表达。这个论坛突出"文明对话"，在我看来，就是希望能够建立在全民的文化共识基础上，表达对于全球化带来的文化同质化的态度，我们对此应该有一个积极的肯定，这是关于"文明对话"的第二点，在一定程度上体现了国学的文化自觉。

第三点讲"国学普及"。在2006年以前，在社会层面，国学的教育和普及有很大的发展。如北京大学，不同的院系都开办了国学班，哲学系、历史系、光华管理学院，很多的院系以及与外单位合作的一些国学讲习班，在北大校园风风火火地开办。学生来自各个方面，有来自媒体、企业界的，也有来自各种专业技术行业的。结果是有的同志在北大连续不断地参加国学班学习，参加一次不够，参加第二次、第三次，变成了在五六年里面不断在北大念国学班的常客。这个现象反映了整个社会对于民族文化补课、学习的一个强烈需求。

从国学普及的方向和线索来说，一条是自下而上的发展。虽然国学班是在各种各样文化需求的共同推动下开展的，并非由政府主导的，但是由于社会各个部门的参与，使国学班相当流行，各个省市都非常多。就具体形式而言，有的是以诗词诵读为主，有的以儒家经典的普及版为主，如《三字经》《弟子规》，也有一些是以儒家正典为主，如"四书"，甚至还有"五经"。总体来讲，从校园内的国学班、社会上的经典诵读发展起来的大众学习，是一个传统文化的再学习运动。于是推动国学普及的层次越来越多，甚至有一些是县市政府部门组织的。就国学普及的内容而言，一方面是知识性的普及，这个方面大家的需求很大、积极性很高，当然这个需求来自各个方面，企业家有企业家的需求，媒体界的朋友有媒体界的需求，总体来讲是文化知识上的一种补课；另一方面是道德的教化，特别像国际儒联所推动开展的儒学普及活动、儿童国学启蒙活动、初高中国学教育，注重加强德育上的发展。这两个方面共同推动了整个今天国学普及的自下而上的发展。

有关国学普及的另外一个方向，除了刚才我讲的国学班、大众诵读这样一条线索外，从2006年开始，主流媒体也参与进行推动。2006年1月，《光明日报》建立了国学版，它本来的宗旨不是写学术文章，而是写给大众看，写给普通人看，所以国学版的初衷和整个方向是自上而下的社会文化传播，这与自下而上国学热的推动，对国学知识进行普及的目标是一致的。到了2006年10月，中央电视台策划开讲《论语》与人生，推动了《百家讲坛》的发展，这个意义也是相当重要的。中央电视台的这项工作得到了社会上非常热烈的响应，后来成为这几年整个中国传统文化普及的一个先锋，带动了媒体对国学热的文化参与。主流媒体参与国学热，这个作用非常大。2009年，对国学的普及又慢慢向青少年发展，在央视2频道《开心辞典》栏目推出了"开心学国学"特别节目。这个节目选择在暑假播出，是面向青少年的，追求文化素质的提高和德育的养成，这跟整个自下而上推动国学教育的方向是一致的。因此可以说，整个这一波的国学热是由自下而上和自上而下两条线索的交叉推动所形成的。而社会与民众的需求是推动国学热的主导动力。

第四点，关于"国学机构"。其实，2000年北京大学中国传统文化中心就率先转型为国学研究院，但未引起社会的注意。此后国学机构渐渐增多，动静比较大的，首先是2005年中国人民大学设立国学院，开始运用国学学科的方式进行国学教育和推动国学研究，这在社会上引起了相当大的反响和议论。其次是2009年清华大学重建国学研究院，老清华国学院是中国现代国学研究的标志和典范，清华国学研究院的重建自然引起了海内外的特别重视。除了国学研究机构推进研究以外，国学院要把学科性质的发展带进学校来，引起了对现有体制的一些冲击，其中最关键的是国学要不要成为一级学科，这个话题的讨论也是2009年以来在《光明日报》的参与下进行的。而国学学科问题的讨论，含有对西方学科体系的某种质疑，具有一定的理论意义。除了体制内的国学机构外，体制外的民间的国学教育机构也建立了不少，体现了民间对国学教育的热衷发展。

以上我是从经典汇编、文明对话、国学普及、国学机构四个大的方向，粗略地概括一下近年来我们所经历的一些文化现象，提出对其中的意义的一些理解。

最后谈一点，建立马克思主义与中国传统文化相结合的一个新的文化体系，应该说任重而道远，还要走很长的道路来探索。如果就文化事件上来讲，新世纪有三个和孔子有关的文化事件，一个是孔子公祭，一个是《孔子》电影，一个是孔子塑像。纪念孔子诞辰公祭大典2005年9月在曲阜孔庙举行，这是新中国成立以来的首次公祭，在海外影响很大。一个就是《孔子》电影，2010年《孔子》电影的出现，从对电影的积极反应来看，某种意义上代表了中国社会文化对于孔子的共识。最后一个是2011年孔子塑像立于国家博物馆北门，百日后移入门内，引起议论。有关孔子评价的问题，如果把它放在马克思主义中国化的立场上，我觉得这个问题在20年前从方向上其实已经解决了。江泽民同志在1989年秋天做了关于孔子的讲话，他讲话的方向是明确的：第一句话他说，中国古代有孔子这样一位思想家，我们应引以为豪；第二句话他说，孔子思想是很好的文化遗产；第三句话他说，应当吸取精华、去其糟粕、继承发扬（引自谷牧：《我对孔子的认识》，《光明日报》，2009年3月23日）。这就从方向上明确了我们在现代中国文化发展过程中应怎么对待孔子。孔子在几千年中国历史发展中的作用和在近百年来中华文化重建中形成的地位，使他已经成为中国文化的代表。因此我们对于孔子的态度要非常慎重。但遗憾的是，国家博物馆前孔子塑像一立一撤，引起大众关注，海外一片哗然。其实孔子像的位置根本不在天安门广场范围内，而一些同志还根本不清楚孔子像的位置就大发其议论，是很不负责任的。我始终认为将孔子塑像立在国家博物馆前的意义是积极的，而且从一开始我就肯定，这可以说是马克思主义中国化深入发展到新阶段的一个标志。就其结果而言，则不能不说这是马克思主义中国化进程中的一个小的曲折。但从整体上看，整个社会的发展带来的人民对民族文化的信心不会减弱，人们对中华文化的伟大复兴的信心不会动摇，文化界和广大人民对中国传统文化的肯定和守护是不会改变的。因此我对于中国的马克思主义和中国传统文化相结合的前景是乐观的。

如何看待儒家文化与中国传统文化

一、儒家思想与中国文化的关系

儒家是传承夏商周三代文明的主要学派。儒家所传承的以"五经"或者"六经"为核心的经典体系，不是一家一派的，或某一个宗教的经典，而是一个文明的经典，即中华文明的经典。自汉代以来，儒家在治国理政、追求长治久安方面的基本观念被中国的历史所选择，受到普遍认同，绝不是偶然的，是以中国历史经验的总结为基础的，也显示出儒家的基本观念符合中华民族和中华文化两千多年来发展的需要。

儒家思想代表了中国人的核心价值观，这套核心价值观是跟中国人的历史文化处境和生存条件相符合的，它和中国人生存的历史环境、历史条件、生产方式、交往方式是融合在一起的，因此符合当时中国社会的需要，成为中国文化的主体部分。中国社会长期以来是一个农业社会，而且是一个乡村宗法共同体的社会，是以家族为主要形式的生活共同体；中国在历史上又是一个大一统的中央集权国家，重视统一、秩序、凝聚和团结。儒家关于齐家治国平天下的理念适合于这些社会文化的需要。

儒家文化自古以来重视人的德性品格，重视德性的培养和人格的提升，历来高度推崇那些有精神追求的人、具有高尚道德品格的人士。孔子说"朝闻道，夕死可矣"，把对真理和道德的追求看得比生死更重要；孔子又说"杀身以成仁"，孟子说"舍生而取义"，都是认为道德信念的信守和道德理想的坚持不受物质条件所影响，在一定的条件下比生命还重要。儒家的这种思想在社会上营造了崇德尚义的气氛。在这种精神追求下，通过古代的精神文明规范体系"礼"，而形成了中华"礼义之邦"的社会面貌。

儒家适合中国社会的需求，因而成为中国文化的主体部分。从先秦两汉开始儒学就不断地传承中华文明的经典，一直到19世纪后期。所以，儒家对中国文化的传承起了重要作用。如果我们从民族精神的角度来看，中华民族的民族精神可以说是由不同的兄弟民族的文化共同构建的，但如果从中华民族精神的主导方面看，我们不能不说儒家的文化和价值在塑造中华民族的民族精神方面起了不可替代的重要作用。

中华民族的数千年历史发展，必然有一伟大的力量寓于其中。这个力量是什么？就是我们的文化和我们的民族精神，它是给了我们中华民族伟大生命力和凝聚力的内在的东西，其中最核心的就是中华文化中的一套价值观和民族精神。应当说，儒学是中国文化的主体部分，奠定了中国文化的核心价值与道德规范。儒学在历史上对传承、发展中华文明发挥了主要的积极作用，在形成中华民族的生命力、凝聚力方面发挥了主要作用，在塑造中华民族的民族精神方面起了不可替代的作用。这些已经成为学术界的基本共识。

儒家创始人孔子已经在相当程度上成为中华文明的精神标志。这是孔子在两千多年的中国历史上，以及近代一百多年的历史中，自然地获得了这样的地位。所以如何对待孔子，是一个涉及民族文化的具有根本性的问题。习近平总书记的曲阜讲话高瞻远瞩、立场鲜明，具有重大的现实意义。

二、儒家思想与现代文明的关系

应当肯定，近代以来的中国历史主题是现代化，单靠中国传统文化不可能完成这一现代化的任务，单靠中国传统文化也不能实现中华民族的复兴。但这绝不等于说只有否定了中国传统文化才能走向现代化，才能实现民族复兴。中国传统文化虽然没有自发地引导中国走入近代化社会，但中国文化的传统不必然与模拟、学习现代的政治、经济制度相冲突，东亚各国在学习现代化中的成功就是证明。

如果从科学与民主的角度来看，孔子本来就非常重视好学博学，宋代以来的儒学特别强调格物致知，这些都为近代中国接引西方科学的输入奠定了基础。古代儒家的民本思想，虽然并未历史地发展为民主政治的设计，但在价值观上是可以通向民主的。中国近代以来的历史证明儒家思想与科学、民主没有冲突，是可以融合的。

尤其是战后东亚儒学文化圈内各国的经济起飞，以及中国经济在90年代以后的高速发展，证明了后发现代化国家并不需要先经过文化的自我革命才能实现现代化，受儒家文化滋养的社会完全有能力在开放的空间实现现代化。

当然，儒学不是鼓吹革命的意识形态，儒学也不是启动改革的精神动源，但被儒家文化所熏陶的人士也重视改革开放和现代化。近代以来的儒家士大夫如林则徐、魏源、曾国藩、左宗棠、张之洞、康有为、谭嗣同等都是主张开放改革的仁人志士，百年来追求救国救民、追求民族复兴的人往往都在其人生中践行了儒家倡导的精神价值。

更重要的是，儒学是探求治国安邦、长治久安的思想体系，这一特点使得儒学在现代化之中的中国社会重新显现出其长久的意义和价值。

如社会学家所指出的，现代文明内在地包含了价值理性和工具理性的紧张，现代文明的突出特色是工具理性的发展，市场经济和功利主义成为主导，价值理性则相形萎缩。因而与一切古代文化传统一样，儒家思想与市场化和功利主义的现代化文明是有冲突的。在中国，现代的市场经济与商业化趋势，已经导致个人主义、功利主义、拜金主义、消费主义的大幅度扩张，而儒学的价值理性正可以适应现代社会对于道德规范与精神文明的要求，以改善社会的伦理生活与精神生活，使现代化趋向文化上平衡、结构上合理、伦理上合宜的发展，为现代化工程确立适当的人文环境。所以儒学对现代化的作用主要不是工具意义上的助推，而是坚持倡导与现代化市场经济相补充、相制约的伦理价值和世界观。

因此，中国传统文化在当今的重要意义，除了确立民族文化根源和发展文化传承以外，主要不是为推动全球化、现代化的进程，而是在社会层面上，满足社会秩序、伦理、文化、心灵的需要，建设社会的精神文明；在政治层面上，探求以中国传统文化为基础来构建共同价值观、巩固国家的凝聚力，积极地运用中国文化的资源以重建和巩固政治合法性。社会转型需要一种与之前时代不同的意识形态。在现代化市场经济发展的同时，社会道德秩序和个人安身立命的问题日益突出，市场经济在当代中国的发展带来了人与人关系的新的变化。与其他外来的文化、宗教相比，在稳定社会人心方面，传统文化提供的生活规范、德行价值及文化归属感，起着其他文化要素所不能替代的作用。中国传统文化在心灵的滋养、情感的慰藉、精神的提升，道德的指引方面，为当代市场经济社会中的中国人提供了主要的精神资源，在引导心灵稳定、精神向上、行为向善、社会和谐等方面发挥了重要的积极作用。文化有其自己的价值领域，那种总是把文化问题联结到现代化、全球化的单一思维应当改变。

三、关于儒家文化的精华和糟粕

传统文化并不是包治百病的药方，传统文化并不能解决我们现实生活遇到的一切问题。传统文化只是我们的文化根基，在其基础上如何建构起适应人民需要的现代政治、经济、法律、文化体系，发展政治文明、持续经济增长、健全法制生活、繁荣文化发展，需要全社会创造性的努力。同时也需要通过适时的引导，帮助人民分辨传统文化的精华与糟粕，分辨永久的价值和过时的东西，使传统文化的资源更能够结合时代的要求发挥其作用。

所谓中华文化的精华，就是传统文化中"跨越时空、超越国度、富有永恒魅力、具有当代价值"的文化成分，具体的内容在习近平主席2014年9月国际儒联第五届会员大会开幕式上发表的重要讲话中，已经表达为十五个方面，相当全面。

需要补充讨论的有两点：

第一是标准问题。区分精华和糟粕的标准，我们常说以科学的、民主的、大众的特征作为标准，其实这是片面的。中国传统的道德文化和道德美德、唐诗宋词的美学价值等，既不是科学，也不是民主，都不能在这种标准下被肯定，但它们都包含着超越时代、超越地域的文化精髓。

第二是糟粕问题。如果从当代社会生活的角度看古代文化，古代社会所讲的"三纲"，即君为臣纲、父为子纲、夫为妻纲，已经属于过时的糟粕；古代制度中的尊卑之别，其中体现的长上与幼下的法律不平等是过时的糟粕；古代文化中以男性为中心而歧视妇女是过时的糟粕；古代道德中要求妇女严守贞洁的规条是过时的糟粕。

传统文化的精华要大力弘扬，以满足我们今天的社会文化需要，但是以上所说的糟粕如"三纲"，在我们今天现实生活中早已经不存在，不再对现实生活产生影响。所以我们今天并不需要去强调传统文化的糟粕是什么，主要应该加强正面宣传，加强爱国主义和民族精神的教育，引导人民树立和坚持正确的历史观、道德观、国家观、文化观，增强文化自信和做中国人的骨气。

其实，应当注意，更多的情况是，近代以来儒家文化中一些受到争议的文化观念不能简单说成是糟粕，而多是属于价值偏好和文化偏重。儒家学说中往往强调了某些方面，而不重视另外某些方面，从而引起了一些当代人的批评。如从当代文化的立场看，儒家强调群体高于个人是正确的，但忽视个人是缺点；儒家强调义务先于权利是对的，但忽视权利是缺点；儒家强调责任先于自由是对的，但忽视自由是缺点；儒家强调道德教化是对的，但忽视法治是缺点，等等。其实，古今中外每一家的思想体系都是如此，都有其重视者和忽视者。所以，我们不能只用区分精华与糟粕的简单化方式处理传统文化的这些复杂性。合理的做法是，对某家某派学说，正面大力发挥其积极的一面，而用不同方式补充其忽视的一面，这也是创造性转化和创新性发展。改善的方法首先是加强制度建设，如有了加强法治建设，强调儒家的道德教化就不会发生偏向。其次就是在实践上把儒、墨、道、法等多元的文化元素综合起来，让各种文化互相补充、互相作用，而不是独尊一家、排斥其他，这样就能整体地发挥传统文化的积极作用。但是，在理论上仍要确认传统文化的主流价值以儒家为代表，这既是中国历史的事实，也是中国历史的经验。与现实的具体操作不同，普遍性的道德价值和理想必须永远被置于声言的首位，因为它代表了人类社会的理想，也是人性的内在要求。最后，儒家思想不是一成不变的，也是发展的，与时俱进的，20世纪30～40年代的儒家思想家都致力把传统文化和现代观念结合起来，求得二者的融合，今后的儒家思想发展也必将是如此。

（《中国哲学史》，2018年第1期）

"为官要修好私德"

作为从政者，不是每天想着怎么去纠正别人，而是首先想到怎么纠正自己

问：儒家文化提供了几千年以来，我们中华民族的共同价值观，塑造了中华民族的基本精神，提供了民族的凝聚力。儒家的治国思想主要有哪些？对我们今天的治国理政有哪些启示？

陈来：儒家思想十分丰富，最突出的特点就是"以德治为本"，这种思想主要针对当时"以刑法为本"的思想。孔子认为，"道之以政，齐之以刑，民免而无耻"不是理想的治国方法，只有"道之以德，齐之以礼，有耻且格"才是理想的社会。因此，从孔子开始，儒家提出了"以德为本"的治国理念。今天"以德治国"的思想根源就出自儒家。

2000多年来的历史实践中，儒家强调德治为本，但也强调礼法结合。汉代以来，儒家主导的治国理政基本理念是"礼法合治"，不是孤立地、单独地强调德治、礼治，而是把礼治和法治结合起来，礼法相依不可分。这样的总体思路对今天仍然有借鉴意义。

结合我们的反腐败工作，在儒家的治国理念中还强调正身和修身。孔子说"政者，正也"。领导者要正身正己，不是每天想着怎么去纠正别人，而是首先想到怎么纠正自己。

如果全社会都能从传统文化中多学一些对人生的理解，对做人的指引和戒律，都是有利的

问：中华文化一贯重视做人的道理，儒释道都是如此，都要落实到人生和做人上。这些道理给我们今天的道德建设带来怎样的启迪？

陈来：做人的问题，人生的问题，不仅仅共产党员要碰到，所有人都要碰到。古代文化中有很多这方面的传统资源，儒家、道家、佛家都有很多。

儒家文化重视人的德性的培养和人格的提升。孔子说"朝闻道，夕死可矣"，把对真理和道德的追求看得比生死还重要。孟子提出"富贵不能淫，贫贱不能移，威武不能屈"，鼓励人们追求坚定独立的人格尊严，不被任何财富所腐化，不受任何外力所威胁。佛家讲五戒，不杀生、不偷盗、不邪淫、不妄语、不饮酒，这是基本的道德戒律。道家也讲了很多，比如清静无为、知足自得，都是强调清心寡欲。这些都要求我们在做人方面要很好地控制自己，在财富面前能够把握住自己。

今天的党员干部，在学习党纪国法的同时，应该更广泛地学习和利用传统文化资源，其中有很多道德的训诫和要求，我们应该学习和了解，对做人都有好处。如果全社会都能从传统文化中多学一些对人生的理解，对做人的指引和要求，都是有利的。

今天好多的问题，包括干部的腐败，应该说都跟我们忽略了传统文化的作用有关系

问：您曾说，中华优秀传统文化价值观呈现责任先于自由、义务先于权利、群体高于个人、和谐高于冲突的特色。面对全球化，怎样更好地认识并弘扬中华优秀传统文化价值观，不断增强我们的自信心？

陈来：责任先于自由、义务先于权利、群体高于个人，这三点针对的都是个人主义。如果我们始终把个人的欲望、利益作为基础，那社会的责任怎么摆？社会的义务怎么摆？群体的地位怎么摆？

总体来讲，我们的传统文化不强调个人主义，而强调个人价值不能高于社群价值，强调个人与群体的交融、个人对群体的义务，强调社群整体利益的重要性。我国古代思想家用"家""国""社稷""天下"等概念具体表达社群的意义和价值；"能群""保家""报国"等众多提法都明确体现社群安宁、和谐、繁荣的重要性，凸显个人对社群和社会的义务，强调社群和社会对个人的优先性和重要性。个人是私，家庭是公；家庭是私，国家是公。社群的公、国家社稷的公是更大的公，最大的公是天下的公道、公平、公义，故说"天下为公"，这些都是中华民族比较好的传统。

今天好多的问题，包括干部的腐败，应该说都跟我们忽略了传统文化有关系，尤其是忽略了传统文化中"对个人欲望的控制"的作用。我们传统文化讲究用理性来控制、引导战胜个人的欲望。荀子讲"以道制欲"。宋代以后，理学讲"以理胜欲"，理性要战胜个人的欲望。今天讲怎么用中华优秀传统文化的价值观，解决我们所面临的很多问题，传统文化的教育是一个方面，而且这方面非加强不可。

执政党执政文化的"再中国化"，就是要更自觉地运用中国传统文化的资源，更自觉地传承中华文明

问：王岐山2015年5月在浙江省调研时指出，深刻领会实现中华民族伟大复兴的中国梦，要有历史的回放和思考。请问您如何看待这个问题？

陈来：中国自古以来就有注重历史的传统，历史的记述不断，而且受到珍视。历史的记述起着承载民族历史记忆、建构民族文化认同的重要作用。中华民族发展到今天，不能割断历史，我们要给予历史一定的地位，要看到中国的今天是从历史上的中国发展而来。

中国共产党人做中华文化忠实的传承者，就是要自觉地承担对中华民族和中华文化发展的责任。我们作为一个执政党，对中华民族是有责任的，对中华文化是有责任的。我们要使在历史上传承了五千年之久的中华文明，能够在今天绽放新的光彩，并不断随着时代有新的发展，这是我们对中华民族的责任。

同时，中华民族的历史和文明的积淀，也为我们提供了今天发展的基础，应珍视中华文明和中华优秀传统文化给我们今天发展积累的历史财富，重视这些财富，使它成为我们今天面向未来的动力。

问：今天在推进国家治理体系和治理能力现代化进程中，我们应该怎样用好中华优秀传统文化资源？

陈来：今天我们确实需要全方位地努力吸收中华优秀传统

文化中的宝贵资源。不仅从社会教化、个人修身方面，包括历史上很多的管理制度，我们都可以吸取和借鉴。发挥古代和近代以来以德治国传统，就是要强调怎么继承、传承中华优秀的道德文化，涵养、接续、传承中华美德的体系。

改革开放以来，我们党更加注重吸取儒家的治国理念和价值观念，来应对碰到的各种问题。用学术话语讲，我把它叫作执政党执政文化的"再中国化"，就是要更自觉地运用中国传统文化的资源，更自觉地传承中华文明。

今天我们要加强对中国优秀传统文化的挖掘和阐发，积极深入了解中华民族历久弥新的精神世界，努力实现中国优秀传统文化的创造性转化、创新性发展，把中国文化当中跨越时空、超越国度、富有永恒魅力、具有当代价值的文化精神弘扬起来，把继承优秀传统文化又弘扬时代精神、立足本国又面向世界的当代中国文化创新成果传播到世界。

腐败分子触犯党纪国法，就是知而不行，屈服于自己的贪欲，忘掉了道德规范的制约和党的纪律要求

问：明代王阳明提出的"知行合一"的理论，给当时及后世带来哪些积极影响？

陈来：我们研究王阳明可以看出，他强调的是"行"。他反对宋代朱熹的知行观。朱熹有一个讲法，叫"先知后行"，他说人认识的过程应该是先知后行的过程。王阳明认为，"知行合一"，就是要破朱熹的"先知后行"。知和行要结合，知不能离开行，行也不能离开知。王阳明看到了很多人知而不行，只求知，不践行，所以他提出"知行合一"，主要是强调行，强调对道德知识的践行。

王阳明当时讲的知和行的范围比较广泛，知包括了很多行的内容，行也包括了很多知的内容。他说，知行互相渗透，行不仅仅是外在的行为。他认为所有的行为都是从大脑活动开始的，从意心动念开始，这个行动已经开始，所以他说"知是行之始"。人的意念活动，包括贪污、腐败，从动念时起，这个行为已经开始了，所以人要特别谨慎自己的内心活动。

"知行合一"不管在王阳明时代，还是今天，不管是对党员干部，还是一般人，践行"道德的知识"都是现实的要求。因为每一个人都会碰到道德的选择，做好事还是坏事，善恶的选择，都会碰到这个问题。怎么把知道的东西在践行中体现出来，这是王阳明时代和我们今天共同探讨的问题。

所有的腐败分子都不可能不知道什么是不该做的事情，那为何明知故犯，触犯党纪国法？就是知而不行，屈服于自己的贪欲，忘掉道德规范的制约和党的纪律要求。所以王阳明的"知行合一"，对我们今天来说仍有重要意义。

公德要以私德为基础，没有私德的养成，公德也不可能养好

问：您认为，在各种道德缺失的现象中，尤以各级公务人员权钱交易、受贿谋私对国家经济生活、政治生活及社会风气的败坏影响为最大。对此，您有什么建议？

陈来：改革开放以来，我国的经济社会发展在许多方面取得了令世人瞩目的伟大成绩。同时，在这样一个巨大的社会变迁过程中，人的道德观念和社会道德生活也发生了很大的变化，其中包括很多积极的变化，但也出现了不少值得重视的问题。这些问题简单地加以概括，就是市场法则对道德领域的侵入造成了人们道德观念的迷失，导致人的意识的商品化与人际关系的商品化，以及自私意识的合理化。如果官员道德缺失，贪赃枉法，对社会危害巨大，那这一现象应引起我们高度重视。

古代社会非常强调官德，比如清廉、谨慎、勤政，即清、慎、勤。我觉得除了讲党纪国法以外，怎么利用传统文化中对官德的要求来行事，强调官德的修养、官德的规范，是我们今天需要好好考虑和规划的重要工作。

我们要处理好公德和私德的关系。公德即公民基本道德，指向公共生活；私德即个人基本道德，关注个人道德品质。私德作为个人基本道德要求，在中华传统美德中含义非常丰富，在现代社会中仍有重要意义。比如儒家所提倡的"仁义礼智信"。诚信是基本的道德，诚就是要向善去恶、真诚待人。古代社会对私德有很多具体的要求。一个人的私德好，就能自然延伸到他的公共服务中，所以公德要以私德为基础，没有私德的养成，个人的公德也不可能养好。为官要修好私德，私德不好又去为官，必然会走向违纪违法的歧途。

在私德建设的问题上，我们既要以社会主义核心价值观的培育和践行为核心，又要注重中华传统美德的传承和弘扬，把二者有机结合起来。

党员领导干部，直接面对国家利益、公和私的问题，所有的工作都和国家利益联系在一起，必须要处理好义和利的关系

问：《礼记·儒行》提出了包括"强学力行""不宝财禄""傲毅清廉"在内的十六条行为规范，请您谈谈这些规范对今天党员干部的教育和借鉴意义。

陈来：这是很重要的。《大学》《中庸》强调修身、慎独，重在加强内心修养。《儒行》的"行"，是重在行为上，注重行为的规范和德行的指引。这十六条应该说代表着儒家对一个君子德行的全面主张，中心是"义利"问题。《儒行》讲"见利不忘其义"，即碰到"利"的问题，首先不能忘"义"，"义"就是代表道德规范、道德原则。我们现在很多问题就出在见利就逐利，跟着利益去追逐，忘掉了道德规范的约束。党员领导干部，直接面对国家利益、公和私的问题，所有的工作都和国家利益联系在一起，必须要处理好义和利的关系。

《儒行》讲"苟利国家，不求富贵"，这都和"义利"的关系密切联系在一起，而且讲明"义"有一个很重要的内容，是国家和人民利益。

傲毅清廉，毅是刚毅，廉不仅仅是廉洁，也是一种把清廉看得非常重要的特别的倾向。而要做到清廉，首先要解决"义利"的问题，要把"义"放在"利"的前面。孔子讲"义以为上"，就是要把"义"放在我们最为崇尚的地位。所以《儒行》非常重要，对我们今天仍有教育和借鉴意义。

要像爱自己的家一样去爱国家。家国一体，这是中国古代非常长久的传统

问：天下之本在国，国之本在家。"国家"是我们民族独有的概念，国与家紧密相连、不可分离。您如何看待中华文化中的家国情怀？

陈来：中国古代认为家、国、天下具有一致性，不是割裂的，是一个连续的统一的整体，适合于家的道德规范，同样也适合于国。比如《大学》里讲"修身齐家治国平天下"，并不是认为每个阶段它有自己独特的，和前后完全不一样的一套规范、原则。所以古代讲"忠臣必出于孝子之家"，忠臣要到孝子家去找。

儒家也讲"移孝作忠"的观念，都表现了强调家、国实体上的连续性，规范上的一致性。

古代讲，爱国如家，也就是说人可以把国和家放在同等的位置上考虑。家国一体，是中国古代非常长久的传统，提倡要像爱自己的家一样去爱国家。

家和国不是对立的。如果说家庭关系是中国人的基本关系，那么我国古人早就把家的概念、家的关系扩大、扩充了。儒家认为社会的管理是个同心圆，即个人—家庭—国家—世界—自然，从内向外不断扩大，从家庭拓展到宗族、到社区、到州县、到国家甚至到天下。《论语》讲"四海之内皆兄弟"，《礼记》提出"以天下为一家"。人们可以把家和国联结成一体，把感情、道德同时赋予家和国，这是中国古代的传统。

传承孝文化，要求我们结合新的时代要求，使孝道、孝行适合今天的社会发展

问：孝道在中国文化中具有悠久的历史。您认为在当代中国，应如何传承孝道文化？

陈来：孝是中国很重要的文明，对调节家庭的关系，解决子女对父母的赡养，增加家庭的亲情，有很多方面的功能。孝文化传承久远，在中国至少有三四千年的历史，孝是中国人最重要的观念之一。

从理论上讲，孝是一个血缘、亲属之间的道德，而仁义礼智信是已经超越了血缘、亲属，适合一切社会关系的基本道德。孝是中国历史文化的传统，并不能因为仁义礼智信的普遍性意义更强，而孝只适合家庭、亲属、血缘关系，就减低它的意义。从各个方面来讲，我们的社会治理还要传承孝道，要能够结合新的时代要求，使孝道、孝行适合今天这个社会。

我们传统文化里有自己独特的一套监察体系，对权力的制约、对官员的监督，有制度性的要素

问：请您谈谈对用中华优秀传统文化推进党风廉政建设和全社会廉洁文化建设的建议。

陈来：刚才主要是从道德方面讲的。还有一方面，党风廉政建设怎么用中华优秀传统文化来提供一些思路，我觉得可以好好总结两三千年以来，中国官僚体系里的监察制度。中国古代监察制度的历史悠久，有不同的形式，很严格，特别是到了宋、明、清时代，其中一些制度值得参考。我们传统文化里有自己独特的一套监察体系，对权力的制约、对官员的监督，有制度性的要素。我们应该好好学习、挖掘。

我认为，全社会的廉洁文化建设是社会风气的问题。在影响大众的媒体里，应该有一种对于道德风气的自觉监控，对社会风气的自觉维护。比如，送礼广告，电视媒体应该自觉抵制而不是去倡导，这关系到社会风气。良好社会风气的培养，是每一个社会个体所应负的责任。每一个演艺人员、公众人物，都应该有这样的自觉和约束，应当自律。全社会都应该从这些基本的要求做起。

十八大以来查处的这些大案要案，老百姓和社会各界都认为非常好，应该是大快人心

问：您如何看待十八大以来的正风反腐工作？您对今天治理和预防腐败有什么建议？

陈来：十八大以来，党中央对正风反腐工作非常重视，人民群众也特别关注，对于所取得的成果大家都是叫好的。我觉得十八大以来查处的这些大案要案，老百姓和社会各界都认为非常好，应该说是大快人心。但是另一方面也是痛心，这么多干部出问题，党组织也是很痛心的。

我觉得，一方面要反腐、抓案件，另一方面，一些制度建设要紧跟。一方面要维护党的纯洁性，另一方面从爱护干部的角度讲，也应该把制度抓好、建设好，使干部少有机会犯错误，这对组织建设非常重要。其实有些干部，因为制度上的漏洞，缺少监督和提醒，结果一步一步走上违纪违法的道路。所以说，加强党规党纪和法律法规建设，既是对党负责、对国家负责、对社会负责，也是对人民负责、对干部负责。

我希望中国成为富强、民主、文明、和谐的现代化国家，这就是我的中国梦

问：请您说一下您心中的中国梦。

陈来：现在的中国梦有很多讲法，我所讲的中国梦还是在国家层面，就是我们社会主义核心价值观的第一个层面：富强、民主、文明、和谐。这是建设社会主义中国的目标，是国家的政治价值，表达了我们对未来中国发展的整体期待。我希望中国成为富强、民主、文明、和谐的现代化国家，这就是我的中国梦。

惠而不费、劳而不怨、欲而不贪、泰而不骄

问：请您为广大党员领导干部题写一段寄语。

陈来："惠而不费、劳而不怨、欲而不贪、泰而不骄"是孔子在《论语》里提出的，可以看作对干部"美"的要求。"惠而不费"，为政者做对人民有利的事情，成本不高，又可以得到人民的拥戴，何乐而不为；"劳而不怨"，有些干部很辛苦，但是劳而不

怨，认为付出再多是为党工作，因为自己是国家的公务员；"欲而不贪"，人可以有欲望，但不能有贪心、贪欲；"泰而不骄"，就是不要骄傲自满。这些在今天仍然有针对性。

（2015年6月中央纪委监察部网站"聆听大家"访谈）

应该叫响"企业儒学"

2017年7月28日,《儒家商道智慧》新书发布暨专家研讨会在全国人大会议中心举行,来自北京大学、清华大学、中国人民大学、中央党校、国防大学等单位的30多位专家学者和10多位中央级媒体记者,围绕如何深入"弘扬儒家商道,构建企业儒学"进行研讨。陈来教授在会上做了重要发言:

第一,中国当代的企业家对当代的中国文化贡献非常大,他们是最近20多年来的国学热的重要推动者。因为企业家最早开始谋求中国化的企业商道的建构和实践,同时追寻企业家自身的安身立命之道,使得他们很早就把注意力投向了古代的中国文化智慧。这种追寻一直到今天,20多年来是这个社会的刚性需求,所以中国企业家是在最基础的层面支持国学热的展开。

中国企业,特别是民营企业现在已经到了升级版,不是90年代邓小平南方谈话时代的中国企业了。进一步的可持续发展也需要有进一步的文化支撑,文化支撑将使它的发展再造辉煌。所以中国企业家不仅创造了中国经济发展的奇迹,对中国当代文化的发展也起到了重要作用。

第二,最近几年政府也提倡中华优秀传统文化的转化创新，或者说创造性转化、创新性发展。转化创新从当代来讲，一个重要的方向就是把中华优秀传统文化跟现代企业管理之道结合起来，这一点也符合今年年初由中共中央办公厅、国务院办公厅印发的《关于实施中华优秀传统文化传承发展工程的意见》。这个《意见》重要的一条就是要把中华优秀传统文化融合到当代的生活里面，一个是国民教育，一个是文艺创作，再一个是融入生活。跟今天比较来讲，古代的儒家之道融入生活的基点是家，家庭、家族。家道是古代儒家文化融入生活的重要基点和基础。现代社会所谓的融入生活，一个重要的方面，不仅是要落实到家，而且要落实到企业。不仅要像古代那样落实到家道，而且要进一步推广到商道。这本书叫《儒家商道智慧》，这是今天中华优秀传统文化创造转化的一个很重要的方向。所以黎红雷教授在这方面做的对我们进一步落实"两办"意见，开创中华优秀传统文化的创造性转化、创新性发展指出了很重要的方向。

第三，黎红雷教授是我们中国哲学学科里面唯一指导中国管理哲学和儒家管理哲学方向的博士生导师，也是最早在中国哲学学科里面从事中国管理哲学、儒家管理哲学研究的学者。1991年黎红雷教授就出版了《儒家管理哲学》，从第一本《儒家管理哲学》到这本《儒家商道智慧》，我想标志着这个学术体系的全面展开。《儒家管理哲学》更多地属于明体，《儒家商道智慧》更接近于达用。所谓明体就是《儒家管理哲学》这本书更多地聚焦在儒家管理的哲学根源，像对管理的人性论、管理的认识论这些方面的阐明，阐明儒家管理的哲学根据。这本书是讲八大智慧，是达用，更多地聚焦在儒家管理的实践智慧。从哲学的根据转向实践的智慧，使得他自己有关于儒家管理之道，从体用两个方面做了更完整的建树。特别是这个研究是今天儒学里面最接地气的研究。我把儒学在当代的在场分为三个领域：学术的儒学、文化的儒学、民间的儒学。红雷教授的这个研究贯穿在学术、文化和民间三者之间。学术研究是学术儒学；企业文化、企业智慧、商道的研究方面有文化的意义，又属于民间儒学的发展形态。所以他的研究能够贯穿从学术儒学到文化儒学到民间儒学的形态，非常珍贵。

特别是"企业儒学"的提出值得大家更多地关注。最近几年，"乡村儒学"提出以后受到大家的关注，尤其是山东的学者做的有关工作很快受到大家的关注。而且乡村儒学的观念一下子就得到了普遍推广。相比来讲，我个人觉得，大家对"企业儒学"观念的关注度好像还不够，从现在的经济生活来讲，企业所代表的经济活动占总的经济活动的比重比农村经济占的比重更大，而且放眼未来，这个比重会越来越大。因此"企业儒学"在儒学的发展中所占据的地位也越来越重要，所以我们应该叫响"企业儒学"这个口号，现在叫得还不够响，似乎还没有"乡村儒学"那么响亮。而且从文化的转型来讲，我的看法是如果以儒者作为主体来讲，儒学的现代转化很重要的一个方向就是"新外王"的展开。古代的"外王"主要在政治领域，近代以后儒学的"外王"领域拓宽了。如果以儒者作为主体来讲，政治研究不再是一个主要领域（当然政府怎么样吸收传统文化有自己的逻辑），新外王活动的展开的重点就是"企业儒学"。所以，"企业儒学"应该是现代社会儒学"新外王"转向的一个重要支点。

大家以前对这一点的关注不是很够，希望红雷教授的书能够引起大家更多的关注，从事儒学的儒者怎么跟企业家和企业家实践进一步密切地结合起来，提炼中国智慧中特别重要的商道智慧，建设新时代的儒商群体，迎来中国现代企业的新的辉煌。

（2017年7月在"《儒家商道智慧》新书发布暨专家研讨会"上的发言）

第五章 儒学与中华文明

中华文明的文明观和文明态度

在历史上，中华文明与亚洲其他文明曾有过丰富的交流，这种交流促进了中华文明和亚洲其他文明的多彩发展。文明的通畅交流，依赖于一定的世界观和价值观。就中华文明的方面来说，中华文明与亚洲其他文明的丰富交流，是依据中华文明的价值观和世界观，尤其是"和而不同"的观念。《国语·郑语》记载西周末期史伯的话："夫和实生物，同则不继。""同"是单一性的重复，"和"是多样性的协和。这种思想认为，不同事物的调和、配合是事物得以产生的根本，而相同的事物的单纯重复则不能生成。在这个意义上，多样性的存在是生成新事物的前提，如五行是五种最基本的元素或材料，由这五种元素或材料相互结合而能生成一切事物，单一的元素则不能生成。这种推崇"和"而反对"同"的主张，后来被孔子概括为"和而不同"的原理。这种思想明确反对单一性，认为多样性才是繁盛发展的根本，强调多元要素的调和、配合、结合远远优越于单一性，单一性只能阻遏生成发展。这是一种真正的中国智慧，也是一种价值理想和态度。《左传·昭公二十年》也记载了春秋后期的智者晏婴关于"和"的思想："若以水济水，谁能食之？若琴瑟之专一，谁能听之？同之不可也如是。"这也是认为不同事物的调和、互补才能满足人们社会文化实践的需要，多样性、差别性、他性的存在是事物生长的前提，差别的多样性的调和才是生生的根本条件。这种强调多样性的辩证思维在孔子以前已经有所发展，经过孔子的总结，成为中国哲学固有的崇尚多样性的思想资源，并广泛应用于政治、社会、文化等领域。"和而不同"的观念为中华文明对于文明交流和文明多样性的态度提供了世界观的基础。

"和"不仅是多样性的协和，它所具有的一般和谐或普遍和谐的意义，更是在中华文明早期便开始发展。《尚书·舜典》记载，帝舜命其乐官要通过诗歌音乐，达到"八音克谐，无相夺伦，神人以和"的境界。这说明古人非常重视音乐的和谐作用，并期望诗歌音乐的和谐能使人与神达到一种和谐的关系。春秋时代的人继承了这种思想，也主张通过各种乐声之"和"，扩大到超越人间的"和"，即"以和神人"（《国语·周语下》），体现了早期智者对宇宙和谐的向往。古代中国人反复以声乐之和比喻世界各种事物之间的和谐，从而成为一种文化的普遍追求。又如《左传·襄公十一年》载晋侯曰："子教寡人和诸戎狄，以正诸华。八年之中，九合诸侯。如乐之和，无所不谐。"中国古人将音乐的"和""谐"作为处理人与人、人与社会、族群与族群、人与天地等关系的模型，对"和"的追求成为中国文化思想的普遍理想，塑造了中华文明的思维方式、价值取向、审美追求。

把追求永久和谐作为对待外部族群的态度，在中华文明中也是源远流长。《尚书·尧典》提出："克明俊德，以亲九族。九族既睦，平章百姓。百姓昭明，协和万邦。"以后"协和万邦"便成为中华文明世界观的典范。类似的说法还有《周礼》所讲的"以和邦国，以统百官，以谐万民"。孔子早就用"和"作为与外部世界的交往原则，他说："'柔远能迩，以定我王。'平之以和也。"(《左传·昭公二十年》)《周易·乾卦彖辞》说："首出庶物，万国咸宁。"这也是与"协和万邦"思想一致的。成就一个和平共处的世界，是中华文明几千年来持久不断的理想。

《周易》提倡"保合太和"，太和就是永久和谐，表明和谐的确是中华文明的核心价值。这一思想对孔子也产生了重要影响，孔子延续了西周文化对乐的重视，他也主张乐的功能在于"和"，认为乐所体现的和谐精神可促进礼的实践，起到补充礼的作用。孔门弟子所作的《礼记·乐记》说："乐者，天地之和也；礼者，天地之序也。和，故百物皆化；序，故群物皆别。"这清楚地显示，在儒家看来，人类的和谐在根本上来源于天地的和谐，即自然的和谐。和谐是一切事物的生成原理，没有和谐就没有万物化生，和谐的实现有着深刻的宇宙论的根源。孔子的孙子子思在《礼记·中庸》中提出："中也者，天下之大本也；和也者，天下之达道也。致中和，天地位焉，万物育焉。""中"是中道平衡原理，"和"是和谐原理，平衡与和谐不仅仅具有人类层面的意义，更是宇宙普遍的法则。人必须与宇宙一致，奉行平衡与和谐的原则，其结果将不仅是促进人类社会的繁荣，也必将促进宇宙的发育和秩序。

汉魏以后印度文明与中国文明的交流，主要通过佛教的传入。唐代以后，祆教、景教、伊斯兰教、犹太教传入中国，进一步增进了亚洲不同文明的交流。佛教从印度的东传，使得中国文化不仅吸收了佛教文化，而且在意识中明确了解到在中华文明之外存在着其他的高级文明。这使得中国人开辟了多元的文明视野，而且中华文明与印度文明的交流始终是和平的。由于佛教的传入和发展，中国古代各个王朝大都同时支持儒释道"三教"，在中国后来的思想界也流行所谓"三教合一"的口号，表明不同宗教有可能互相融合，从而使中国与外部世界之间不可能发生宗教战争。这样一个不同文明、多元宗教融合的传统，是古代中国"和而不同"观念的文化实践，也是中华文明至少自唐代以来重要的处理宗教文化的资源。这都表明，中华文明所追求的和谐是以多样性共存互补为前提的和谐。

中华文明对其他文明的包容态度，得到孔子仁学的支持。孔子说"仁者，人也"。这是说儒学强调对他人友爱与关怀的态度。所以"仁者，人也"是他者优先的伦理，它尤其表现在两个方面，即"和而不同"与"与人为善"。"和而不同"是孔子的话，指包容差异、尊重差异、注重多元。而"与人为善"是孟子的话，指与自己不同的他者和善相处，友好对待。这两点也是处理文明关系的善好原则。遗憾的是，世界上还是有一些人抱持一种"异者为敌"的狭隘观念，坚持单一性的自我中心，把与自己不同的他者都看成是敌人，力图用一切手段来改变甚至消灭对方。他们所说的"异者"不仅是指民族、国家，甚至是文明。这既不符合文明发展的世界潮流，也有悖于文明交流的普遍价值。

当然，中国古代对文明的认识还达不到今天的政治高度，但其基本态度确有其合理性。如古代儒家认为不同的文明有差别，甚至有先进后进之别，但主张先进文明之所以先进就在于道德文明的高度成熟，故先进文明应该以道德的优势吸引感化后进文明，而绝不认为先进文明可以用强力的优势去压迫、宰制后进文明。同时，中华文明也善于吸收其他先进文明的精华，中华文明不仅自古以来在物质文明、生活器物方面大量吸收了其他文明的成果，在宗教艺术、精神文化上也是开放包容的，这突出表现在中华文明对印度文明中产生的佛教的接受、融合、吸收。在中华文明中，由于对方与我的文明不同而必欲与之冲突，或必欲压迫之，甚至除之而后快，是不可想象的。

全球化已经使全世界在经济、技术和市场、金融、贸易等各个方面相互密切关联，而人类的处境却并没有因此变得更为美好。冷战结束以后，局部的战争并没有停止，巴尔干、非洲、伊拉克、阿富汗、叙利亚因西方的介入，战争与混乱交织。全球化潮流所往，南北的差距并没有缩小，发展中国家在全球化中得到的不仅是机会，还有灾难。近年来，反全球化的声音日益弥漫，全球的或地域的命运共同体建构，需求迫切，而任重道远。面对这些问题，我们相信，仅仅依靠西方现代性价值和西方文明的文明观去解决，是不可能的。我们必须开放各种探求，包括重新发掘亚洲文明的价值观和世界观，发挥"和而不同"的文明观与"与人为善"的文明态度，使当今这个令人不满意的世界得以改善。

（2019年5月在亚洲文明对话大会"维护亚洲文明多样性"
平行论坛上的发言）

世界文化视野下的中华经典

一、中华古代典籍起源非常早

从中国的文化经典来讲，首先，它应该是以汉字书写作为基本的特征。所以我们可以说，由汉字书写的典籍，是中华学术的一种呈现形式，也是中华文化典籍的一个基本形式。

在我国，古代典籍起源非常早。保留在战国典籍里面的《夏小正》，相传是夏代的历书，可以说是中国现存最古老的一部历法文献，应该说在当时已经达到了相当精密的水平。

夏以后，《尚书》里面讲"惟殷先人，有册有典"，文字写在竹简上并编连为册，这就是典册。《尚书》里面明确讲了，在殷商时代已经有典册的文献了。当然这种典册文献是不是从殷代才开始，还不是一定的。因为殷商时代的文字已经相当成熟了。中国古文字在殷商之前有没有一个更早的发展，那个时代有没有产生相应的典册，我想这还是一个值得研究的问题。

早期的典册以记录为主，到西周和春秋时期，典册的发展已经蔚为大观。据《国语·楚语》记载，春秋中期楚国用以教授太子的书籍就有《春秋》《世》《诗》《礼》《乐》《令》《语》《故志》

《训典》等。

其中的《春秋》是一种史书。孟子说："晋之《乘》，楚之《梼杌》，鲁之《春秋》，一也。其事则齐桓晋文，其文则史。"可见各国还有不同名称的史书。墨子书中提到周之《春秋》、燕之《春秋》、宋之《春秋》、齐之《春秋》，甚至说"吾见百国《春秋》"，可见各国皆有史书，编年史书皆称《春秋》。

据《左传》记载，春秋时还有《三坟》《五典》《八索》等文献，战国时代各国还有《史记》，此外还有《世本》《竹书纪年》等史书。

所以这样来看，在古代中国，在这么早的时代，产生这么多文献、典册，在世界文化史上是少有的。

二、战国时期已经有"六经"概念

如果真正讲到"经典"概念，应该说，在中国历史上，有一个从"典"到"经"，从典册到经书的过程。

从西周到春秋，在所有的典册文献里头，有几种其实已经非常突出了，即表现出了特别的重要性。比如说在西周，所有的典册中，《诗》《书》《易》《礼》《乐》和《春秋》是最重要的。尤其是《诗》《书》《易》，在春秋时代，已经在政治、外交和社会生活中被人们反复称引，已经成为当时具有无可置疑的权威性的经典了。

《诗》《书》《易》《礼》《乐》《春秋》这六部典籍，经春秋末期孔子的整理删定，到战国时期，已经被人称为"六经"了。

像《庄子·天运篇》讲"孔子谓老聃曰：'丘治《诗》《书》《礼》《乐》《易》《春秋》六经，自以为久矣……'"所以战国时期已经有了"六经"概念，把刚才说的六部书称作经。

《诗》就称为《诗经》，这是我国最早的诗歌总集，其中分为《风》《雅》《颂》三大类。《雅》是贵族宴会的乐歌，《颂》是贵族祭祀的乐歌，《风》大多是各地民间的乐歌。《诗经》里面大部分是西周和春秋早期的作品，也有少量商代的作品。

《书》后来称为《尚书》或者《书经》，应该说是我国最早的政治文献的汇集，分为虞、夏、商、周四部分。主体是周书，西周的政治文献是《尚书》的主体。

《易》又叫作《周易》，后来也称为《易经》，是古代周易系统占筮的典籍。占筮就是用甲骨来占卜、用蓍草来算卦的方法。《周易》的经文，是六十四卦和卦辞，三百八十六爻与爻辞。它是西周的史官依据占筮的经验积累而成，其中也包含了中国早期的哲学思维。

《礼》书后被称为《礼经》，是西周春秋礼制的汇集，记述了古代的礼俗制度，比如贵族冠婚丧祭、朝聘乡射诸礼，以及各种礼仪。古有三礼之说。三礼者，《周礼》《仪礼》《礼记》是也。昔人谓《周礼》《仪礼》均系周公所作，《礼记》则系汉戴德（人称大戴）、戴圣（人称小戴）叔侄所删记。"三礼"是古代中国礼乐文化的理论形态，对礼法、礼义做了最权威的记载和解释，对历代礼制之影响极为深远。

"六经"里面的《春秋》，特指鲁国的编年史书。《乐》是指关于音乐的理论与制度。

以上说的"六经"，它成熟于孔子之前，它不是一家一派的经书。以前我们都说"六经"是儒家的经典，这个讲法是不确切的。因为从历史根源来讲，"六经"成书于孔子之前，并不是一家一派的经典。"六经"作为至少是夏商周三代中华文明智慧的结晶，是中国文化的原始经典，不是一家一派的经典。

"六经"中凝结了中华民族早期发展形成的主流核心价值，像敬德、保民、重孝、慎罚等，体现了中国文明历经夏商周一千多年发展积累的政治智慧、道德观念、审美取向等。所以"六经"成为此后中华文化发展最主要的历史渊源，也可以说是中国学术发展的总源头。

可见在"轴心时代"，中华民族的经典就已经形成，完全确立起来，这在世界文化中是少有的。

三、礼乐文明是中华文明早期发展形态

从古至今，我们都把夏商周三代的文明叫作礼乐文明。

礼乐文明，是中华文明早期发展的特色。礼乐文明是"六经"文化得以产生的丰厚土壤，"六经"可以说是礼乐文明的核心成分。

在先秦，如我们刚才所说，"六经"不仅属于儒家，也是三代主流文化的经典。在"六经"里面，包含这样一些文化精神。

第一，"六经"中突出体现了人文精神。《诗经》《尚书》都把对神的信仰，转为对现实人生和事物的思考，强调远神而近人，关注政治和教育。

第二，"六经"也体现了历史精神。像《尚书》里面，保留了许多历史文献，《诗经》里面，也反映了许多历史情况。《春秋》本身就是历史编纂，体现了中国文化对历史经验的高度看重。

第三点，"六经"显示了道德精神。"六经"的历史记述，都含有价值批判和人格评论。《诗》有颂刺，《春秋》有褒贬，后来孟子说"孔子成《春秋》而乱臣贼子惧"，都显示出"六经"的道德精神。

最后，"六经"体现了协和精神。从"六经"里面可以看

出，把追求永久和谐作为对待外部世界的态度，在中华文明中是源远流长的。《尚书·尧典》提出："克明俊德，以亲九族。九族既睦，平章百姓。百姓昭明，协和万邦。"以后"协和万邦"便成为中华文明世界观和价值观的典范。类似的说法还有"以和邦国，以统百官，以谐万民"（《周礼·天官冢宰》）。孔子早就用"和"作为与外部世界的交往原则："'柔远能迩，以定我王。'平之以和也。"（《左传·昭公二十年》）孔子开创的儒家学派以传承"六经"为己任，儒家文化延续、承接着中华文明主流文化而来，在中华文明继往开来的历史发展中扮演了不可替代的角色。古代文明中包含如此完整的具有永久普遍意义、现代价值的文化精神，以及强烈的文化传承意识，在世界文化中也是少有的。

四、古文今用，"接"陈出新

当下中国的语境比起古代已经大有变化了。但是中国文化连续传承、不断发展的历史，并没有因此而改变。

今天的中国文化发展，或者说现代中国文化的发展，一个重要的方面就是传承发展中华历史文化，以继承弘扬中华优秀传统文化为基础而展开。

现在中国文化的发展，应该有很多方面，但其中一个重要的方面，就是以传承文化、发展传统、弘扬传统为基础。今天面对经典，一方面我们要加强文化传承之自觉，使经典的传习能够纳入当代国民教育的体系，使其成为涵养人格素质的源泉；另一方面，我们在传习和传承经典的同时，也必须要重视典籍文本的开放性和解释者的创造性。这就是"古为今用，接陈出新"，我把我们常说的"推陈出新"改为"接陈出新"。

历史传承的文本，在每一个时代，都会面临新的问题、新的理解，需要不断更新它的意义。当代的文化继承，不能够仅仅停留在文本的训诂层次，而是要使典籍的文本能够积极地向新时代开放，把我们的思想和文本的思想融合在一起，成为过去和现在的一种视界融合。

当代的文化传承，包括对典籍经典的传承，不是把古代文本的意义视作固定单一的，而是要使今人与历史的文本进行创新性的对话，对典籍文本做创造性的诠释，对传统文本的普遍性内涵，进行新的诠释和改造，以适应当代社会文化的需求。

我上面讲到四个精神：人文精神、历史精神、道德精神、协和精神。我觉得如果要讲经典的现代意义，那其协和精神就特别值得发扬，我们讲的和谐的价值也体现在这里。如果从世界文化的角度讲，协和精神是最重要的。中国很早就提出"和而不同"，"和"与"同"是不一样的。"同"是单一的重复，而这个"和"，是多元的和谐，这就表达了一种很深刻的思想，也是一种智慧。

在我们面对今天世界上的文化冲突、文明冲突，当然还有政治军事冲突时，协和精神的价值就凸显出来了。人类冲突不断，在这个世界上要实现和平发展，还是要运用古人的这种智慧。这是一种能够真正使我们摆脱冲突、走向和平的"和而不同"的价值观。

我觉得领会和实践这一智慧是不容易的，因为有些思想方式，它是跟价值观、跟现代联系在一起的。这样的价值观，有些人就不太能接受。比如，"和而不同"与我们现在讲的"共赢共享"就有密切关系。但在有些人的世界观里面，就没有共赢共享，只能有输赢，他不能相信有共赢。共赢实际上也就是我们讲的，是"和"的一种形式。"协和"的精神，就应该是今天最有意义、最有价值的一种精神。

五、全方位地向西方世界传播中国经典

我觉得要向西方世界传播中国文化的经典，原则上来讲应该是全方位。

长久以来，我心目中的中国文化经典观念，还是那个非常老式的概念，就是中国文明中最核心的经典文本，就是"五经四书"这个系统。这是支配中华民族伦理生活的，支配中华民族精神信仰的，对民族生命起支撑作用的经典。

我的经典的概念，就是像我刚才讲的"六经"，或者"四书五经"这个体系，是中国最主要的经典系统。至于唐诗宋词这些文学经典，和"四书五经"相比来讲，是什么样的地位、什么样的关系，这个以前我还没有思考过。

"四书五经"这个系统，最能代表中华民族的文明特色，这是大家一致的看法，因为大家认为轴心时代产生的经典最具代表性。但是，如果要全面地向西方世界介绍中国文化，不能仅仅介绍像"四书五经"，不该把观念限制在此，而应该涉及中国文化的方方面面。《诗经》有文学意义，但确实不能反映中国文学全部的系统，文明的各个组成部分还有各自的内容。唐诗宋词也可以是艺术经典的一部分，这应该得到承认，但是整个唐诗宋词不可能成为经典，只有其中一个很小的部分才可能作为经典。另外，经典和典范还是不同。中国古代所理解的"经典"是圣人之言，其他的文本只是典范。

至于对经典意义的理解，牵涉到语言转型问题。语言的变化是20世纪中国文化的一个非常大的变化。文化转型，最基本的就是语言转型。百年来，一套新的语言，成为我们的学术语言，成

为我们的文化语言，变成我们基本的表达方式，这个变化是非常大的。这个转型，这个变化，会不会引起"经典"的意义流失和曲解，就成为经典传承的一个大问题。

敢于翻译经典，一方面我承认用现代语言去翻译经典，不要说西方语言的翻译，就是用现代汉语去翻译那些古代经典，特别是意义比较深刻的、深奥的经典，也是很不容易的一件事情。我们现在的翻译，常常出现很多的差错。但这不是我们放弃翻译的理由。把古代的典籍比较准确地，以更接近其本意的方式表达出来，用现代的语言表达出来，这从理论上来讲，确实是可以做到的。只是在实践上，它是要由无数的例子，不断地去接近它。所以翻译问题，不只是将中国古代的经典翻译成西语会产生问题，其实翻译成现代汉语也有问题，只不过可能比那个问题要稍微小一点。

关于经典的精华与糟粕问题。如果今天笼统地讲，有可能我们已经习惯性地说"弘扬中国文化"。其实，在我们这样说的时候，心目中也不是巨细无遗，不分良莠的。我们心目中的"弘扬中国文化"，是已经经过选择和过滤的，就是那些好的、优秀的、适用于今天的内容。

但是面对那些反对者提出异议的时候，就会发现，不能简单地讲弘扬中国文化，他们肯定会追问你，你说的中国文化有没有糟粕，有没有过时的东西，有没有局限性。所以我们今天做一个弘扬中国文化的人，必须把话讲得严密，这就是要继承弘扬中华优秀传统文化。

所以说"中华优秀传统文化"这个概念本身是没有问题的。从今天来看，中国文化里面有很多不适用于今天生活的内容，或者说是糟粕的部分。我们经常会面临很多对继承和弘扬中国文化提出质疑的人，面对这样复杂的局面，一定要说继承弘扬中华优秀传统文化，才能使我们立于不败之地。

最后讲到体用问题。有人说我们现在是坚持中国文化价值，吸收西方制度技术，体用不一致。我的观点是，体用不必一致。而且中华优秀传统文化价值观，跟社会主义核心价值观要结合起来，使二者互相支持，互相补充。只要把中华优秀传统文化的价值观和社会主义核心价值观相结合，就没有不一致的问题。因为社会主义核心价值观主要是针对现代社会发展的。

"用"就是所有近代以来从西方开始发展起来的政治、经济一套整个外在的制度体系；"体"就是人的精神世界。我觉得今天仍然是可以这样讲的。所谓"用"，就是我们讲的现代化的一切，从工艺制造到政治制度再到很多东西，都可以成为"用"。但"体"不必与"用"完全一致。

比如说现代性，我们就没有必要追求一个跟它完全一致的"体"，这个"体"可以是跟它不一样的，但对它可以起到引导和规范作用。这种不一致，反而是有利的。如在传统人生价值观里面，我们传统的价值跟现代性的发展是不一样的，但是它对现代性由以构成的个人主义，对过分强调个人权利等这些东西，不是加以肯定的，反而应该是有一个好的对冲、调节作用。

所以我不觉得一定要讲"体用一致"。我们现在把中华优秀传统文化价值观和社会主义核心价值观结合起来的做法，我认为还是可取的。

价值观是有层次的，如果在制度层面上看，美国人的价值观跟"用"是一致的。但是如果再上一个层次，从人生基本价值这个层次来看，就不一定是一致的。据我的观察，我认为美国社会最根本的、最深层次的人生价值系统，还是跟基督教有关系，还是基督教的基本价值。而基督教的基本价值，跟现代社会金钱至上、个人至上等观念就是不一致的。

也就是说，在经典传播方面，我们要辩证地看待体用一致与体用不一致的问题。

（2017年4月17日在"世界文化视野下的中华经典"京师
论坛上的发言）

四库全书：文化记忆与文化传承

清代的乾嘉学术与四库全书也有一定关系。南宋《直斋书录解题》著录四部书3096种，51180卷。明代《永乐大典》编纂于永乐年间，是中国的一部巨型古代典籍，与法国狄德罗编纂的百科全书和英国的大英百科全书相比，要早300多年，也是迄今为止世界最大的百科全书。其编撰宗旨为"凡书契以来经史子集百家之书，至于天文、地志、阴阳、医卜、僧道、技艺之言，备辑为一书，毋厌浩繁"。其中保存了14世纪以前中国历史地理、文学艺术、哲学宗教和百科文献，共计22937卷、目录60卷，分装成11095册。据粗略统计，《永乐大典》采择和保存的古代典籍有近八千种之多，比宋代增多五千种左右。清康熙时编辑《古今图书集成》，全书共10000卷，目录40卷，共分6编32典，是现存规模最大、资料最丰富的类书。清代《四库全书》是在清乾隆皇帝的主持下和诸多考据学者的参与下编成的巨型丛书，著录书籍一万余种，十七万卷，较之宋代增多了十多万卷，基本上囊括了中国古代主要图书。《四库全书》保存了中国历代大量文献，所据底本中有很多是珍贵善本，如宋元刻本或旧抄本；还有不少是已失传很久的书籍，在修书时重新发现的；也有的是从古书中辑录出来的佚书，如从《永乐大典》中辑出的书有385种。《四库全书》的编纂，无论在古籍整理方法上，还是在辑佚、校勘、目录学等方面，都给后来的学术界以巨大的影响。但是，清代统治者借纂修《四库全书》之机向全国征集图书，贯彻"寓禁于征"的政策，对不利于清朝统治的书籍，分别采取全毁、抽毁和删改的办法，销毁和篡改了大批文献，编修中明令禁焚的书籍就有3000多种，数量十分巨大。此外，明清时期的《正统道藏》和《乾隆大藏经》大全式地收录了道教和佛教的著作。《正统道藏》共5305卷。《乾隆藏》全藏共收录经、律、论、杂著等1669部，7240卷，共用经版79036块。

古代典籍是承载古代文明和学术创造的载体，虽然中国古代浩瀚的文化典籍流传到今天的只有一部分，其他未能保存的典籍因为自然或人为的破坏，最终在历史长河中消失了，但保留至今的文化典籍仍可使我们看到中华民族先贤创造的巨大的文化成就。

文字与讲话不是同一的东西，文字之所以能固定话语就在于它的所指（观念）与话语的所指（观念）相同，也就是说，文本是通过把口说的话语的意义用具有同样意义的文字固定下来。利科曾说，只有在文本不被限制于翻录先前的谈话，而是直接以书写字母的形式铭写话语所意指的东西时，文本才真正是文本。文本作为固定的话语，其本质就在于语言性。伽达默尔说："传承物的本质通过语言性而得到标志，这具有其诠释学的后果。"①尽管其他非语言传承物如绘画、雕塑诸造型艺术品相对于文本具有直接的可欣赏性，但这并非文本的一种缺陷，相反，在这种表

144

① ［德］伽达默尔：《真理与方法》，第1卷，商务印书馆，2021年，第557页。

面的缺陷中，一切语言的抽象的陌生性却以特有的方式表现了其较其他非语言传承物的优势。非语言传承物仅仅是些留存下来的东西，我们既不可复制，也不可补充发展，我们的任务只是把它们作为过去的残留物加以研究和解释。可是语言传承物并非这种只能保留和复制而不可发展和补充的残留物或留存下来的东西，而是"真正词义上的传承物"。伽达默尔写道："凡以语言传承物的方式传到我们手中的东西并不是残留下来的，而是被递交给我们的，也就是说，它是被诉说给我们的——不管它是以神话、传说、风俗、习俗得以自下而上地直接重说的形式，还是以文字传承物的形式，在文字传承物中，其文字符号对一切懂得阅读它们的读者都是同样直接确定的。"[1]

　　按照伽达默尔的看法，文字传承物并不是某个过去世界的残留物，它们总是超越这个世界而进入它们所陈述的意义领域。他说："正是语词的观念性（Idealität）使一切语言性的东西超越了其他以往残存物所具有的那种有限的和暂时的规定性。因此传承物的承载者绝不是那种作为以往时代证据的手书，而是记忆的持续。正是通过记忆的持续，传承物才成为我们世界的一部分，并使它所传介的内容直接地表达出来。凡我们取得文字传承物的地方，我们所认识的就不仅仅是些个别的事物，而是以其普遍的世界关系展现给我们的以往的人性本身。"这里所谓语词的观念性，正如上述，乃是指语言中介的观念性，这种观念性并不是固定的，而是随历史的改变而发展的。因此文字传承物超越其他以往残存物所具有的那种有限和暂时的规定性。传承物的承载者，即遗留下来的传统文本，按照伽达默尔的看法，绝不是那种作为

145

①［德］伽达默尔：《真理与方法》，第1卷，商务印书馆，2021年，第558页。

以往时代的手书，而是记忆的持续。所谓记忆的持续，就是指过去文本的意义内容与我们今天的理解的沟通。每一个传统文本对于我们来说，都是那种一直传承到现在的意义构成物，因此它们成为我们世界的一部分，并使它所传介的内容直接地表达出来。正是在这里，伽达默尔说，文字固定的文本提出了真正的诠释学任务。按照伽达默尔的观点，传承物的本质是以语言性作为其标志，因而文字传承物达到了其完全的诠释学意义。语言在文字中是与其实现过程相脱离的。文字传承物并不是某个过去世界的残留物，它们总是超越这个世界而进入它们所陈述的意义领域，因而以文字形式传承下来的一切东西对于一切时代都是同时代的。

中华文化是中华民族的生命命脉，中华文化是中华民族的精神家园，中华文化是中华民族凝聚力和创造力的不竭源泉。中华民族具有五千多年连续不断的文明历史，创造了博大精深的中华文化，为人类文明进步做出了不可磨灭的贡献。中华文化积淀着中华民族最深沉的精神追求，包含着中华民族最根本的精神基因，代表着中华民族的独特精神标识，是中华民族生生不息、发展壮大的丰厚滋养。习近平总书记系列重要讲话中指出，我们要善于把弘扬优秀传统文化和发展现实文化有机统一起来，紧密结合起来，在继承中发展，在发展中继承。要使中华民族最基本的文化基因与当代中国文化相适应、与现代社会相协调。以人们喜闻乐见、具有广泛参与性的方式推广开来，把跨越时空、超越国界、富有永恒魅力、具有当代价值的文化精神弘扬起来，把继承优秀传统文化又弘扬时代精神、立足本国又面向世界的当代中国文化创新成果传播出去。这就确立了文化继承的理论基础，也就回答了什么是优秀传统文化、如何继承发展优秀传统文化的问题。

继承中华优秀传统文化是中华民族永续发展的需要，继承中华优秀传统文化是中华文化不断创新发展的需要，继承中华优秀传统文化是中国特色社会主义实践的需要，继承中华优秀传统文化是中华民族伟大复兴的需要。如何继承和弘扬优秀传统文化，这还涉及挖掘和阐发。我们今天一般所说的继承弘扬优秀传统文化多是指古代流传下来、体现为文字的经典文本，特别是其中的价值观念、价值语句、思想主张、文化命题。

中华传统文化源远流长、博大精深，其中最核心的内容已经成为中华民族最基本的文化基因。继承和阐发应在以下几个方面的内容上下功夫：要大力弘扬中华优秀传统文化的价值观，使中华文化讲仁爱、重民本、守诚信、崇正义、尚和合、求大同的价值观成为涵养社会主义核心价值观的基础和源泉。要深入挖掘中华优秀传统文化治国理政的经验，如民为邦本、政者正也、德主刑辅、礼法合治、居安思危等智慧，作为今天的启示和镜鉴，以利于国家治理体系的改进和完善。要努力传承和弘扬中华传统美德，中华传统美德是中华文化精髓，蕴含着丰富的思想道德资源，如孝悌忠信、礼义廉耻，自强不息、厚德载物，仁者爱人、与人为善，努力促进中华传统美德的创造性转化、创新性发展。要充分继承和发扬中华文化中有利于调理社会关系、鼓励人们向上向善的思想文化内容，引导人们树立和坚持正确的历史观、民族观、国家观、文化观，增强做中国人的骨气和底气，培育文明风尚和社会氛围。

（2017年6月17日在"第二届中国四库学高层论坛"
上的发言）

第六章　儒学与启蒙反思

关于启蒙心态的反思

启蒙的继续与启蒙的反思

启蒙反思与当代中国的保守主义运动

关于启蒙心态的反思

这个讨论本来是希望对杜先生的这个对话做一个批评。关于启蒙的反思的想法，我基本上也是赞成的，这跟我自己的文化立场比较接近，所以我就没有什么话好批评的了。因此我今天上午是专来听大家的一些批评的，听了半天也有一些自己的感想。关于启蒙心态的问题，对于中国人来讲，就是所谓中国人对启蒙的了解。在那种了解下，启蒙成了一种一元化的价值体系和心态，这个心态基本上是排斥传统、排斥宗教、排斥古典的。我的了解基本是这样的。

但现在看起来，这个问题如何表达比较复杂。就像一些人谈到的，因为一开始杜先生他们的想法不是专门针对中国的，是从一种普适主义的角度来考虑的，但是很显然，中国是一个很重要的文化的对象，所以不能不考虑在中国的现实社会文化环境中可能做出的反应。所以第一个就是，我们在做启蒙反思的时候，对启蒙的哪些价值仍然有肯定，要有一个明确的说明，以免误解。当然有些学者，包括杜先生的这个对话，可能都认为那个是不言自明的，所以没有把它提升到明言的层面。就是说，我们其实对启蒙的有些价值的评价是持肯定态度的，需要明确讲清楚。第二个就是启蒙的反思的层次。按照杜先生讲的，有哲学宇宙论的层次，也有价值观的层次，也有政治制度的层次。当然，政治制度的层次大家谈得比较多，从中国人的角度来说，这是很正常的，也是很合理的。因为杜先生原来的语境是全球的语境，所以他并不特别地关照中国的语境，这也使得大家觉得这方面的工作可能做得不够。如果要更多地面对中国的语境的话，就政治制度这方面来讲也有反思的空间，对民主也可以反思。但是，在政治制度领域哪些价值是肯定的，对现实的制度领域中哪些东西是我们现在要致力改革的，这个在理念上大家应该是有共识的。

我的看法是这样，因为我自己一贯是从文化方面来考虑问题的，所以杜先生的这个想法对我来说很容易接受。启蒙反思涉及很多方面，像哲学宇宙观、政治制度等方面，而我比较重视的是所谓文化自觉的层面，从文化自觉的层面我比较容易接受对启蒙世界观的反思的观点。我觉得，所谓启蒙心态，就像我刚才讲的，它是用一元性的启蒙价值去排斥所有古典的、宗教的这些价值。所以启蒙的反思，就是要我们在肯定启蒙价值的同时，能够肯定还有多元价值的存在，能够肯定古典的价值，肯定各种宗教文明自身的价值。这样从中国的语境来讲，就有了一个文化自觉的问题。"文化自觉"当然是费孝通先生提的，像我这样的人比较容易接受，当然有些人不一定，比较主张世界主义的人可能觉得没有必要去强调什么文化自觉，认为文化自觉还是站在某一个特殊的文化层次上来讲的。但从我的立场来讲，我觉得文化自觉的问题和启蒙心态以及启蒙心态的反思连接最紧密。而且我觉得在中国也有现实的意义，比如说刚才有人讲社会主义的启蒙问题，对此大家有不同的看法，但是启蒙心态所带来的以前我们对古典传统的那种认识，在今天应该重新改变，这一点我觉得比较贴合我们今天的文化心态，而且也比较能得到大家的认可。比如1995年在美国时，有个学者说，他最大的一个悟处，就是"五四"以来，有很多不必要的对立，比如说从自由主义立场上，没有必要把传统文化作为主要对立面。

当然这就联系到另外一个问题，就是对启蒙的反思必然伴随着要对传统的价值有所肯定，但是传统的价值有哪些负面影响，这个也要讲清楚，并不是对传统的一切价值都肯定。刚才提的一些意见可能都与这点有关系。所以我想怎么把启蒙心态的反思和文化自觉的问题好好地展开，让它能够针对中国的文化建设，这是我比较关心的问题，也是我总体的看法。另外，刚才有几位学者的发言我也有些个别意见。比如赵汀阳说，儒家讨论的主要是如何照顾君子的利益，当然这也可能是句玩笑话了。因为从中国文化来讲，它是更多地给予君子责任，当然你也可以说是权力，但权力连带有责任，而不是强调赋予君子以利益。另外像今天上午有几位学者是从政治制度、政治哲学的层面来考虑的，都有意义，但是我想这些学者也可以把文化的层面更多地考虑进来。所以一方面，可以请杜先生他们在政治制度的层面来考虑启蒙的反思的表达，另一方面，即是我们在中国，怎样使这种思考不仅仅局限在政治制度本身，把文化的层面考虑进来，也是很重要的。比如刚才有人讲了群己权利，就是说己要自由，群要民主，这个问题是在政治制度层面上很有意义，但是这个原则也不可能是万能的，在文化的问题、道德的问题上，基本上还是不能用民主选择的办法。比如说道德的问题、共同价值观的问题，不能仅仅归结为个人的问题，假如这些是一个"群"的问题，那么这些都不是一个民主选择能够解决的问题。再比如说讲儒家的个人主义，儒家的个人主义最重要的是个人的尊严，不仅仅讲个人的责任。

照历史来讲，联合国宪章对个人尊严的强调就是与一个中国的学者利用孟子的思想参与到其中并提了意见有关系。所以从这方面讲，如何从文化的层面丰富我们对这个问题的思考，需要我们大家共同考虑。

看起来罗素对中国的了解还相当深刻，对中国人的价值体系的偏好有一定的了解。这个问题跟前面讲的问题也有一些关系，这里我补充杜先生讲两句。我以前也写过一篇文章，叫作《中日韩三国儒学的历史特色》。我讲中国儒学的特色就是突出"仁"，韩国儒学的特色就是突出"义"，日本的儒学就是突出"忠"。沟口雄三有一篇关于公和私的文章，就是讲日本的价值体系，以日本儒学为代表，当然包括其他日本文化因素，他认为为什么日本能够快速工业化和近代化，因为在日本的价值体系里面，比较容易接受弱肉强食的观念，这是非常重要的。自19世纪以来，日本非常容易接受丛林法则以及弱肉强食的规则，所以它能够这样发展。这套价值偏好的理解用于中国的历史发展也很有意思，所以刚才有学者讲罗素说中国很可能选择社会主义，应该跟这个价值根源是有一定的关系的，就是一个国家的选择跟自身文化中的价值体系的偏好是有关系的。我作为儒学研究的从业人员，当然认为中国的儒学是非常值得珍视和宝贵的文化资源，但是我对日本儒学的看法一贯比较清醒。因为我总觉得日本的儒学价值结构是有问题的。什么问题呢？就是它始终没有把仁、人道主义这一法则放在第一位。所以日本其他问题的发展，都跟这个价值缺陷有关系。而这个缺陷是跟日本儒学的价值形态有关系的。那么这个价值的形态除了文化的原因，还有没有别的原因？也可能有，这就是封建领主制度。因为在中国文化里，西周最强调忠信，因为那时是封建领主制，而孔子的贡献也就在这里，就是在忠的上面提出仁，仁的理念。而日本江户时代仍然是封建领主的时代。

我再讲两句话。第一，就像刚才杜先生讲的那样，据我的理解，他们提出的启蒙的反思并不是要解决和说明百年以来中国所有的问题，我认为他们不是这样的，他们可能只是针对某一种问题。第二，我想我们现在很难用"国内""国外"这样一个对比，国内根本就不是铁板一块，并不是像有人讲的那样好像是一个整体、跟国外的不一样、具有更接近中国的问题意识。中国本身就是有不同的观念，就是具有很多元的观念的表达，其中有一部分就是比较能够接受杜先生他们的观点的。

（2008年在北京大学临湖轩"启蒙的反思"座谈会
上的发言）

启蒙的继续与启蒙的反思

　　20世纪中国的政治革命、思想革命、文化革命运动都与启蒙运动的遗产结下了不解之缘，而近30年来的中国改革，则是以告别革命、斗争为基调，致力经济发展，重建社会和谐。因此，今天的中国不仅要重新思考"什么是启蒙"，也需要对启蒙进行反思，以建立起"继续启蒙"和"反思启蒙"的平衡。

　　特别值得指出的是，德国启蒙运动的发起针对的是宗教压制自由思想和自由批评。18世纪80年代的德国，门德尔松和康德先后回答了"什么是启蒙"的问题，康德的论文针对宗教和检查制度，强调理性的公共使用应当不受限制，力求把思想从神学和教会的监察下解放出来，要求的是"思想上的自由"。而20世纪中国的文化启蒙运动，以针对儒家的道德传统为特色，五四新文化运动在反对君主专制之外，强烈批判中国儒家的道德传统，突出的是"道德上的自由"。中国启蒙运动对道德权威的破坏，使人们不再珍惜传统，忽视了社会价值体系、道德风俗和社会凝聚力对共同体的作用，这使得在欧洲启蒙运动中被推崇为以自然理性为基础的儒家道德体系在中国近代启蒙中却被视为封建礼教，儒学由欧洲启蒙的助缘变而为启蒙的对象。今天，要重建中国社会的伦理和道德体系，重新认识儒学的道德传统，需要对一元化的启蒙思维做出检讨。

启蒙反思，首要的是对启蒙运动那种全盘反传统的观念加以反思，这一点应该是确定无疑的。另一方面，百年以来的中国，启蒙价值很多并没有实现。就价值本身来讲，启蒙价值中涵有我们今天应该承认的普适价值，在这个意义上，启蒙反思并不意味着对启蒙价值的全面否定。合理的看法应当是，启蒙价值只代表了整个人类历史发展的一面，它缺了很重要的另一面，而启蒙反思就是要把另一面彰显出来，挺立起来，与启蒙价值进行合理的良性互动。

启蒙主义讲理性、人权、自由、民主、个人主义等等，这些都是重要价值，但是讲个人也要讲群体，讲权利也要讲责任，讲理性也要讲人情，讲自由也要讲社会约束，讲民主也要讲集中决策。这两个系列不是一个要代替一个，而是寻求两个系列的平衡。中国近代社会文化没有这种平衡，压倒性的都是启蒙价值。今天我们要合理地安排两个方面的关系，以适应这个社会发展的现实需要，用中国人的话说，就是"一阴一阳之谓道"。

今年国家博物馆北门的孔子塑像在矗立百日之后被撤移，典型地体现了启蒙思维的偏差所带来的反传统心态的影响，这干扰了国家正常的文化秩序。这种心态认为，在现代的中国，革命价值仍然是第一位的，可以完全抛弃传统价值，全然不顾当代中国重建道德秩序的需要，把传统和现代断然对立。这一事件充分显示出，在一个革命斗争传统曾长久流行而正在转向和谐社会建设的现代国家，启蒙反思具有不可忽视的重要性。

（原题为《追寻"继续启蒙"和"反思启蒙"的平衡》，
2011年9月9日在国家博物馆中德启蒙对话论坛上的发言）

启蒙反思与当代中国的保守主义运动

　　如何看待启蒙运动对于传统的否定，现在大家的认识基本上趋于一致，就是不管是西方启蒙对基督宗教的全盘否定，还是中国近代启蒙对中国传统的全盘否定，这种思潮都慢慢地过去了。我们倡导启蒙反思，特别是对启蒙运动那种全盘反传统的观念加以反思，这一点应该是确定无疑的。当然，有些朋友，主要是西方哲学研究者对此似乎不太认同，但是就学界总体来讲，反传统的问题已不再突出。大家慢慢都接受了这样的看法，就是启蒙运动，特别是中国近代启蒙运动的全盘反传统的主张，是难以为继的，是站不住脚的。在这种时代思想背景下，我对启蒙反思有以下三点思考。

一、启蒙反思是保守主义运动的新阶段

　　杜维明先生明确指出，对于启蒙运动所包含的各种价值和哲学观念都要进行反思。基于这个立场反观1958年的新儒家宣言[1]，应该说，宣言中并没有启蒙反思这个维度。宣言的直接意

---

　　[1] 牟宗三、徐复观、张君劢、唐君毅：《中国文化与世界——我们对中国学术研究及中国文化与世界文化前途之共同认识》，台湾《民主评论》，1958年元月号。

义，就是想要改变西方人过去研究中国文化的那种态度和立场。比如，西方人认为中国没有宗教，儒家不是宗教，宣言就强调儒家也可当作宗教来看，也具有深刻的宗教意识。我看宣言更多的是表明一种态度，就是对中国文化要有一种尊敬的态度，要把中国文化看作活的东西，而不是看作死了的东西，要内在地了解中国文化的生命；宣言强调，中国传统文化的特色、中国传统哲学的特色、心性之学，这些是西方人不容易了解的。从今天启蒙反思的角度来看，启蒙反思所讨论的问题，在宣言中没有凸显；宣言的所有问题还是针对反中国传统文化以及西方人对中国文化的不理解。由此来看，宣言确实是有一定局限性的。这种局限性还在于，它主要以西方人作为对话的对象，没有全面地与中国近代的启蒙运动或中国近代的全盘反传统思想体系进行对话。所以它作为保守主义的宣言是不全面的。它没有全面地针对"五四"时代的启蒙精神对于整个中国传统的错误认识，更不像今天启蒙反思论域包含了这么丰富的课题。

去年纪念新儒家第二代大师牟宗三、唐君毅，有很多人围绕1958年宣言写文章。我想我们今天应该有进一步的思考，就是站在启蒙反思的角度，认识1958年宣言的一些局限，这样才有利于保守主义（"保守主义"这个词不一定很好，也许"浪漫主义"好些，可以再斟酌，这个词只是表示与启蒙主义直接对立）运动的发展，使这个运动在启蒙反思的新旗帜下进一步深入。如果今天还向西方人说"活的""死的"，意义不是很大了。我想，启蒙反思论域的展开，会使20世纪以来的保守主义运动有新的开展。所以我觉得今天已经不需要太夸大1958年宣言的意义，换句话说，今天可以有一个新的文化宣言，一个启蒙反思的宣言，作为这个运动深入开展的一个新阶段的开头。1958年宣言还有一种

"花果飘零"的意识，今天也不需要这种意识了。当时一些新儒家学者离开大陆，到中国香港、台湾和外国，所以有那种很孤独的文化上的"花果飘零"意识，但这不是今天大家共有的意识。今天可以说是儒家文化全面复兴的时代，应该有新的文化宣言，这个文化宣言，我以为确实可以采取启蒙反思作为基本立场。联系20世纪中国历史来看，20世纪既有一个启蒙主义运动，从"五四"时期一直到80年代，甚至到今天；同时也一直有一个启蒙反思的传统，我们不叫它"反启蒙"。但启蒙反思传统或保守主义运动，从它前面的发展来说，主要是针对全盘反传统。而今天大家已经逐渐认识了全盘反传统的错误，所以这个问题不必要再作为一个主导方面，整天去跟反传统主义做辩论。我觉得主战场已经可以变了，我们可以从启蒙反思角度，将问题域放得更宽一些，这样我们的视野也就更大，讨论的也就不仅仅是中国的文化问题，也包括整个人类的文化、全球化运动。

二、启蒙价值不能完全否定

我记得前几年开过一个"启蒙的反思"学术座谈会[1]，自由主义知识分子在会上提出，对于启蒙的价值不能完全否定，我觉得这是对的。启蒙的很多价值，诸如理性、人权、自由、法治、民主等等，不能全部归结为工具理性，甚至工具理性也不能统统被否定，工具理性也有它的价值和意义。今天我们反思启蒙价值，这些价值有些是不属于工具理性的，有些即使是工具理性，也不能说就不要。仅仅要价值理性，不要工具理性，这个也是不

---

[1] 美国哈佛燕京学社、广州《开放时代》杂志社、北京《世界哲学》杂志社于2005年12月15日在北京大学临湖轩联合举办"启蒙的反思"学术座谈会。

对的。新儒家的想法也是说，我们本来就有价值理性了，要从中开出工具理性来。所以我们在理论上要注意，不能完全否定工具理性。另外，启蒙价值中还有一些并不是工具理性，比如民主的问题。那次会上自由主义知识分子主要讲的也是民主问题，他们认为，启蒙反思在中国的语境中讨论，跟在西方是不一样的，我觉得这个提醒也是有意义的。因为在西方，启蒙价值基本上已经实现了，当然这些价值的实现有弊病，但总之是实现了。可是在中国，百年以来，启蒙价值有很多并没有实现。或许有人会说，那本来就是不好的，没有实现也没关系。但确实有些启蒙价值应当实现，比如说民主，我们不能说民主是不好的价值，现在的争论在于民主的实现方式，如何立足于一个国家的历史文化传统和它面临的现实挑战，不能迷信抽象的民主实现方式。但民主的价值却是不能否定的，所以从改革开放以来也讲民主与法治、扩大社会主义民主。西方的民主已经存在着，现在提出反思，不会影响其民主体制，他们只是对现存的民主体制中的毛病进行反思。所以自由主义知识分子的想法，不是没有道理的。启蒙反思不能把今天中国社会里面仍然需要结合中国的实际加以实现的启蒙价值都否定掉。比如人权问题，现在有一个新名词叫"维权"，维权都是代表老百姓利益的，老百姓的利益受到官僚体制不正当行政的侵害，所以要维权，但是维权活动受到很大的阻碍。这从儒家立场是很容易得到解决的，儒家的民本主义就是关怀老百姓的利益。如果比照西方的观念来看，这就跟人权有关系。可见人权观念与儒家思想并不是相互排斥的，儒家就是赞成维权，儒家政治思想就是注重维护老百姓的权益。我们现在虽然经济上在进步，但并不意味着我们的社会建制已经达到当今全球人类的比较好的程度了。必须承认西方经过几百年的探索，包括社会主义运动在里面发生的重要作用，才取得民主体制的一些好办法，这些东西和它后面蕴含的价值，确实是我们在启蒙反思时应该注意的。记得有人说过：启蒙应该反思，但启蒙还要继续。这话的意思也不错。我们在中国讲启蒙反思，尤其要注意这个问题与另一个问题的关系，就是普适价值问题。我们说启蒙价值是不够的，有些方向走得不对，但是启蒙价值里面有没有一些普遍性价值？这一点不能轻易否定。当然，抽象地讲普适价值，我也不同意。因为价值如何在一个具体的历史时空中落实，这是很大的问题。但就价值本身来讲，启蒙价值中是不是有一些普适的价值？比如我刚才讲到的民主。假如启蒙价值中有一些我们今天应该承认的普适价值，那我们在启蒙反思的时候，就要把握好这个度，在理论上阐明它。

三、启蒙主义运动与保守主义运动平行发展和良性互动

今天我们讲启蒙反思，我觉得把它放在启蒙主义运动与保守主义运动平行发展和良性互动的关系当中来看，这个方法可能有一定的意义。今天我们讲启蒙反思，不一定是对启蒙运动的直线式的进步或取代。有些方面可能有认识上的进步，比如对于反传统的看法。但总体上讲，不是说启蒙运动已经过时了，现在要用新的东西来代替，而是也可以把启蒙与反思看作一个对立统一的二元系列的平衡。在这个意义上，启蒙反思不是对启蒙价值的全面否定，而是认为启蒙价值只代表了整个人类历史发展的一面，它缺了很重要的另一面，启蒙反思就是要把另一面彰显出来，挺立起来，跟启蒙价值进行合理的良性互动。启蒙主义讲理性、人权、自由、民主、个人主义等，这些都是价值，但是讲个人也要讲群体，讲权利也要讲责任，讲理性也要讲人情，讲自由也要讲

社会约束，讲民主也要讲集中（当然"集中"是一个老词，我还没有想好与民主相对的词）。启蒙主义不讲家庭，我们还要强调家庭。这两个系列不是一个要代替一个，而是两个系列的平衡。近代以来没有这种平衡，另一个方面太弱了，虽然也不是一点都没有，但压倒性的都是启蒙价值。今天我们要合理地安排两个方面的关系，这就是说，反思不等于否定，启蒙的反思不等于简单的启蒙的否定，用中国人的话说，就是"一阴一阳之谓道"。

我的意思主要是说，启蒙反思确实是保守主义思想文化运动新开展的一个很好的旗号，可以有一个新的宣言。另一点就是说我们开展这个运动的时候，怎么来安排自己与启蒙价值的关系，如果能有一个合理的安排，那么启蒙反思的开展就能得到更多人的赞同和理解。

（原题为《启蒙反思三题》，《学海》，2010年第5期）

第七章　儒学与学术

中国学术与世界

建构作为『具有全球意义的地方知识』的儒学

从『儒墨不相用』到『儒墨必相用』

『一体多元』的儒学观

中国学术与世界

—— 陈来教授访谈

何俊[①]：我先简单解释一下这次访谈的缘起。因为马上就是2021年，21世纪即将过去五分之一。这二十年，从各个角度看都发生了一些重大的变化。因此，《杭州师范大学学报（社会科学版）》策划了"21世纪前20年中国学术思想的展开与前景"专题，邀请不同领域的学者，对21世纪前20年各自所在的领域做一个回顾和前瞻。当然也不仅限于自己所在的领域，我们希望学者们能够从自己的领域出发，做更深广的人文学或者社会科学的讨论。第一期我们先访谈您。

我想提的第一个问题是，2021年正好是宋明理学第一次全国学术研讨会40周年，1981年在杭州的这次会议，是在改革开放和学术思想解放的背景下召开的，当时许多重要的学者都来了。您的研究首先也是从宋明理学开始的，从朱熹到王阳明，再到后来的王夫之，从今天往回看，这四十年尤其是21世纪的二十年，您觉得这个领域发生了怎样的变化？未来这个学科领域的研究会有

---

① 何俊：复旦大学哲学学院教授。

怎样的新发展?

陈来：这二十年的问题要放到一个更长远的背景里来看。1981年10月的会我没赶上参加，当时我刚刚毕业，在办理手续中，也没有经费支持，所以就没去。当时我在家写《朱子新学案》的书评。现在回过头来看，1980年到1981年，我的一些重要的工作其实已经开了头。这期间我已经完成了我的第一部著作《朱子书信编年考证》。这本书的初稿在1981年春天已经写成，真正出版却要到1989年。写这本书的同时，我也在写我的研究生论文《论朱子理气观的形成与演变》，也就是后来我博士论文第一部分理气论四章中的第一章。当时我对朱熹研究的方向、特点和水准都已经表达出来。我研究生论文答辩的时候，主席是任继愈先生，他给我的评语我就记得两句话："有说服力，有创造性。"因此，虽然没有参加1981年的会议，但是我当时已经站在了这个时代朱子学研究的前沿。1982年以后我继续攻读博士学位，就专心处理整个朱子哲学的体系。1985年完成的博士论文，入选中国社会科学博士论文文库，1988年出版。陈荣捷先生1987年为我的《朱子书信编年考证》作序，1989年又为《朱子哲学研究》写了书评。陈先生是世界范围内朱子学的权威，他对这两本书的肯定和推崇反映了我当时的研究在世界范围内所占的地位。当然，我的研究也受到国际交流的影响。我研究生时代在北大已经能看到日本的《东方学报》。当时日本学者在做关于朱子门人的考证，如田中谦二《朱门弟子师事年考》。我当时也想做这个工作，后来我一看日本人做了，《朱子语类》就不做了，转而做朱子文集的研究工作。

以中国学术发展史为基点，联系我自己的工作，我认为宋明理学研究在80年代最有代表性的成就就是我们攻克了朱子哲学这

165

个硬骨头，在世界学术的范围内占据了朱子学研究的高地，超越了西方、日本和中国港台地区。如张立文先生1981年出版的《朱熹思想研究》，蒙培元先生的《理学的演变：从朱熹到王夫之戴震》，其重心也是朱子。实事求是地说，整个80年代对朱子学的研究，就对后来研究的影响来看，最有代表性的应该是我的两本书。

一般来说，人们只知道80年代出了《宋明理学史》，是社科院历史所的侯外庐先生带领他的学生编写的，主要是邱汉生先生负责的。但是今天我们从整个中国学术发展史来看，比如任继愈先生主编的《中国哲学发展史》，侯外庐过去编的《中国思想通史》，以及《宋明理学史》，这种用通史的形式来推进研究的形式，应该说到了20世纪80年代中期已经走到尽头了。老一辈的学者很喜欢写通史，从原来立足于满足本科教学的通史，发展到深入专业研究领域的通史，如《宋明理学史》比我们一般的大学教材显然要深，人物也多，历史背景剖析得也比较细。可是对于专业研究来说，通史写作这条路已经走到头了。任继愈先生主编的《中国哲学发展史》在80年代前期发挥了很重要的作用，但是后来很难继续下去。当然为了满足部分读者的需求，这种通史还可以继续写下去，但是在中国哲学专业领域内，这一时期专人、专书、专题的研究已经遍地开花。《宋明理学史》也是这样，它出版的时代更晚，到了80年代中后期。这个时候的研究，拿朱子学举例，张立文、蒙培元以及我本人都已经出版多部著作，即便是较有深度的通史写作也已经很难代表专业领域的研究水平，更不能代表研究前沿了。学术的发展终究要走到专人、专书、专题研究的道路上来。

接着我们讲90年代。这一时期宋明理学的研究最主要的成绩是王阳明哲学研究的突破。我们对阳明哲学的研究也站上了与上一个时期朱子学研究相同的高度。我在1991年出版了《有无之境——王阳明哲学的精神》，从文献上和哲学上将阳明哲学提升到较高的研究水平，突破了港台新儒家心学的研究和日本百年来的阳明研究。这本书涉及了阳明学几乎全部的文献问题和内在的哲学问题，我对这些问题都提出了有意义的考证和解决，并且有了跟西方哲学比较的视野。后来杨国荣的《心学之思王阳明哲学的阐释》也出版了，也是讲阳明哲学，他更多的是在东西方哲学的比较中加深对阳明哲学的理解。我那时候更多的是用了存在主义的观点，杨国荣的书则开始注重哈贝马斯等人的哲学。我的朱子学没有在比较的视野中进行诠释学的展开，是因为朱子的材料太多了，年代的问题、文献的问题，还有哲学体系的问题，处理不过来，没有时间再去跟西方哲学进行比较。而王阳明的材料就是这些，我就有空间来展开中西哲学的比较和诠释。写这本书的时候也正好赶上80年代后期"文化热"的时代，大量西方哲学经典，特别是20世纪的西方哲学著作被译介到国内，给我提供了很大的便利。《有无之境》出版后，我也没想到居然还有我们没有看到的材料。90年代初，吉田公平送给我在日本保存的王阳明文献，即《稽山承语》和《遗言录》，这是在《阳明全书》里没有的材料。日本学者研究时都是个别地引用，没有一个整体的辑佚工作。于是我立刻开始做辑佚，这算是《有无之境》的后续工作。这也促进了日本学者更加重视保存在日本的阳明学资料。除此之外，还有关于王阳明的文献整理也取得重大突破，比如浙江整理的《王阳明全集》，后来还出版了黄宗羲、刘宗周等人的文集，这都属于宋明理学的范畴。总体来说，90年代我们完成了对王阳明的全面研究，甚至后来居上超过了日本的阳明学研究。

进入21世纪后，朱子后学和阳明后学的研究承接了之前二十年的朱子和阳明研究，成为宋明理学研究的主要战场。这一时期浙江推动了阳明后学文献的整理，开启了这二十年研究的一个新领域。这一时期涌现的一批研究成果学术质量都比较高。我自己并没有亲身去做很多的阳明后学研究，我在90年代初出版的《宋明理学》一书中已经处理了一些阳明后学的人物，但还不是真正细部的、整体的研究。如果说我也起了什么作用，那就是我的博士生在这二十年间基本都是做阳明后学的。另一个是朱子后学的研究，相对于阳明后学的研究起步晚，受到的关注少。这也是因为哲学界的力量主要都集中在阳明后学的研究，包括阳明后学文献丛书的整理出版。当时我在这个领域的贡献主要是推动建立了朱子后学研究的课题。当时我和朱杰人非常关注朱子后学研究的布局，很多年前我们就想以南昌大学为基地开展朱子后学项目的研究。我们当时也为他们寻求资金支持，可惜没有成功，后来他们申请了国家社科基金的重大项目，一举成功。这个项目的成果现在来看还不是很明显，但是项目已经落实，我相信各种成果会陆续被大家看到。这种研究的风气也从江西开始，带到了福建和其他一些相关的地方。阳明后学和朱子后学的研究在整个宋明理学的研究中占据的领域比较大，也是主要的学术增长点，它们不是对一两个人物及其思想的研究，而是具有一定的整体性和全局性。

在这二十年里，宋明理学研究中还有一个重要领域也渐渐明朗起来，那就是明末清初的理学。一般来说，阳明后学的时间下限是到万历年间，朱子后学的时间下限差不多是元代。当然明代朱子学也可以研究，但是没有被作为朱子后学来研究。承接着阳明后学的研究，明末清初理学的研究可以说是方兴未艾。80年代的《宋明理学史》里已经处理了一批人物。到了1986年，辛冠洁、葛荣晋等人组织了《明清实学思潮史》的写作。在这个框架内，他们着重突出了明末清初的理学研究，当然他们不用"理学"这个词，而是用"实学"，这个概念当时引起了一些争议。讲"实学"，暗含了一种反理学的倾向。当时姜广辉就写文章反驳，认为"实学"的概念是理学家最先用的。"二程"、陆九渊、朱熹都讲实学的。理学中本来就要讲实学，但是将实学作为一个特定时代思想的概括，而且认为它是反理学的，就不合适了。我当时主张，明末清初这个时代的思潮不能说是反理学的，不是外在的对理学的批评，而是理学内在的自我反省。明末清初这一段，我在80年代初就做了方以智的研究。1986年我差不多做完了朱子学的工作，接着做明末清初陆世仪、陆陇其、黄道周的研究也是顺理成章的。当然最具代表性的还是我在2004年出版的《诠释与重建——王船山的哲学精神》。我自认为这本书还是有意义的，做了奠基性和核心性的工作。在研究方法上，此书一反传统的研究范式，如启蒙的范式、反理学的范式。我将王船山放在整个道学的传统里研究，关注他和朱子学的关系，我提出的论据论断应当说是无可反驳的。在文献上，王船山的文字比较难懂，我对于他的重要的思想资料进行了逐句逐字的疏通和解读，就像牟宗三在写《心体与性体》时将"二程"的资料逐条疏通一样；但是我与牟宗三不同的地方在于，我对材料没有先入为主的成见，而牟宗三则是先有了基于自己的哲学体系的成见，难免偏颇。还有很多人抓住王船山的一星半点资料就谈他的哲学命题，不顾上下文语境就进行自由发挥，这也是不对的。我一直主张"好学深思，心知其意"，因此在没有先入为主的成见下，我对王船山的重要材料进行系统而细致的解读，真正了解了王船山哲学的内容和实质。

从这方面来说，我想我是做了一定奠基性的工作的。与我对朱熹和王阳明的研究不同，我没有把王船山的思想彻底做一遍，而是抓住其哲学体系，进行精准突破。因为王船山的材料很多，内容也很多，可供研究的东西极多。我精力有限，抓住哲学体系这一核心，做好奠基性的工作，以待后学进一步发展研究。《诠释与重建》这本书加上我以前写的有关"二陆"[①]、黄道周、方以智等人的论文，可以看作我对明末清初理学研究的推动。超出我个人的成果来讲，这二十年间对于明末清初理学的研究，可以说还是方兴未艾。比如陆世仪、陆陇其一直以来不太受重视，而我对陆世仪的评价很高，认为他是明代朱子学的最高峰。对这一时期其他人的研究也还不够，因此我也指导我的博士做明末清初的思想研究。这个领域，不是朱子后学，也不是阳明后学，但它是非常重要的一个时代思潮。明末清初涌现的思想家的数量和质量，丝毫不逊色于两宋和明中期。与朱子学、阳明学不同的是，朱子和阳明的学问传承，其后学大多体系不大，而明末清初不少人的思想体系颇大，出了不少著作等身的通才型思想家，如"明末三大家""二周"[②]"二陆"等人。我只是做了王船山的研究，还有很多研究应该展开。比如方以智的文献现在整理得很好，但是还应该进一步推进他的思想研究；我也看到贵校杭州师范大学也在推动和地方的合作，前不久出版了《陆陇其集》。现在研究势头很好，大家都在关注。这些人也是你所倡导的"江南儒学"范畴内的思想家，因此他们会在多重意义上得到重视。

以上就是我对这四十年间，尤其是近二十年宋明理学研究的

---

① 指陆世仪、陆陇其。
② 此处指刘宗周、黄道周。

总结，其中的问题我只说一点。目前来说，全国范围内哲学学科的硕士点和博士点非常多，研究也五花八门，但是有效的学术增长点还不够。很多人都不看别人的研究，随便抓住一个思想家就开始写，或者老师随意地指派某个思想家让学生去做，这显然不符合学术规范。我们应该了解学术史，清楚地知道哪些问题解决了，哪些问题没有解决，哪些问题的诠释还有空间展开，哪些问题以目前的条件还不容易展开，这都是必须要去了解的。以上是我对第一个问题的回应。

何俊：您在北大服务了近三十年，在2009年到清华出任国学研究院的院长。我们知道，清华国学院是在20世纪20年代的背景下诞生的，80年代也出现了"文化热"的现象，但"国学"这个概念重新被大家关注，并进入到学术话语中来，还是进入21世纪以后的事情。比如很多民间的国学教学机构的出现，以及学术单位中的国学研究机构的建立，重要的有中国人民大学国学院的成立和清华大学国学研究院的复建等。您从北大中国哲学学科带头人的身份转变为清华国学研究院的院长，并在"国学"的概念下和"国学热"的时代背景中展开新的工作。岗位多少会影响个人的思想和思维方式，您是如何面对您的工作转变的？您对"中国哲学"和"国学"这两个概念是如何调整和适应的？这是我的第二个问题。

陈来："国学"这个概念在中华人民共和国成立以后就很少使用了。有人做过相关统计，1949年以后我们的报纸杂志中很少出现"国学"这个概念。我不敢说完全没有，但肯定是极少的。据我所知，比较早重提这个概念的是汤一介教授，他于1984～1985年在深圳帮助深圳大学组建了国学研究所。按我的理解，当时重提这个概念的目的是尝试从旧的研究范式，即50年代以后的三十年间的研究范式里面摆脱出来，部分地回到三四十年代甚至更早的研究范式中去。比如清华国学院、厦大国学研究院、北大国学门，都是在20世纪20年代建立的。摆脱了此前三十年的枷锁或者说束缚，学者们很自然地去回溯当初没有受到枷锁束缚的研究范式，其中一个就是国学的范式。汤一介先生的父亲汤用彤先生早年在东南大学，后来在北大，他们那一代的学者就跟国学的范式相关。由于家学渊源，汤一介先生在改革开放以后就会自然地想到那样的范式，提倡学界回到或者说部分地回到我们已有的国学范式中去。当时正好"文化热"袭来，"国学"这个概念或者说范式并没有得到展开。

再后来，大概到了1990年5月，当时《光明日报》的年轻编辑与辽宁教育出版社合作出版"国学丛书"，第一辑出版10册，请了张岱年先生做主编。张岱年先生就给我分配了任务，让我撰写《宋明理学》一书。我当时并没有太在意"国学"这个字眼，而是立意将它写成本科高年级学生和研究生的教材。在此之后，整个90年代接连出现了好几种以"国学"或"国学大师"为名的丛书。我对这个现象的理解，是"文化热"过去以后，大家都在寻找新的出版增长点。80年代最时髦的出版增长点是西学的译介，这个热点过去后，出版行业开始进行自觉的行业转向，于是就找到了"国学"。1993年开始，在北大出现了一次小范围的"国学热"，具体情况我不详细说了，大家可以看我的文章《九十年代步履维艰的"国学研究"》，刊登在当时著名的《东方》杂志上。那是一次小"国学热"，我认为也没有真正"热"起来，但是引起了一些争论和讨论。这次讨论里，大多数的意见是批评、讽刺甚至批判国学的，批评国学这个概念含糊不清，或是与社会主义文化是对立的。在我的印象里，北京的学术圈里好像只有我写的这篇文章是站在守护"国学"的立场的，对当时的各种关于国学的议论都做了回应。当然，我也受到了一些批判，跟我一起受到批判的还有汤一介先生和季羡林先生。但是总体来说，我的观点还是被不少人认为是公允的。后来我和其他几个学者在《孔子研究》1995年第2期上刊登了一组关于"国学热"的讨论文章，回应了这些批评之声。这是21世纪以来"国学热"现象的一段前史。

与学术界争论不休的状况形成鲜明对照的是社会层面对待国学的态度。90年代后期，学术界以外越来越多的人开始拥抱国学。进入新世纪之后，更是达到了一个高潮。在中国崛起、经济高速发展的背景下，各行各业的人士，如企业家、媒体工作者、中小学教师等等都开始关注国学。由于大众的参与，社会上甚至掀起了兴办国学学习班的热潮。这个时代风潮不是自上而下的，而是正相反。大约从2005年开始，有了从上对下的呼应，最突出的就是《光明日报》"国学版"的开设。通过在中央媒体开设国学专版专栏的途径，来表达官方对传统文化的支持态度，同时注意对"国学热"的积极引导。

2009年我转到清华国学院，在国学院成立大会的前一周，我在《光明日报》"国学版"发表了整版的访谈。我介绍了20世纪20年代国学研究机构出现的学术背景和变化趋势。对于清华国学院的复建，我们提出了这样一个口号："中国主体，世界眼光。"国学研究院院长的身份给了我一种指引，引导我比以前更加关注"国学"这个概念的内涵外延、历史由来。后来我也写了一系列文章，去回应"国学热"引起的各种问题，并上升到中华文化复兴的高度去论述。这就要谈到为什么要立这样一个口号。我们建立国学院，既然冠以国学之名，就要站在以自己为主体的立场上，站在本国学术的立场上，国学就是本国固有的传统学术。如果叫别的学院，那么也是可以平等地对待各种研究领域，包括对中国的研究、对外国的研究，甚至做比较研究。既然叫作国学院，那就是对本国学术的研究。其次，要站在本国的立场上来研究，而不是站在外国人的角度和立场上来研究。国学不是日本人怎么研究中国、韩国人怎么研究中国、欧美人怎么研究中国，而是依据我们自己固有的学术传统如何研究中国。要么不用"国学"这个概念，用了这个概念，内涵就决定必须如此。

但是另一方面，清华国学院的国学研究从来都不是脱离世界视野的。清华国学院从成立伊始就开始关注西方汉学和东方学这样的国外学术体系。汉学（Sinology）是19世纪在欧洲兴起的对中国的语言、宗教、艺术等领域的研究，它在传入中国前已经形成了自己的学术传统。并且最重要的是，西方汉学已经开始利用近代西方新兴的相关学科的方法进行研究，这对清华国学院的学者产生了深远影响。王国维对出土文献的研究本来就与伯希和等西方学者的研究相关，同时走在了世界学术的前沿，他的研究也借鉴了很多西方哲学的理论。陈寅恪早年留学欧洲，接受了德国东方学的传统，精通多门现代语言和古代语言，通过比较语言学来研究佛教文献和边疆史。因此，清华国学院虽然用的是国学的名称，但是始终与世界范围内的汉学、东方学联通，国学院的学者都是有世界视野的。我们也要承认有些与王国维、陈寅恪等清华导师同时代的国学家没有这个世界视野，他们是继承了清代的小学、考据学作为他们国学研究的基础。可以说，老清华国学院的世界视野是他们所特有的传统，与其他同时期的国学研究相比，他们自己有这样一种明确的自觉，并形成了鲜明的特色。

接下来就要谈谈中国哲学与国学的关系。在我看来，国学里面肯定就包括了中国哲学。章太炎在日本的时代已经开始讲国学了，后期专讲国学，在1922年出了《国学概论》这本小书。他从四部来谈国学，但是与四部分类法稍有不同。章太炎认为国学的内容是经学、哲学、史学和文学，这显然是将子部与哲学对应。其实子部很杂，很多内容都超出哲学的范畴。当然《汉书·艺文志》"诸子略"的主体部分还是能被当作哲学来看待的。虽然子部不都是哲学，集部也不都是文学，但是像章太炎这样在文化立场上相对保守的人物都直接用西方的学术分科的概念来讲国学，从这个意义上讲，我们今天也可以说中国哲学是国学的一部分，在传统的四部中，特别是子部中的一些文献对应着中国哲学。

我自己的专业毫无疑问是中国哲学，但是因为我的身份，需要时刻关注有关国学的讨论，如国学的概念、分类、发展历程、与时代的关系等问题。我对国学的关注和写作更多的是在文化研究的领域里，我对近代的研究也会涉及国学的学术史梳理，但我自己本身的学术研究还是在中国哲学这个领域。

何俊：您刚才提到，国学是当时的学界为了突破20世纪50年代以来的学术范式，进而与二三十年代的研究范式接续而提出的概念。20世纪90年代这个概念遭到了批判，而到了21世纪以后，这个概念又被广泛地使用和接受。毫无疑问，国学代表了中国文化主体性和自觉性的提升，是传统的回归。另一方面，我们也看到，接续了20世纪90年代对国学批判的思潮，在21世纪这二十年中，学术界仍然还有反传统的思潮。这个反传统思潮实际上是与"五四"以来的近代思想一脉相承的。您是20世纪90年代国学批判思潮的亲历者，又是21世纪建设国学事业的参与者，在您看来，这二十年来的反传统思潮与20世纪有什么异同？

陈来：这个问题我没有想过，但是我想你的这个判断应该是对的，近二十年仍然存在着反传统的思潮。如果跟八九十年代相比较，我觉得现在的反传统思潮主要是在一部分知识分子当中存在。在大众的层面，可能个别现象总还会有，但是总体来说大众并没有什么反传统的思潮。他们更多是从自身需要的角度，去吸收传统文化的资源。而不少知识分子，尤其是高校的知识分子是在八九十年代成长起来的，那个时代最流行的还是反传统。但是时代在变，这些人可能没有怎么变，他们原本可能也不是很激烈，但是后来也没有人能说服他们，或者他们也没想改变自己，因此就依然在坚持反传统。

这二十年来的客观环境，包括政府的文化主张，应该说都是强调要继承和弘扬中华优秀传统文化。虽然我们也总说创造性转化、创新性发展，但这都是以肯定、继承、弘扬优秀传统文化为前提的。同时也有一些新的说法，比如"坚守中华文化立场""礼敬中华优秀传统文化"等，都是最近几年出现的。当然官方的这些声音，在一定程度上也约束了学术界、文化界内一些知识分子的反传统冲动，他们不能像20世纪80年代那样可以自由发挥，把反传统思想加以扩大。这些年我们对反传统的批判也形成了不少论述，虽然他们并不接受，但也很难一一反驳，当然我们也并没有说服他们。这样的现象现在存在，以后也会继续存在。如果说近二十年的反传统思潮与过去的有什么不同，那就是层次不同。反传统的力量在80年代是全体性、全民性的，包括民间都受到影响。90年代后期，民间再一次解放思想，将反传统思潮也当作"土教条"摒弃了。《百家讲坛》一讲课，大家都来听，思想越来越解放。所以现在只是一部分知识分子保留反传统的主张，反传统本身已经不再是社会的焦点。但是保留这种主张我认为也是合理的，社会不可能只有一种看法，观点一定是多元的。1999年最后一天，我写过一篇文章登在《人民论坛》，我认为传统与现代的这种紧张关系，到了新世纪应该要告一段落了。我们迎来的应该是新的问题意识和讨论，我认为这是种进步。尽管这样说，但并不等于这个问题完全解决了，也不是所有人都达成共识了。社会还是会存在多元的声音和不同的意见，需要大家互相理解，理性表达。观点不同，可以在学术层面上展开讨论，而不需要用政治的方式去曲解对方的观点。

何俊：刚才讲到"国学"这个词，它带来的实际上是中国文化的主体性和自觉性的提升。不论是守护这个概念，还是批判这个概念，其实质都是两个问题的纠缠：一个是我们刚刚讨论的传统与现代的问题，另一个则是中国和世界的问题。您刚刚在介绍清华国学院的时候也提到"中国主体，世界眼光"。这种提法是以中国为主，但是放在了一个更大的外部环境中，不仅是对世界的确认，也是对自己的重新确认。近代以来，像梁启超谈论"中国的中国""亚洲的中国""世界的中国"，实际上就已经在表达这个观念。在"中国主体，世界眼光"的维度下，您认为21世纪前二十年中国的学术话语发生了怎样的变化？

陈来：关于中国和世界的关系，至少有两个层面：一个是政治经济上交往频繁，全球化深入发展；另一个则是文化上的。两者发生作用的层次不一样，也不具备共时性。全球化对中国哲学的多样性和丰富性是否有什么作用？我想这是需要关注的问题。因为一般讲的全球化主要是经济的全球化，从20世纪90年代开始就受到大家的关注。但是全球化运动进入新世纪后，带来了一些文化上的结果。所以，我想如果要说中国学术和中国学术话语受到全球化什么影响，并不是受到经济、技术、资本、市场等要素全球化的直接影响，而是受到全球化运动所激起的一些文化结果的影响。

　　以欧洲学者的视角看，20世纪90年代初以来的全球化，很大程度上是以美国为主导的全球化。尽管全球化在资本、市场、技术等层面向全球扩展，连成一体，但是其内部结构是不均衡的。全球化是由美国的霸权主导来设计和推动的，其带来的文化结果就是美国文化随着经济全球化的浪潮向外扩散，变成一股不可忽视的文化力量。不管这种文化是主观的还是客观的，这股文化力量造成的结果就是覆盖了那些跟美国文化不同的文化，那些被全球化的地区的文化。首当其冲对这个做出反应的是欧洲。欧洲人明显感受到全球化是由美国设计、发起和主导的，而且美国文化的力量非常强势，因此欧洲人有危机感，即怎样守护自己的欧洲文化不被全球化所带来的美国文化覆盖。由于欧洲的声音比较强烈，尤其是法国，因此在21世纪初，联合国教科文组织多次颁布文件来面对这个问题，以肯定多元文化的存在。本来在美国的大学和研究机构里就有专门的领域讲多元文化。现在在现实社会层面，欧洲这些国家，尤其是法国，就利用联合国教科文组织这个平台大力推行多元文化，来抵抗美国文化的全球化。

　　另一方面，研究全球化的学者也发现，与全球化并行的另一个过程是本土化。随着全球化的深入发展，研究全球化的文化学者和人类学家，发现这个全球化的文化结果并不仅仅是美国式的或者西方式的globalization；在这个过程中，文化上的本土化倾向也在加强。因此，他们发明了另一个词，叫glocalization，将global和local结合起来。这方面的倾向不见得是依赖于法国为首的这些欧洲国家对美式全球化的文化抵抗，而是全球化的过程本身就带来了本土化。因此我们就看到这样一种情况：包括欧洲在内的很多地区，他们的文化并没有立刻被美式文化全面覆盖；相反地，在这些地区出现了对本土文化的更多关注，甚至回归本土文化。

对于全球化影响中国学术这一问题，也要从这个角度来看。一方面，以美国文化为代表的西方文化随着全球化进入中国，通过各种各样的形式，包括电影、流行音乐等流行文化，英语学习自不必说。同时，中国也产生了对民族文化回归的倾向。民族文化的回归借助了中国经济崛起的势头，而中国经济的起飞也是搭乘了全球化的便车，所以民族文化的回归跟全球化不无关系。这也不仅仅是中国自己经济崛起带来的文化自信，而是也应该属于我们刚刚讲的glocalization的情况。中国崛起带来的文化自信的恢复，同时也符合全球化和本土化互动的世界大潮流。

如果从这个角度看，就可以把20世纪初中国出现的一些动向归结在这样的宏观背景中来加深理解。比如在世纪之交出现的中国哲学合法性的论争，好像有人将我的文章也算在对这个问题的思考中。其实我本意并非如此。我是1999年写的总结百年中国哲学的文章，跟他们后来讲的方向并不一致。讲到中国哲学的合法性问题，我本来是从西方的学术文化建制和教育建制在近代中国的引入而引起的中国哲学领域产生的一些问题讲起，包括冯友兰先生他们那一代对什么叫中国哲学的思考。我并没有一定要反对所谓"汉话胡说"，反对使用西方的哲学范畴来研究中国哲学。我并不是这个意思，但是所谓中国哲学的合法性问题后来就发展成这样一种说法，即不赞成百年来我们借助西方哲学概念范畴、以西方哲学为背景来研究中国哲学，甚至要抵抗西方哲学。我并不是这个运动的发起者，我只是从哲学学科本身百年来的变化和成长来讲的。这么来看，反对"汉话胡说"似乎就跟我们刚刚讲的在全球化进程中回归本土文化相呼应。不过这个现象慢慢过去了，虽然有零星的人可能还主张这种观点，但是我想哲学界和研究中国哲学史的大多数学者，都对这个问题有所反思，但并不持这种观点。我们还是主张重视把东西方文化、东西方哲学联系起来进行中国哲学的研究的。这是第一点。

第二点就是经学的崛起。这跟你的第二个问题有关。国学和中国哲学的关系，在特定的意义上，就变成了经学和中国哲学的关系。经学的兴起有国学兴起的背景。国学沿用四部的分类，第一个就是经学。可是国学在大众的观念中，尤其是一般媒体对国学的用法，还是用来笼统指代中国传统文化，并没有细分。随着国学的声音在学术界越来越大，原来国学里第一重要的部分——经学——就不得不受到重视；恰好在20世纪90年代末，对经学的研究，也已经开始了。社科院历史所依托以前《中国思想史》多卷本和《宋明理学史》的传统，开始做《中国经学思想史》的项目。这可以看作经学研究复兴运动的开始。20世纪80年代对于"经学哲学史"也有过零星的努力，但是谈不上学术思潮。比如朱伯崑先生的四卷本《易学哲学史》，仅仅就易学一个领域来研究。尽管它蕴含了经学哲学史的研究路数，但是并没有真正扩展开，没有后继者，可以说一枝独秀，并没有开枝散叶，是一个特例。到了90年代中期以后，对于经学的提法就是"经学思想史"。学术的内在理路中也存在着重新认识经学的需求。对于经学的资料采用近代的学术概念，如哲学史、思想史的概念进行研究。到了新世纪以后，连经学哲学史、经学思想史也可以不提了，而是要求回归经学的传统研究。这成为21世纪初的一大学术潮流，与全球化带来的双重并行的两个趋势，尤其是回归本土文化的趋势也是相合的。

所以，如果说全球化给我们带来了什么，我想这两点应该能说明问题。它是曲折地带来的，而不是直接由西方化带来的。在中国哲学的领域来说，本土文化的回归就是经学回归的问题。时至今日，它依然是一个很重要的、不能回避的问题。学者的看法也有不同，比如现在的经学要不要恢复到原来的样子？经学研究和中国哲学研究是什么关系？像杨国荣还是坚持中国哲学的研究路向，而不应该盲目地回归经学传统。但这也并不能代表整个中国哲学研究界或中国学术界的看法。

还有一部分的学者开始提倡中国经典诠释学。其缘起是，我们有些学者关注西方所关心的问题，也尝试将这些问题移植到中国的语境下来进行思考。虽然大多数这样的学者，他们自己对西方学术的了解是不够的，比如诠释学，以前译作解释学，它到底是讲什么的，我觉得早期移植中国的提倡者大概基本没有了解，只是看到有这种口号，就想把它移植到中国来，作为中国与西方共同思考的问题。虽然存在对解释学，尤其是哲学解释学一知半解的问题，但是他们确实推动了中国思想史、中国哲学史中关于"经典诠释"的研究。在这个口号下，经典诠释的研究在今天可谓方兴未艾，成为一大学术增长点。

我们知道，中国文化中经典的体系相当庞大，所以每个学科自己的经典的诠释研究，全都成为学术增长的课题。比如朱子学研究中的四书学，就是在这个口号下得到显著推进的。因为阳明学不太重视经典诠释，而朱子学对诠释学的重视是最突出的，从南宋一直到元明的朱子后学都非常重视对四书等经典的诠释。这里面能做的课题很多，也满足了我们现在这么多博士生的研究需求。我自己没有专做朱子四书学方面的研究，但是广义的经典诠释我也参与了一点工作，就是王船山那本书。我当时看到的经典诠释都很空泛，到底应该怎么研究？我就把王船山对经典的诠释作为个案，做一个研究的范例。

在这样的学术潮流中，对经典诠释学的研究慢慢地不再是以前中国哲学的学者对《四书集注》的那种研究了，而是更多地回归到汉代和清代的经学传统中，即以小学为基础，以训诂考据为主要形式，延续传统经学关注的问题，来构建一个学术体系。中国哲学的问题是在对西方哲学的学习和对照中产生的。而经学所关注的问题，是原来经学系统里的问题，不是中国哲学研究中的问题。研究经学的声音越来越大，这个问题还在讨论中，这种论争类似于以前的汉宋之争。我们回到20世纪早期的国学，它的第一个开展阶段，就是章太炎所代表的注重小学、考据的那种国学。只有掌握了小学，掌握了训诂、考据才能被称为国学家，没有这套研究方法就不是国学，就不是国学家。这其实只是国学的第一阶段的形态。后来清华国学院的王国维、梁启超等人，都不算是这个形态的国学家。王国维的学术那么广博深刻，他所代表的国学形态已经超过了章太炎仅仅停留在小学基础上的那种国学研究形态。梁启超虽然对清代考据学了如指掌，但是他走的也不是这个路子。他后来在清华讲儒家哲学，很肯定中国哲学的研究方法。但是我们现在碰到的回归经学的情况，还只是结合了近代国学的第一阶段的形态，还延续着对那种国学形态的认同。这就使得很多关注经学研究的学者，他们的研究逐渐偏离中国哲学研究，研究方法回归到汉代、清代的考据学方法。这种现象造成的结果是，这个研究理路做出的成果学术性很强，但是思想性和哲学性较差。对中国哲学界来说，如何接纳、怎样认识和对待这个问题，是有不同意见的。一部分人还坚持百年来中国哲学的研究方法，并且用这样的方法去研究经学的资料。比如朱伯崑先生，比如《中国经学思想史》这些研究。最终这两派就可能变成了考据和义理之争。就我个人来说，经学的崛起、经典诠释学的兴盛，造就了大量的学科增长点，解决了很多博士生的选题问题，这是积极的一面。我自己当然还是属于哲学派、义理派的立场，也认同考据派在学术上的积极作用，但这二十年来关于这两派的讨论可能还是需要进行一番梳理，挑选其中重要者结集出版来让大家进一步认识和讨论这个问题，力求在学术层面上达成共识。

何俊：您刚才讲到全球化刺激了地方意识的觉醒。在近二十年中国哲学的研究中有一个非常重要的现象，即随着各地经济得到大力发展，其文化建设也在同步进行，因此涌现了大量的围绕地方学术的研究。浙江有浙学，陕西有张载的关学，泰州现在着力打造泰州学派。全球化似乎一方面刺激了国家层面的文化回归，如中国文化、欧洲文化；另一方面也刺激了国家内部不同文化的重新挖掘。就中国哲学来说，地方的传统思想和哲学的研究也得到了持续增长，甚至在过去的地域概念之外，又打造了许多新的区域概念。如"江南文化""江南儒学"的提出，这显然不是一个传统上就提出的概念，而是完全延伸到现代的区域概念。您以前也写过类似的文章，包括您给我的书所作的序。就主流和地方的关系问题，我想再听听您的阐发。

陈来：最近二十年地方学术蜂起，比较有代表的就是你们浙江的浙学，还有关学、湖湘学。广义上来讲，跟我们刚才讲的大背景可能有些关系，但是在中国内部还有一个重要因素所起的作用是非常大的，甚至是主要的，这就是地方行政力量。地方文化的建设在某种意义上变成了地方官员政绩的一个部分，因此引起了地方官员对地方文化的重视。当然各省的情况也不一样。一种比较多见的是民俗文化，如宜兴紫砂壶、苏绣等；而另一种则是浙江和陕西这种比较注重学术层面的地域文化。你刚才举的泰州学派的例子，还是在地级市层面的，江苏省一级的层面一直没有提出"苏学"的概念。很多地方即使没有打出各种地域文化旗号，但是也加大了对本地历史文化资源的发掘，比如贵州对王学的人物和文献的新挖掘。这些现象有全球化的大背景，也有很直接的地方行政推动和施政的原因。但是不管怎样，他们共同推动了对中国各地区历史文化资源的重视，得到了一些好的成果。

何俊：进入21世纪后，尤其是最近十年，您的研究明显呈现出从哲学史的研究向哲学研究过渡的态势。以前您在我的认识中，更多的是一个哲学史的研究者，也就是冯友兰先生所说的"照着讲"的研究状态。而现在，随着《仁学本体论》和《儒学美德论》的出版，您显然已经进入了"接着讲"的阶段。可能您之前也有这样的思考，但我觉得最近十年您的这种转变最为突出。您怎样认识自己思想上的这一转变？这是您的学术自觉，还是研究过程中不期然的结果？从仁学本体论和美德论的架构来看，您的哲学思想体系是正在建构中，还是已经基本成型？

将这个问题再进一步深入，李泽厚在新世纪以后也提出了一个引起热议的话题，就是"该中国哲学登场了"。我想听听您如何看待这个问题。我们是否可以认为在这种时代背景下，未来中国哲学的研究也将从哲学史研究（"照着讲"）转变为哲学体系的建立（"接着讲"）？

陈来：如果就这两本书来说，我觉得两方面都有。我们的专业以前叫"中国哲学史"，后来教育部改了专业体系，叫作"中国哲学""外国哲学"。专业名称也好，教研室也好，以前都加"史"字。我们的前辈冯友兰先生、张岱年先生都是自觉地做中国哲学史的研究，所以我也是如此。作为哲学系来说，跟中文系不是培养作家一样，哲学系也不直接培养哲学家，而是给哲学工作者提供各种专门的知识，特别是哲学史的知识。

就我自己来说，从20世纪80年代末开始，我还有一项工作就是对中国文化的宏观思考，这不是中国哲学史那种学术研究。80年代我们接触到很多启蒙思潮、西化思潮，从80年代后期到整个90年代，我一直在回应这些反传统思潮。我在文化方面做的一些工作后来集中体现在《传统与现代》中，这本书很早就翻译成英文，在荷兰莱顿的博睿（Brill）出版社出版。这还不是你说的那种在哲学史之外的哲学建构。

我的哲学建构也有不期然的因素。我在2013年左右看到李泽厚的书，他提出的口号就是"该中国哲学登场了"。我想，他在说这句话的时候，应该自认为是在"登场"或一直"在场"的状态中。因为我对李泽厚的东西一直都比较关心，所以他现在呼吁这个问题，我觉得这个呼吁很好，应该响应他的呼吁。我的一个直接的思考点是对他的"情本体"论持有怀疑态度。既然他已经"登场"或一直"在场"，并且拿出了自己的体系，尚且不为我所满意，那么我也可以顺势提出我自己的主张和体系。所以我提出"仁学本体"论来针对他的"情本体"论，花了一年的时间写了《仁学本体论》。一方面，这是响应他的号召；另一方面，在具体内容上，我也提出了跟他不一样的新的建构，当然也是以儒家思想为本。李泽厚的"情本体"论说复杂也复杂，说简单也简单。他的理论中相当一部分内容还是从历史唯物论的基本立场发展出来的。再加上他美学家的身份，所以对情感的关注就构建出这一套体系。我对这个问题的思考肯定是从儒家文化自身出发谋求一个新的展开，这种新的展开在某种意义上也是冯先生所说的"接着讲"。所以我用的也是冯先生建构体系的话语形式：他是"新原人"，我是"新原仁"；他是"新原道"，我就是"新原德"。从谋求思想的新发展来说，我这也是对冯先生的继承和"接着讲"。但是我的体系具体来说跟冯先生的并不一样，因为还是针对李泽厚的"情本体",所以说的还是"仁本体""仁体论"的思想。从这点来说,如果没有李泽厚的呼吁和对我的激发,可能就没有这本书的问世。因为这并不是我预想要写的书,它不在我的计划之内。我是看了李泽厚的书之后才奋起著书的。这本书可能就属于不期然的结果。

而《儒学美德论》这本书,就是我的"新原德"论,确实酝酿已久。1989年我在东西方哲学家会议上看到麦金泰尔研究孔子的论文,讲的就是儒家的德性伦理问题。90年代初,我去哈佛开会,有一些学者朋友就特别强调麦金泰尔、桑德尔,这些人的思想被美国学界认为是社群主义思潮。我一直很关注这个问题,因为德性伦理或社群主义的取向很适合对儒家思想的研究。1999年我到香港中文大学讲先秦儒学、讲孔子,都是从德性伦理的角度来讲。在内地没有这么讲的,内地中国哲学史学界也没人重视这个问题,我们以前讲儒学史也不这么讲。我在香港讲,是因为香港中文大学哲学系本来就有这类政治哲学、伦理学的课,本科生就已经接触过这些政治哲学的课程。后来我也写了孔子和亚里士多德《尼各马可伦理学》的比较研究。2008年左右我推动了两次东西方德性伦理和儒家伦理的讨论,一次在北大,一次在清华。这样说来,我的《儒学美德论》就不是偶然的,而是在很长的时间里有意识地做着准备。这个工作主要针对的是美国的政治哲学和伦理学动向,因为德性伦理的理论在当代美国的政治哲学和伦理学界被视为对自由主义的重要回应,当然这个动向本身就跟儒家有亲和性。

何俊: 您完成这本书之后,接下来准备关注什么问题?

陈来: 我还会继续关注我自己领域内的问题。学界总是存在一种迷思,认为哲学家如何高明,从而贬低哲学史家的工作。我一直不赞成这种观点,我觉得真正难的还是系统地做出哲学史的成果。我常举汤用彤先生的例子，他并没有提出哲学体系，但是他的工作是第一流的，从佛教到魏晋玄学、道教，这些领域能做到第一流是非常困难的。就体系来说，我的本体论和美德论的构建已经基本完成，以后我还是会更多关注哲学史的问题，比如朱子学、阳明学，这是我做学术的内在动力，即问题意识，为了解决问题而去研究。所以我并不是刻意要"接着讲"，也不是为了写出各种"论"而去写。当然也不排除过几年我的思想又变了。我们做学问，要像朱子说的，人要下艰苦功夫，什么事都不能去走捷径，哲学也一样。有些人就喜欢喊口号，喊几句就自命为口号的持有者了，把艰苦的工作变成很简单的喊口号，然后就变成某种主义的代表了。这比做哲学史的艰苦工作容易太多了，所以我还是很看重哲学史的艰苦功夫。当然我们的哲学史不是汉学、经学式的艰苦，而是用哲学的方法处理材料。我也并没有排斥经学的研究和对经学的回归，因为这也是我们目前学术的重要增长点。但是理想的中国哲学，还是要基于中国哲学史的研究，不断推进中国哲学的发展，这是我的本心所在。

何俊：我再问您最后一个问题。您刚刚说到您内在的动力是哲学史的研究，您也提到《儒家美德论》的写作是源自您对美国政治哲学和伦理学的持续关注，并以中国哲学的体系对他们的德性论做了回应。我认为这背后潜藏的其实是您对时代问题的关心。而从学科建设的角度来说，我们也经历了从"中国哲学史"到"中国哲学"的转变，不管是怎样的学术形态，以问题为导向的研究路径是越来越清晰的。我们知道您长期以来也很关注文化问题，关注当代问题。2020年是非常特别的一年，因为新冠病毒的肆虐，人类面临的不确定性更加凸显，它对个人、家庭、经济、社会全领域都产生了极其深远的影响。尽管人类一直都生存在不确定性当中，但是高科技和全球化使得这种不确定性急剧加速，新冠疫情更是将每个人都拉入不确定的生活中。我们要如何在高度不确定的时代中构建起合乎我们人类的有序性？这种有序性不只是外在的生活，也来自人内心的平静和精神上的安宁。在这个意义上，中国哲学如何发挥它独有的、丰富的精神资源？您对中国哲学的未来发展有什么样的期许？

陈来：这一年来对新冠疫情的应对，在东西方世界产生了很强烈的对比。西方本来拥有最好的技术和条件，从医疗能力、医院设备到医护人员的业务水平都是高水平的。但是我们看到，即便拥有这么好的条件，西方在应对新冠疫情时还是不断出现重大失误，尤其是美国，几乎是全面败退。而东方的世界遭受到的冲击，相对来说要小得多，人员损失也少得多。这应当是一个值得人类反思的历史时刻，但是现在看来西方世界还没有意识到反思的重要性。另一方面，我们也看到了美国的政治斗争，包括特朗普和媒体的斗争、美国两党间的斗争，以及少数族裔的斗争都已经摆在台面上，美国自己暴露了自己很多问题。以前如果有人说美国媒体发布的都是假新闻，会被说成是共产主义对自由世界的攻击；现在所有的话都出自美国总统之口，当然这里也有政党斗争的因素，但是对美国境况的揭露和批评肯定不是无来由的，他的话可能至少代表了美国三分之一甚至一半人的看法，支持他的人非常多。以前大家不会去讲美国政治运作的内部机制，但是现在由美国总统亲自将这层外衣撕掉，我想代表的可能不仅仅是他个人的立场，所以也不是偶然的。"美国梦"曾经被当作人类发展的梦想，现在全部被特朗普击碎。现在的情况很像一百年前，当时第一次世界大战刚结束，面对一场世界性战争的失败，西方有一个从体制上、价值观上，站在文明的角度进行的彻底反思的思潮，社会主义运动就在这个过程中出现。对于今年一年在西方世界暴露出来的各种问题，世界需要做一个深刻的反思，东方人，包括中国人并不应该事不关己看笑话，我们要借此加深我们对世界的理解。我过去总说我们对美国的了解不太够，我们的美国研究的队伍太少太差，这次美国暴露自己的问题，时机是非常好的，等于帮助我们更深入地了解美国，了解资本主义，并且可以借用美国人对自己的反思来认识他们的问题，进而从制度到思想了解整个世界的问题。

可惜的是，现在看起来，西方尤其是美国对自身的反思力度还是不够的，反而处处推卸责任，"甩锅"给中国，没有利用这个机会好好反省自己的这套制度和思想。而中国以至东亚应对疫情相对成功，并不等于说我们什么问题都没有、我们什么都比西方好。我们的体制优势是能够更有效地针对疫情这种社会危机，这不等于其他方面我们也都比别人做得好。我们不是要看美国、看西方的笑话，而是要更深刻地研究美国、研究西方，然后更多地了解和反思自己，进而对整个世界看得更加清晰透彻。只有这样，我们才能看到未来的发展方向，对人类的未来才会有比较明确和合理的期待。我就简单说这几句。

何俊：正是在这样的对比中认识自己、认识他者，中国哲学才能在发现问题中前进。否则我们的研究可能仍在原地踏步，甚至简单地回归到老路上，这样就愈发缺乏新的问题意识。您实际上指出了中国哲学今后要注意到的重要维度，要在开放的视野中认识自己、认识他者，把他者作为认识自我、反省自我的借鉴。非常感谢，这次的访谈就到这里。

（何俊访谈，《杭州师范大学学报》，2021年第1期）

189

建构作为"具有全球意义的地方知识"的儒学

今年是杜维明先生八十寿辰，杜先生的友人、弟子、后学各撰论文，结为此集，为杜先生寿。这是一件值得庆贺的喜事。

杜维明先生是驰誉海内外的著名儒学思想家，若从其大学时立下弘扬儒学的宏愿算起，他的儒学思考已愈六十年。纵观杜先生六十年来的学思历程，其思想经历了不同阶段，每个阶段有其关怀的重点。而且，他在近三十年间，拓展了众多论域，提出了很多深刻的思考。那么，在其学术思想的领域，有没有贯穿其中的一条主线呢？回答是肯定的。我以为，从"地方性知识"迈向"全球性意义"，乃是他学术生平中越来越清晰的思想要求，也是他推动诸多论域后面统之有宗的方法自觉。

这一从"地方性"走向"全球性"的历程，绝不是从行迹上说的。虽然杜先生从东海大学毕业，到哈佛大学求学，先后任教于美国顶级大学普林斯顿、伯克莱和哈佛，学术活动和思想对话的足迹遍及世界。而我们对其思想学术走向的把握，并非在这个意义上讲的，而是指其儒学追求的文化自觉。杜维明先生青年时代在台湾便已明确确立了对儒学的认同，并开始置身于当代新儒家的阵营。而哈佛留学时期则是其儒学理想转型的起点。哈佛数年的留学使他超越了他原有的仅仅以民族文化认同为基础的儒学观，而转进至在希腊—希伯来为代表的轴心文明的视野中重建儒学人文精神的探索。于是，从1966年开始，从欧洲回归东亚的旅行，正式开启了他的儒学探索之旅："儒家的话语如何在与两希文明的对话中获得新生命、找到新思路。"这也就是他后来常说的"绕道纽约、巴黎、东京才能回家"的思想内涵，即通过和世界各地体现轴心文明的大师大德交流、讨论、对话，找到新的儒家人文精神的话语，这才是他心目中的儒学第三期发展的使命。然而，这绝不是脱亚入欧的路径，而是在"地方性"和"全球性"之间，在"本土的根源性"和"全球的普适性"之间建立起辩证的有机联结。就地方性而言，他没有离开自己的精神家园，反而扎根中华文化的意愿更为加深，并且提高了自觉。就全球性而言，他对"具有全球意义的地方知识"这一观念的深刻理解，激励了他在扎根精神家园的同时，在世界范围内展开创造性的对话，不断追索儒学的、当代的全球意义，从而使阐发儒学作为"具有全球意义的地方性知识"日益成为他的自觉志业。

为了开展这些交流对话，他建立了多个论域，以为最终的凝道进行准备。其中最重要的课题，如"现代性"的反思，"宗教性"的理解，"精神性"的拓展等等，为他的理论的建立确立了基础。他主张现代性不能忽视传统，现代性有不同的文化形式，尤其注重对启蒙现代性的反思。他重视儒学的宗教性维度及其意义，认为宗教性有助于认识儒学的生命形态，超越启蒙的平面思维局限，与终极信仰相沟通。他以精神性来联系人与自然和天道，以对治启蒙的凡俗性人文主义。今天，在对他的思想进行总体把握时，我们需要超越那些众多论域的具体讨论，以把握住其背后的主导线索和归结，来解释他六十年来的哲学探索与建构方向。这就是，在他的英文学术写作和公共领域论说之外，在几十年来的儒学思考中，他越来越明确地体现出这种自觉，即通过与世界各地各大精神传统及地方文化的对话，建立包含个人、社群、自然、天道四维的新体系，以表达新的人文精神，来体现儒学作为"具有全球意义的地方知识"。他在这一方向上的探索，最终凝结为一个特定的体系，他在其后期把这一体系命名为"精神性人文主义"。这一精神性人文主义的儒学，不是对古典儒学的复制，也不是"当代新儒家"的简单延伸，而是以儒学为基础，对全球性地方知识的一种建构，这也是他的"做"儒家哲学的道路。换言之，他中年以来在"具有全球意义的地方性知识"的概念指引下，广泛关注各种思想文化的论域，而在其后期，他把在这些论域中形成的思考，凝结为、归向于一个中心点："精神性人文主义"。在其后期思想中，精神人文主义不再是一个准备性的论域，而是一个总结性的体系，他用这样一个体系来揭示儒家思想具有全球性的普适意义，或者说建构起具有全球性普适意义的当代儒学。

几年前，我曾经为他的论著集写了推荐词，我把其中一段写在下面，与大家分享，作为本前言的结束：

杜维明先生是当今世界最重要的儒学思想家。他提出，新轴心时代的儒家已经从"一阳来复"走进了"否极泰来"，而当务之急是超越凡俗人文主义，重构新的儒家人文主义。这将使受启蒙心态和现代性所影响的凡俗人文主义，转变为充满生态关怀、有敬畏感和终极关怀、以儒学普适价值与现代性价值互动的新轴心时代的儒家人文主义，即"精神性人文主义"。杜维明先生的这一思想，不仅对于儒学的创造性转化，而且对当代中国与世界具有重要、深刻的意义。

（《儒学第三期的人文精神——杜维明先生八十寿庆文集》
前言，2019年8月5日）

从"儒墨不相用"到"儒墨必相用"

最近看到一些文章，都是讲"儒墨互补"的问题，我想就以此来谈谈自己的一些认识和感想。

儒墨互补，是今天大家普遍都接受的一个提法。在古代儒墨是对立的，虽有韩愈非之，却远不足以撼动主流。如果我们用古代的语言来表达这个意思，用韩愈的话来说，就是在古代"儒墨不相用"。今天不同了，如果今天我们以儒墨互补的观点来表达我们的认识，那就是"儒墨必相用"的立场。从"不相用"到"必相用"，我觉得这恐怕是今天我们大家的共识。当然，对儒墨关系具体的讨论，可能还有一些不同的解读。

1. "儒墨互补"这个观点，如果从历史上、根源上来讲，我的一个感想就是儒墨"本同一源"。墨子应该是出于儒家，《淮南子·要略》早说过"墨子学儒者之业，受孔子之术"。那我们怎么论证呢？有两个证据，首先就是墨子毫无障碍地大量地使用"仁义"二字，这些概念原本来源于儒学。因为我们知道，道家长时间对"仁义"很忌讳，强调"大道废，有仁义"（《道德经·第十八章》），"绝仁弃义"（《道德经·第十九章》），道家是明确反对"仁义"的。在与儒家不同的学派里，唯有墨子没

194

有任何障碍地、顺理成章地大量地运用"仁义"，而且在孟子之前就已将"仁义"加以连用了。张岱年先生说，仁义连用应早于墨子，是孔子的学生开始用的。很明显，墨子的思想渊源是与儒家有一定的关系。

其次就是如果看先秦各家各派的学术文献，儒家特别喜欢引用《诗经》和《尚书》，墨子也是如此，有些语式都很相近，而其他各家没有这样的语式。从这个意义上来讲，墨子从根源上应该是出于儒家，所以他在思想观念和表达形式上有很接近儒家的地方。

因此，儒墨关系如果用两句话来概括其根源性，第一句话叫"同出一源"，第二句话叫"别子为宗"。《礼记》讲"继别为宗"（《大传》），后来牟宗三先生讲"别子为宗"，就是"另外立宗"。我们借用这些话来看，墨子的情况很像是这样，就是他本来出于儒家，但由于对儒家有所不满，所以他别立宗派，成为大宗，与儒家并称为显学。所以一方面是同出一源，另一方面是别子为宗，从根源上来讲墨子很像儒之别子，但是他另外立宗了。我觉得从根源上来讲，儒墨之间有一致的地方，即所谓"同出一源"。

2. 另外一个感想就是关于大家所集中讨论的"仁爱"和"兼爱"的关系问题。我想"仁爱"和"兼爱"之间的紧张，如果说在孟子时代是把二者的对立紧张推到最大的程度，那么从汉代到北宋时期，这个紧张已经逐渐趋于缓解了。汉代董仲舒已经承认了"兼爱"的概念。北宋的儒学家，特别是理学家，认为"仁者以天地万物为一体"，这与"兼爱"的精神是相通的，所以才有杨时的提问。在宋代，除了在解释《孟子》的时候需要提到这个问题，儒墨之间在"兼爱"问题上的对立紧张，应该说早已被大大缓解乃至消解了。北宋"万物一体"的命题，肯定了"兼爱"的精神，北宋的张载也使用了"兼爱"的概念，而不再像孟子那个时代，把它推到极端，加以否定。在这个意义上，这个普遍的"仁爱"被儒墨两家共同确立为核心价值。在这一点上，应该说他们都对中国文化做了自己的贡献。

虽然有着共同的核心价值，但是这不等于儒、墨两家在理论体系上没有差异。二者之所以存在差别，我想原因在于一个价值体系里面，不仅要有普适的"理想原则"，还要有能够具体入手的"实践原则"，而理想原则与实践原则怎么结合起来，不同的学派对这一问题应该有不同的讲法。比如，现在大家不会再用"无父"这种极端化的，甚至歪曲对方的讲法，来刻画墨家的理论。但是"无父"这个讲法里面，也提示了孟子对于彼此在实践原则上的一些差异的认识，而不仅仅是谩骂和极端化。就是说，他虽然用了这个极端的"无父"的形式，但实际上是要指出，墨家在实践原则上是根本否定儒家"亲亲"原则的。儒家的主张是从"孝悌""亲亲"之爱出发，到承认普遍之爱，故"亲亲"应该说是儒家实践原则的第一步。从这个意义上来讲，孟子"无父"的这个讲法，凸显了墨家对儒家所强调的伦理实践原则的根本否定。由此，我们对于所谓墨家"背周道而用夏政"的问题要有一个分析。如果依照《礼记》的讲法，夏道"亲亲"，周道"尊尊"，但是我们看墨子用的夏道其实不包括"亲亲"，而"亲亲"是儒家在讲普遍"仁爱"理想原则的前提下所涉及的一个实践原则。

墨家的实践原则到底是什么，大家还可以再总结。根据刚才一般的讲法，我觉得应该是"互利"。如果在普遍之爱这个理想原则下，儒家比较强调"亲亲"，并作为实践原则入手处；墨家"兼相爱，交相利"（《墨子·兼爱下》）则是强调"互利"，或者说

"交利"这样的入手处。儒家对"仁"的理解，孟子讲到"仁之实，事亲是也"（《孟子·离娄上》），所以"亲亲"是儒家对于"仁"的入手实地的一种肯定。所以我想，儒家墨家在核心价值、普遍理想上是一致的，但双方的实践原则有所不同。这一点是应该被承认的。

3. 有学者提出，儒家是贵族文化，墨家是平民文化。在这一点上，我提出一点异议，就是孔子提出"仁"的时候，这个概念已经成为超越血缘宗法关系的普遍价值。在这样的情况下，如果过分强调儒家讲的是贵族的文化，墨家讲的是平民的文化，过分强调这个对立，恐怕就忽略了两方都具有的这种普适价值的意义。

当然，孔子所讲的文化理想里面，往往有很多贵族文化的东西，这是没有疑问的；墨子思想，毫无疑问确有很多地方代表小生产者的思想立场。但是我们在看到这一点的同时，还要看到他们所包含的普适意义，仅仅过分强调贵族和平民的区别，是有见于别而无见于同。因为在贵族文化里面也会见到普遍性价值，在社会分工早期，只有在提供劳动剩余的情况下，只有在贵族文化里才能真正发展人类的智力和包括文学、艺术的其他价值。这就是为什么在希腊的奴隶社会，那些伟大的艺术是从奴隶主阶层而非奴隶阶层当中产生的，对此马克思、恩格斯早已讲过。

因此，贵族文化并不仅仅代表贵族，它也可以代表人类普遍的审美、道德意识。从这个角度来讲，墨家对周道的反对，有一些不能不说它是有所"蔽"。荀子讲墨家的"蔽"，就是对文明和文化意义理解上的"有蔽"。他只看到对社会财富的大量花费，比如说"非乐"，没有正面看到"乐"本身作为人类文化发展的意义。再如厚葬体现了一个人对于亲人的道德感情，对于父母"不忍"，"不忍"就是一种道德感情，它是人类社会历史上不断积淀出来的文明。

应该说，墨家反对儒家更多的是儒家所传承和赞成的"礼"的方面，即周礼的"礼"，但也不是绝对的。墨家对周礼的反对里面，对于祭祀天这个"礼"，——不管是由谁来主持，对于这一"礼"本身还是肯定的，并不是完完全全地反对。所以在这一点上，我们看到双方虽然有贵族文化和平民文化的区别，但是应该有一个辩证的判断。一个就是我们讲贵族文化里面也有普适的东西；另一方面在反对贵族文化的时候，有可能减损了贵族文化里面所代表的一般文化发展的意义。

4. 关于"兼爱"原则的着眼点、出发点，有一个讲法也是值得关注的。如果说儒墨两家都是对普遍之爱的理想原则做了肯定，那么墨家这种肯定的出发点是什么？有学者表达的是：墨家对"兼爱"的肯定，直接针对的是当时的兼并战争。战争爆发的根源在于人们各爱其亲，有鉴于此，墨子提出"兼爱"的主张，更多的是关注战争与和平，关注国与国之间的关系。所以，应该说墨子这个原则主要不是作为社会伦理问题提出来的。但是孟子可能在理解墨子时将其重点做了转移，更多地从血缘宗法社会的伦理加以认识，从而提出了自己的批评，认为墨子的"兼爱"不能作为一个血缘宗法社会的基本伦理。而当孔子提出"仁"的观念时候，它可以包含国际关系，但不是着眼于国际关系，它是着眼于当时的社会伦理，这是一个重要的差别。

习近平总书记在金砖国家领导人第十二次会晤上的讲话提出"公道和霸道之争"的问题，公道即国际公平正义，霸道即霸权主义、强权政治。以往我们常用孟子的"王霸之辩"来讲这个问题。孟子曰："以力假仁者霸，霸必有大国。以德行仁者王，王不待大，汤以七十里，文王以百里。以力服人者，非心服也，力不赡也。以德服人者，中心悦而诚服也，如七十子之服孔子也。"（《孟子·公孙丑上》）孟子的这一思想，区分了王道和霸道，在历史上为批判强权主义提供了有力的资源。

其实墨子也有"义力之辨"，即义政和力政的分辨：

> 顺天意者，义政也。反天意者，力政也。然义政将奈何哉？子墨子言曰：处大国不攻小国，处大家不篡小家，强者不劫弱，贵者不傲贱，多诈者不欺愚。……力政者则与此异，言非此，行反此，犹幸驰也。处大国攻小国，处大家篡小家，强者劫弱，贵者傲贱，多诈欺愚。（《墨子·天志上》）

> 曰顺天之意者，兼也；反天之意者，别也。兼之为道也，义正（政）；别之为道也，力正（政）。曰义正（政）者何若？曰大不攻小也，强不侮弱也，众不贼寡也，诈不欺愚也，贵不傲贱也，富不骄贫也，壮不夺老也。是以天下之庶国，莫以水火毒药兵刃以相害也。……曰力正（政）者何若？曰大则攻小也，强则侮弱也，众则贼寡也，诈则欺愚也，贵则傲贱也，富则骄贫也，壮则夺老也。（《墨子·天志下》）

墨子说的力政，就是孟子说的以力服人之政，二者是一致的。墨子所说的义政与孟子所说的王道也是一致的。可以说，提出义与力来相对，比用王与力相对要更为合理，更能突出和表达以德服人的思想。墨子书中的这一思想可能早于孟子。不管谁早谁晚，也不管二者相互影响，儒墨二家在这一点上的互通是明显的。如果今后我们讨论这一问题，可以兼取二家之义，用"德政"和"力政"来分析论述这一"公道和霸道之争"的问题。

5. 我想还有一部分问题，我认为儒墨双方是"各有所见"。其中两个比较集中的问题，一个就是"利"。孟子强调义利之辨，有他自己的道理，但是墨子对"利"的肯定也有其道理。这是在不同的方面、不同的问题，甚至不同的层次上各有所见，所以要各自有所肯定。那么义和利二者之间是什么关系呢？

《周易·乾·文言》曰："'元'者，善之长也；'亨'者，嘉之会也；'利'者，义之和也；'贞'者，事之干也。君子体仁足以长人；嘉会足以合礼；利物足以和义；贞固足以干事。"一般都会把《文言》这一段话和《左传》所载的下面一段话联系起来：

> 穆姜曰："亡！是于《周易》曰：'随，元、亨、利、贞，无咎。'元，体之长也；亨，嘉之会也；利，义之和也；贞，事之干也。体仁足以长人，嘉德足以合礼，利物足以和义，贞固足以干事。"（《左传·襄公十年》）

这两段材料显然是同出一源的。其中的特点是，对利的解释，是从义的方面去刻画，把利归结到义来讲，从利是义的状态来讲。这是以义为本的讲法。

《左传》还有一些关于义利的论述："义以生利，利以平民，政之大节也。"（《左传·成公二年》）"义以建利，礼以顺时。"（《左传·成公十六年》）"义，利之本也。"（《左传·昭公十年》）这些讲法都是注重强调义产生利，讲义对利的作用。我们认为，这和《文言》讲的意思差别不大，还是属于义为利之本的思想。

但墨子不同，他不是把利归到义上讲，而是把义归到利上讲。如："仁，体爱也。……义，利也。"（《墨子·经上》）

"仁，仁爱也。义，利也。"（《墨子·经说下》）这就与儒家
和儒家所继承的春秋时代义为利本的思想不同。墨子把义归结到
利，那么墨子所说的利指什么呢？他说："今用义为政于国家，人
民必众，刑政必治，社稷必安。所为贵良宝者，可以利民也，而
义可以利人，故曰，义，天下之良宝也。"（《墨子·耕柱》）由
此可以看出，在论及义利的时候，墨子讲的利是利人。所以，在
这个意义上说，孔子贵仁，仁是爱人；墨子贵义，义是利人。儒
家讲义为利本，墨家讲义可以利人，这是我所说的两家各有所见
的地方。

再一个就是关于"命"。因为墨家对儒家"命定论"有很强的
否定，体现了一种强力的精神，这种精神也不能简单说它代表平
民还是生产者。强力精神是一种很珍贵的精神，但是否要就此完
全否定儒家关于"命"的观念？也不一定。"命"是在当时的历史
条件下，对必然性的一种认识，有其历史的合理性。近代以来也
有不少思想家赞同墨家思想，像梁启超就特别喜欢采用墨家的力
命思想表达自己的观点。1926年，北师大的学生李任夫与楚中元
来求字，梁启超给李任夫的对联是"万事祸为福所依，百年力与
命相持"，就是以力抗命，命可能是有的，但是要用力与命抗争。
所以像"命"这一类的问题，两家的思想中有相当一部分是属于
各有所见，不能简单归于谁对谁错，谁是谁非。

6. 最后我想提的问题，也是需要厘清的问题。这个问题，
一个方面是指在原始文献里面，儒墨的相互理解是不是恰当的？
比如说孟子对墨子、墨学的理解是不是恰当的？《墨子》各篇所
反映的对儒家的认识是不是恰当的？因为当时某一个儒者，他面
对的是一个具体的、特定的墨者，不能代表所有的墨家。儒分为
八，墨离为三，某一个墨者可能只是三派中的一派，一派中的一

个人，也不能代表整个墨家。对某个墨者的批评也不能简单地说就是对整个墨家的批评，可能是对墨家中的一派，或者这派中的某一个人的某一观点所做的批评。一个墨家面对的也可能是一个具体的儒者，与其他的儒者有差别。除了这种个别不能代表全体的限制以外，还有需要注意的一个情况就是，由于学派的纷争，一方可能会把另一方的观点有意或者无意地做了歪曲、做了曲解。今天我们在进行分析的时候，需要厘清这个问题。

另一个要厘清的方面，就是在孟墨关系中，不能简单地说谁汲取了谁的思想。有的学者讲孟子的民本思想是汲取了墨家的思想，我认为这个问题还是需要进一步讨论、证实。因为孟子当时所面对的传统文化的资源是非常丰富的，他自己直接引用的就是《尚书》特别是《泰誓》，而《尚书》里面有很丰富的民本思想。所以我们现在还没有找到一个明确的资料，可以说他的民本思想直接来源于墨子。因为孟子自己明确讲这一思想是从《泰誓》来的，这是儒家思想最明确的来源。所以很多关于相互影响的说法，还需要再做具体的研究，进一步厘清。

再比如"尚贤"。我觉得其实"尚贤"是战国初期各家各派一个共同的思想，也不能说道家或者孟子直接汲取了墨家关于"尚贤"的主张。像子思子的思想里面也有很多关于"尚贤"的主张，这只是那个时期大家共同的要求。其实早在春秋时期就已经有了"尚贤"的思想，只不过以前大家不是很关注。应该说春秋时代，在"亲亲"的同时，整个治国理政的结构里面早就有"尚贤"这一条，不然也不可能维持二百余年之久。所有异姓以军功成为贵族者，都是根据"尚贤"的原则进入贵族制体系，完全靠"宗法"和"亲亲"是不可能的。所以从春秋一开始，在政治实践上就已经运用了"尚贤"的原则，到战国初期就更加明显了。

所以孟、墨之间这些相互的具体的影响，若要讲得清清楚楚，还需要进一步的研究。

（《文史哲》，2021年第4期）

"一体多元"的儒学观

近年以来，有关孟子、荀子思想地位及对比的文章已有不少。梁涛教授将之结为一集，这对关心这一问题的学者提供了方便，也必将促进学术界对此一问题的进一步思考和研究。

无疑，在这一波有关统合孟荀的讨论中，一个共有的前提是对宋明理学尊孟抑荀的不满和反思，应该说这几乎已经成为几十年来儒家学者的共识。其中的关键是重新认识荀子思想的贡献和价值。其实这一点亦已由来颇久。清代中期以后，荀子在诸子学研究的复兴中最受瞩目，近代以来的学术史也已经打破了宋明理学贬抑荀子的束缚，1949年以后荀子所受到的赞扬已经超过孔孟，特别是"文革"与"评法批儒"期间，荀子所受的待遇与孔孟有天壤之别。回顾近二三十年的博硕士论文，在先秦儒学中，以荀子为主题的研究占了大宗。

不过，从关心荀学的学者角度来看，以上所说的情形还不是足够理想的，真正重要的是要为荀子"讨个说法"。如果留意观察就会发现，在这些有关重新评价荀子思想的主张中，相当一部分包含了一种儒学"道统"的观念。这种主张认为，荀子应当进入这一"道统"，成为孟子之后这一"道统"的代表人物。如果参考历史的话，也可以说这是要求回到北宋三先生之一的孙复的道统观念："吾之所谓道者，尧、舜、禹、汤、文、武、周公、孔子之道也，孟轲、荀卿、扬雄、王通、韩愈之道也。"就是说，儒家的道是由尧、舜、禹、汤、周公、孔子、孟子、荀子等构成的统绪向下传承的。这一传承统绪即所谓道统。这一统绪或谱系的孔子以前部分与道学的道统谱系完全一致，差别的重点在于孔子之后有没有荀子。应该说，不论是孙复还是现代学者的这一谱系的主张，都是有其合理性的。因为，今天人们强调先秦儒学的传统，一定是把荀子包含在内，并且承认荀子重要地位和贡献的。

　　然而，除了以上的思路外，我们是不是还可以有其他的思路呢？如果我们打开更长久、更宽广的历史眼界，对这样的具有传统特色的道统观念，我们也许还可以提出一些新的思考。这就是，无论程朱的道统观念，还是如孙复那样主张把荀子列在孟子之后的道统观念，在性质上有一点是一致的，即认为道统是单线传承的。如朱子认为，道统是道的传承谱系，"圣圣相承"，前后"如合符节"，这种单线传承的观念，一般来说突出了一种前后同质性的概念，因此这样的观念不能是包容差异性的观念。而且，这种单线传承的道统观念还容易引发一种正统和异端的相互排斥。因此，以这样一种传统的道统观念来解决中国哲学史上类似孟荀同异的问题，是有其限制的。

　　这就涉及儒学传统的传承性和丰富性的问题。我一贯主张，从儒学史的角度，我们需要建立一种最富包容性的儒学观和儒学传统观，而那种单一的线性传递的道统观念则很难承担这一任务。任何一种儒学发展观或儒学传统观，如果不能富有充分的包容性，只在正统的视线下线性延伸，就不是一个完整的儒学观。单一直线传承的局限性是，它所重视呈现的是进入这条直线的前后人物和他们的思想完全一致，很难容纳思想发展中的差异。而事实上，如我们熟知的，在儒学史上，孔子死后儒分为八，汉代有今文和古文之异，宋明有朱学与陆学之辩，清代有汉学与宋学之争，差异性对于儒学发展而言是必然的。因此，"直线"的道统观显然不如"立体"的道统观更为丰富。不仅如此，建构儒学的道统不可能截止于先秦，只要儒学不断发展，就要求道统不断向下延伸，而那种直线的道统观到唐宋以后会遇到更多更大的困难。所以，用传统的单线传承的道统观念去处理儒学发展的历史总体，不一定是唯一的办法，应该有其他更好的办法。

比如，我们能不能用一种动态的"一体多元"观念来处理儒学的发展或儒学道统？这里所说的一体多元，与理一分殊一样，其展开不是直线的约束和界限，这就有可能把儒学发展中的差异即各种不同的表达形态和论证方式，都包容起来，都肯定进来，从而容纳统一中的差异，这也符合儒学自身发展的辩证法。古代所说的"一致而百虑"也是这个意思，即不把一致与百虑对立起来，而是把一与多、同一性与差异性辩证地结合起来。我在这里之所以不用一致百虑、理一分殊，而用一体多元，是觉得"一体"更能显示出那种与线性思维不同的立体感。

一体不仅是指一动态的发展总体，而且用指儒学之所以为儒学的宗旨，它不是像朱子道统说那样以一句"允执其中"的特定观念去充当其核心传统，而是重在贞定其宗旨方向。如我多年前在讨论郭店楚简与儒家人性论时提出的，这一儒学宗旨可以表达为"宗本五经孔子，倡导王道政治，重视德性修身，强调家庭伦理，注重社会道德，崇尚礼乐教化"，而儒家内部的各种思想理论，都是对儒家基本思想宗旨的不同哲学论证。这些不同的、有差异的哲学论证不一定需要统合为一，而可以各放异彩。

也只有这样，才能确立儒学内部学派发展的意义。由此，我想到近世学术史的一个著名公案，即章学诚的朱陆说。众所周知，南宋出现的朱陆对立，是儒学内部千年以来最主要的分异。元明两代不断有合同朱陆的主张，有学者甚至把元代和明前期都看成合同（和会）朱陆的时代。这说明，面对思想的分歧、学派的发展，历史上总会有"合同异"的冲动，这些愿望都是好的，也十分自然。然而，历史的实际发展是，明代中期开始，思想的发展不是沿着合同异的方向发展，而是陆氏心学发展为阳明心学，流行大江南北。阳明学的兴盛当然有其历史文化条件的配合，不是思想本身独立地发生作用，但也说明，思想的发展往往是在分化、对立的辩证展开中实现的。章学诚指出："宋儒有朱陆，千古不可合之同异，亦千古不可无之同异也。"这个说法是值得注意的，在思想史和学术史上主张朱陆合的确有不少，但就思想的内在展开而言，朱陆之分之争是必然的。"不可合"是认为二者的理论对立无法调合为一，"不可无"是说一体之内有内在矛盾才能发展。在这个意义上，合固欣然，分亦可喜，不合亦不必都是坏事。这种对差异的态度有似于黑格尔的说法，同一必然发展为差别，同一是包含了差别的同一。而儒学史的发展，直至20世纪，其真正的问题是面对分化、对立，总是用正统–别异的思维去划分、对待，这才是最需要改变的。

由于事情太多，我没有时间和精力阅读全部书稿，只是重点浏览了梁涛教授与部分学者的讨论，浏览之余，产生了一点感想，提出来供大家讨论。

（杜维明、梁涛主编《统合孟荀与儒学创新》序，

2020年6月）

第八章 儒学与思想

明德思想的历史渊源和现实意义

中国文化中的『幸福』

儒学与湖湘之学

乾道变化，各正性命

明德思想的历史渊源和现实意义

我要讲的主要是明德思想的历史渊源和现实意义。2019年，习近平总书记看望参加全国政协十三届二次会议的文艺界、社科界政协委员的讲话，我觉得，比较新的是"用明德引领风尚""为时代明德"。这个关于明德的提法跟我自己做的中国思想文化历史研究有点关系，所以我想从这里切入，做个导引性发言，主要讲三个方面。

第一个方面，古代的明德思想。

应该说明德思想在中国历史上是古已有之，而且渊源甚远。我讲几个材料：

第一，《诗经·大雅》里就有"予怀明德，不大声以色"。怀是怀念的意思，就是我怀念文王的美德，明德在这里是美德的意思。"不大声以色"是我不重视声色之乐。

第二，在《易经》里的晋卦，晋卦是表示光明生出地上的意象。《象传》解释说"君子以自昭明德"，昭就是昭著，使它明白显发出来的意思，明德是美德。自昭明德就是要把道德显发出来，包括怎么修德，来显发自己的道德。这是讲自己的道德修养。

第三，在《尚书·周书》里常见明德的观念出现。明德是

《周书》里重要的观念。《康诰》里面讲"克明德慎罚",克是能的意思,明德慎罚就是周人治国理政的主导方针,一个是明德,一个是慎罚。这很有意义,因为商代主要是以刑罚来治国理政,周人认为这种治国理政的方法不行,要慎罚,罚要少用,要更多地用明德。明德在这里就是彰明道德,崇尚道德,更多地用道德的手段作为治国理政的主导方针。这是周代文化很大的进步。所有的文明古国,像孔子讲的"道之以政,齐之以刑",都是用刑罚来治国。但是周人开始有道德自觉,认为管理这个社会最好的方法不是用刑罚。刑罚能不能管住社会?能管住,但如此治理下的社会没有精神文明,也就是孔夫子讲的"民免而无耻"。所以一个理想的治国方针,既是对社会行为有所规范,就是"齐"字。另一方面就是社会文明要有高度的发展,要有羞耻心,羞耻心就是一切道德的基础。周人的政治思想就提出明德慎罚。后来好几个地方提出来,如《梓材》里讲"勤用明德",《文侯之命》里讲"克慎明德"。明德是周代政治文化里特别重要的一个方面,但是它不是从个人美德的修养来讲的,它是从治国理政来讲的。因为《周书》主要是政治文献,它提供了政治思想的资源。

第四,大家熟知的《大学》,"大学之道,在明明德,在亲民,在止于至善"。习近平总书记这次讲话不是用"明明德",他主要讲"明德"。这样看他不是仅仅根据《大学》来提的,还是综合了我们古代文化关于明德的各种意义,综合以后加以提炼,再提出来的。

这是古代的关于"明德"的提法和它包含的意义。

第二个方面,近世的明德思想。

关于《大学》中明明德的讲法,在11世纪以来影响比较大,我们今天很多人听到明德,都想到《大学》。其实不只是《大学》，中国古代文化里有很多关于明德的资源，而且非常重要，但是《大学》的明德思想在宋代以来流传比较广，大家知道得比较多。我举两个例子来说明宋代以来对《大学》明德思想的解释，有两个人的影响最重要。

第一个影响最大的就是朱熹。朱熹《四书章句集注》里第一篇《大学章句》，里面就讲什么是明德。其中说明德是天赋的："人之所得乎天，而虚灵不昧，以具众理而应万事者也。"虚灵不昧是讲心的特征，不昧就是明。然后说："但为气禀所拘，人欲所蔽，则有时而昏。"人生下来都有一个虚灵不昧的本心，这个本心就是你的明德的本体。但是人因为生下来有气质对你的蒙蔽、遮蔽，加上人欲的干扰，就使得虚灵不昧的本心不能够随时随地地彰显出来。虽然它不能随时随地彰显，但是"本体之明，则有未尝息者"，本体始终是在的，那个光明是你本心的光明，是你人性的光明，从来没有熄灭过。"因其所发而遂明之，以复其初也"，我们要顺着我们平常本心的发现，加以扩大，使它恢复到本心最初的状态。所以朱熹对明德的解释是把明德作为本心、本性，这个明德本来是光明的，是明澈的，后来被气质遮蔽、被人欲干扰。

那什么是明明德呢？朱子认为所谓明明德其实讲的是自明其明德，每个人都有明德，有光明的内心、本性，但是你要让它彰明出来。就好像一面镜子，镜子上沾了很多灰尘，你要擦它，自己擦就叫自明其明者。那别人的事儿你管不管呢？也管，这就是大学之道所说的"在新民"。新民就是要帮助他人，让他人也能够明其明德。然后朱熹说"明德为本"。朱熹概括了三纲领（明明德、新民、止于治善），八条目（格物、致知、诚意、正心、修身、齐家、治国、平天下），三纲领里以"明德为本"。明德为本的思想，在历史上是有这样的渊源，而这次习近平总书记的讲话也可以说是对明德为本思想的一种继承和发展，在新时代的一种应用。

第二个就是明代的王阳明。王阳明是反对朱熹的，但是他不是反在明德上，而是反在新民上。他觉得新民不应该叫新民，不像朱熹讲的要帮助其他人自新他的明德，而应该是亲民。在先秦古文献里"亲"和"新"是通用的。亲民就是亲近民众，关切民生疾苦。从21世纪初，我们一直把亲民作为治国理政的重点，我们现在讲以人民为中心，很大部分是亲民。但是在明德的理解上，王阳明还是跟朱熹一致的，他说："是乃根于天命之性，而自然灵昭不昧者也，是故谓之'明德'。"如果说稍有点不一样的地方，那就是他特别强调昭灵不昧就是明德的本体，就是心本来的状态，明德即是良知。朱熹说明德就是本心、本性，王阳明专门讲致良知，他要让大家在生活中更加能够体验，能够了解，强调明德就是良知。所以他是以本心良知为明德。

宋代以来的讲法，重点在于把明德说从个人的修明德性来讲，而先秦时期更多是从治国理政的大方针讲。

综上所述：

第一，明德作为名词，基本含义就是美德，光明的道德就是我们今天讲的美德。

第二，明德的思想在古代重要的方面多是从治国理政的角度来讲的。明德在《左传》里也有解释说："明德，务崇之之谓也。"所以明德就是崇德，就是要崇尚道德，彰明道德。

第三，宋代以来的一千年，更多是从个人的修明德性来讲明德的。

第三方面，习近平总书记的讲话很重视明德，我认为这是结合了中国历史上不同的关于明德的思想资源。他说为时代明德，以明德引领风尚。引领风尚应该是讲社会文化，关注社会文化的层次。这就跟周人讲的一般治国理政有所不同，不是从一个主政的角度来讲，是从注重社会文化领域来强调用明德引领风尚。

从这个角度来讲有一个重要意义。最近这些年我们工作里比较重视的是政治引领，十八大以来，整个工作有一个特点是强调政治引领，政治引领是相对于事务性各方面来讲，要突出政治引领、政治站位等等。如果从这个角度看，这次讲的用明德引领风尚，其实是提出了道德引领的问题。一个国家治国理政不能仅仅有政治引领，特别在社会文化层次，必须要有道德引领、价值引领。但道德引领也不止于社会文化的层次，如国际问题中的人类命运共同体理念，这里就包含了一个道德引领的问题。道德引领的问题还是值得研究的。重视道德引领的地位和作用，以前我们很少这么提，当然精神文明办的同志是比较关注的。应该说，这不是某一个局部领域的问题。这次讲话更多是面对文艺界，但是它确实包含超出文艺界的整体意义。如果从思想文化上讲，从中华优秀传统文化来讲，儒家思想一直很强调道德引领。今天在政治引领前提下，怎么把这方面工作提出来，把弘扬道德价值贯彻到我们各个方面的工作中，不仅仅是文艺工作，也是整个宏观的治国理政大盘子里的题中应有之意。

习近平总书记的讲话特别强调社会文化风气、风尚的引领，除了这方面，对宋代以来修明德性的明德说也做了重要的继承。讲话最后讲坚持用明德引领风尚，讲高远志向、美好品德、高尚情操，讲大家要以这些为表率，要有信仰、有情怀，要有高远理想、深沉的家国情怀，要为人民做贡献，要自觉践行社会主义核心价值观，自尊、自重、自珍、自爱、讲品位、讲格调、讲责任，这些讲法一方面是讲宏观的治国理政方面的道德引领，另一方面就是强调道德修身。对于我们文艺家也好，社科学者也好，个人的修明德性都是很重要的，所以讲话很强调朱熹、王阳明讲的自明其明德这方面。

从文艺界来讲，有个人和作品两个方面。作品要弘扬崇尚道德价值，这是明德的一方面意义。从个人来讲，个人要践行我们优秀的价值观，包括中华优秀传统文化的价值观、社会主义核心价值观，要践行、要修行、要修德，这是另一方面。两方面结合起来，我们的工作就能做得更好。

（《国事咨询》，2019年第4期）

中国文化中的"幸福"

幸福在不同文化中可能意义不同。中国古代文化中最早记载的幸福观念见于《尚书·洪范》篇的"五福"说，其年代约在公元前11世纪，反映了商代末期和周代初期的思想。五福是指"一曰寿，二曰富，三曰康宁，四曰攸好德，五曰考终命"。这是以长寿、富足、健康平安、爱好美德、老而善终为基本的幸福，反映了中国古代早期的幸福观。

五福中的长寿、富足、康宁、善终属于世俗的幸福，好德则是五福中不同于世俗幸福的幸福。在中国公元前6世纪出现了对精神生活的反思，出现了孔子等一系列思想家。孔子代表的儒家扬弃了五福的观念，发展了"好德"的幸福观念，全面提出了与世俗幸福观不同的超世俗幸福观。儒家强调美德对于幸福的重要性，认为行善得福，"德，福之基也"。一个人不能拥有美德，就不可能获得幸福。人的不断提升个人美德的过程就是追求幸福的过程，德性达到完美即最高的幸福。在这种幸福观中，精神上的富足和物质上的享乐是对立的，它更加注重心灵的满足与安宁，关注那些来自内心的幸福。其次，儒家认为人不能只追求个人的幸福，而应将个人的幸福联系他人、融入社会、己立立人、与民同乐。可见儒家的幸福观基本上是思想家提出的超越世俗的幸福观念。

幸福在《论语》等儒家典籍中也被称为"乐"。中国历史上民间文化的价值注重富贵福禄，重视多子多福。而在儒家看来，物质财富对幸福来说并不重要，精神快乐才是幸福的根本要素。因此，他们主张对物质财富、生死寿夭、贵贱达穷、外在环境持淡泊态度。《论语》中记载，孔子的弟子颜回生活贫困不堪，"一箪食，一瓢饮，在陋巷，人不堪其忧，回也不改其乐"，生活的贫困并没有影响他内心学道的快乐，孔子曾对此十分赞叹。而孔子的继承者孟子则主张"父母俱存，兄弟无故，一乐也；仰不愧于天，俯不怍于人，二乐也；得天下英才而教育之，三乐也"。这是士君子重视天伦之乐（伦理满足）、问心无愧（内心满足）、作育英才（教育贡献）的幸福观。最后一点也体现了使自己幸福和使他人幸福的一致。从这个对比可以看出大传统和小传统不同的幸福追求。

11世纪新儒学的创立者周敦颐指出：

颜子"一箪食，一瓢饮，在陋巷，人不堪其忧，而不改其乐"。夫富贵，人所爱也，颜子不爱不求，而乐乎贫者，独何心哉？天地间有至贵至富可爱可求而异乎彼者，见其大而忘其小焉尔。见其大则心泰，心泰则无不足。

儒家思想一向认为，在人生中有比个体生命更为重要的价值，要求人应当有一种为道德价值和理想信念而超越物质欲求的思想境界。周敦颐特别强调信念与富贵的矛盾，在他看来，外在的富贵是常人共同追求的对象，但以富贵为人生目的，只是俗人对于生活的态度。一个君子必须有超乎富贵的追求，因为对于君子来说，世界上有比富贵更宝贵、更可爱的东西。这种"至贵至富可爱可求"的东西是"大"，相比之下，富贵利达不过是"小"。人若真能有见于"大"，则不仅可以忘却"小"，而且可以在内心实现一种高度的充实、平静、幸福和快乐。照周敦颐的说法，颜回之乐并不是因为贫贱本身有什么可"乐"，而是因为颜回已经达到了一种超乎富贵的人生境界，有了这种境界的人，即使是人所不堪的贫贱也不会影响、改变他的"乐"。这种乐是他的精神境界带给他的，不是由某种感性对象引起的感性愉悦，这是一种高级的精神享受，是超越了人生利害而达到的内在幸福和愉快。这是把内在的幸福看作最高的幸福。

除了个人幸福外，中国古代也提出了社会幸福或幸福世界的概念。儒家主张，幸福世界就在此世实现。在这方面，公元前4世纪左右写成的儒家的《礼记·礼运》篇中提出的"大同"概念是一个典型的幸福世界概念。大同社会的特点是"天下为公"，指天下是天下人共有之天下，通过对上古社会的一种理想化的描绘，体现了古代儒家关于大同社会的构想，即认为大同社会的政治制度和伦理观念一切为公而不为私；公天下而不是家天下，政治权力应是公共享有的；政权传贤，用人选能；社会有良好保障和福利，人民乐意为公共事务尽心竭力；大同社会是一个诚信、和睦、平等的社会。这种古代的天下观和大同社会理想，以及公而无私的价值观，为后世儒家所传承，构成了儒家的幸福世界图景，在中国历史上发挥了重要影响，并成为近代中国人向往理想社会的重要理念基础。

总之，儒家文化的幸福观，重视现世的幸福而不是来世的幸福，突出内在的幸福而不是外在的幸福，关注个人的幸福的同时关注社会的幸福。

（2018年12月9日在迪拜大学与大学首席运营官等
座谈会上的发言）

儒学与湘湘之学

刚才汉民教授就"湘学"与"儒学"这个课题做了一个全面的介绍，我理解，主要就是从儒学的角度来把握湘学的历史发展与其本质，这一点我是赞成的。当然，还可以有不同的解读、不同的把握。我对这个问题没有什么研究，刚才听汉民教授的讲法我有些感想，跟大家交流一下。

第一点，从齐鲁儒宗到荆楚儒脉。就是在20世纪90年代以前，我们对湖湘文化的根源楚文化的理解，从思想文化史来看，总是把它偏重于从道家去理解，去把握，从老庄去把握楚文化。但是从1993年发现郭店楚简以后，大家的认识开始改变，发现我们以前从老庄的角度看这个问题，还多少是凭想象来讲。现在从铁证来讲，从考古资料来看，像郭店楚简里面保存的儒家的典籍竹书更多于道家。所以，应该说这对大家认识湖湘文化的源头起到一个重大的改变作用。因此我就认为，其实战国时代的楚文化早已经是中原文化的一个重要部分，而不是以前那种了解，把楚文化看作是中原文化外在的、异在的，是慢慢去接近中原文化的。其实楚文化早就包含了大量儒家文化，这一部分儒家文化我叫作"荆楚儒脉"。郭店楚简展示出这么多的儒书，它构成了一个文脉，儒家的文脉，所以我把它称为"荆楚儒脉"。因此可以看出，先秦儒学的发展，它有一个从"齐鲁"到"荆楚"的发展，本来它的主要发展地方是齐鲁，就是今天山东这个地方，但就现在的考古知识来看，从战国中期开始，楚国变成儒家传承发展的一个重要基地，也就是我们现在考古发现出土文献的地方，包括上博楚简，也还是在楚地发现的。当然，我们客观来讲，楚地可能有墓葬保存的优越条件，但确实证明这个地方是当时先秦儒学传承发展的一个重要基地，所以我认为在战国时期已经形成了"荆楚儒脉"。这样，如果从儒家思想文化史上来看，古代"两湖"地区在儒学发展史上就具有很重要的地位，这是我的第一个感想。也就是说，其实在先秦，今天的两湖地区就是儒学发展的一个重要基地，就形成了后来"两湖儒脉"的根源。

第二点，我想叫作"从屈贾到周张"，即从屈原、贾谊到周敦颐、张栻。楚地的学者有什么特点？首先重要的是怎么评价屈原。以前有人把屈原作为黄老学者，但屈原讲的"长太息以掩涕兮，哀民生之多艰"，就是孟子的心态，跟孟子思想是一样的。道家思想是不可能有这么深沉的感叹和这种对民生深切的关怀的。所以，它对社会的安定和平和民生温饱，抱有这么深切的关怀，这不是一种道家的情怀，他有一种深深的儒家的情怀。因此，对于屈原的评价，我用四个字，叫作"楚中诗儒"。诗赋是他借以表现情绪的形式，可是他的精神是深深的儒家情怀。所以，从"荆楚儒脉"和"楚中诗儒"来看，也就是从儒家文化的角度来看，这种情怀就是很重要的因素。到了贾谊，他公开讲"仁义礼"的重要性，此下再到宋代的周敦颐、张栻等。从屈贾到周张，我把这个发展表述为"从儒风到儒学"。

"楚中诗儒"是一种儒风，屈原突出的是"精神"，用精神、气质打下了一个文化根基，即为楚风的儒学打下了根基。贾谊实际上深受屈原的影响，但是他经历了从战国到汉初的洗礼，已经可以正式提出一些儒学的论说。但是真正形成儒学学术是到了宋代，由北宋周敦颐开始，到南宋的张栻。当然这中间，胡宏非常重要，张栻是他的学生，只是"周张"讲起来觉得很响亮，"周胡"就没那么响亮了。应该说到了宋代，楚中儒风才在真正意义上变成了湖湘儒学。以上是从学术上来讲它的形态的形成。周敦颐是道学的宗师，胡宏、张栻这个学派是南宋道学里两支最重要的学派之一；朱熹后来两次到湖南，朱熹当然是宋明理学的代表，但朱熹算是闽学，我们也不好将他分到湘学。但是因为闽学和湖湘之学有交叉、有互动，在宋代的"两湖"地区，"从儒风到儒学"就形成了。

第三点，从"神游天人"到"思入经世"。我从刚才汉民兄讲的从夏到清的过程，做了以上的一些描述。我们再回过头来看湖湘地区自古以来的文化和思维变化。可以说，从"楚中诗儒"一直到近代士人，是从"神游天人"到"思入经世"。在屈原的时代，比如屈原的《天问》等等，那是"神游天人"，它代表了一种楚文化和"楚中诗儒"的思维特点。但是经过几千年的发展，我们看它最后的成型，就是我们今天讲的对现代中国影响最大的经世思想。宋人讲"思入风云变态中"，关注的是天地的变化，而曾国藩等是思入人间的大风大浪大潮，落实并展开了"经世致用"的思考和实践。如果说古代楚风的"神游天人"更多是代表了楚人的精神，那么"思入经世"就是中华民族在这个时代的精神，这种精神在湖南人身上得到了充分体现，所以近代湖湘人士对近代中国的发展产生了重大的推动作用。

汉民兄刚才讲的湘学，我很受启发，学习了很多，我就谈谈这几点浅见和感想。

（2017年9月在《湘水》杂志座谈会上的发言）

乾道变化，各正性命

一

《周易》里面说"乾道变化，各正性命""乾，天也"，乾道也就是天道。"乾道变化，各正性命"，是说天道不断运行变化，人必须与天道协调并济，努力完成自己的使命，实现自己的本性。天道的本质，核心就是一个"易"字，"易"即是变，也就是变易。儒家强调"变"，体现为"生"，"生"就是"变"，生生不息即是变化不息。天道运行不已，即是变化日新、生生不已。

曾有人问山东一位著名的企业家是如何成功的，他说他请了三位老师教他如何成功，第一位是老子，第二位是孙子，第三位是孔子。我们如果从《周易》之"道"的角度来理解，可以说，老子长于天道，孙子长于地道，孔子长于人道，所以他实际上是遵从了天道、地道、人道"兼三才"的原则。老子很重视"见天道"，说"不出户，知天下；不窥牖，见天道"；孙子讲战争用兵之法，重视形势的掌握、斗争的谋略及战略，可谓地道；孔子教导他人如何做人，如何与人相处、管理人众，他说"仁者人也"，无疑属于人道。

《周易·系辞》讲："《易》之为书也，广大悉备，有天道焉，有人道焉，有地道焉。兼三才而两之，故六。六者非它也，三才之道也。"《周易》每卦有六爻，六爻代表的是三才之道，也就是天、地、人。这就是说，《周易》在总体上是讲天道的，但天道亦可分为天道、地道和人道。因此我们讲道、天道，要分两个层次，一是总论天道，一是分论三才之道。就分别来说，《说卦》认为："立天之道曰阴与阳，立地之道曰柔与刚，立人之道曰仁与义，兼三才而两之。"天道之用在分阴分阳，地道之用在迭用柔刚，人道则兼用仁义。而《周易》的总体则完整包容了天地人的道理。

所以，我们不仅要了解三才之道，更要总体把握易道，易道主要是就天道总体而言的。《系辞》把这一总体的天道称为易道，其特点是"变动不居，周流六虚，上下无常，刚柔相易，不可为典要，唯变所适"。道始终在流转变迁，从不把自己固定于一个处所，一切事物相互变易。变动不居是说不断地变化，不可为典要是说没有一定之规。变化，才是整个世界唯一的原理。可见，要贯通天地人三才之道，关键是要掌握"时变"，这也是《易经》被称为"变经"的原由。

天地之道变化生生，人道即应变之道。

二

若从总的原则说，人面对天地变化的应变之道，按照《易传》的说法，可称为"乾乾不已"。

天道变化不已，地道生生不已，人道乾乾不已。《乾卦·九三》讲："君子终日乾乾，夕惕若厉。无咎。"《文言》对此加以解释说："'君子终日乾乾，夕惕若厉，无咎'，何谓也？子曰：'君子进德修业。忠信，所以进德也。修辞立其诚，所以居业也。知至至之，可与言几也。知终终之，可与存义也。是故居上位而不骄，在下位而不忧，故乾乾因其时而惕，虽危无咎矣。'"

进德就是增进道德，要以忠信作为根本。修业是指在自己所从事的行业事业中追求进步，"修"是修炼自己的能力，"居"是能够安身立命。这种修炼要和培养智慧结合起来。培养智慧是指要培养一种前瞻意识和全局意识，一种战略性的准备态度。所谓"知至至之，可与几也"，"知至"即知晓事物发展的趋向所在，"几"是指变化的苗头和先兆。优秀的领导者必须胸怀全局，能够遇见事物发展的趋势，把握先兆，事先做好从容应对时变的准备。"知终终之，可与存义也"，即能够知道事物发展的最终结果，实际上就是了解事物发展的客观规律，顺应此规律把事物安排停当，各得其宜。最重要的是"乾乾因其时而惕"，君子的乾乾之道，在根本上就是因时变而注重应对之道，《文言》两次提到这点。

《文言》还说"终日乾乾，与时偕行"，可见"乾乾之道"总是与"时"有密切关联。所谓人要因时而变，与时偕行，都是指因应时势的变化，跟上时势的变化。在思维观念上，《文言》特别指出要避免"知进不知退，知存不知亡，知得不知丧"，认为"知进退存亡而不失其正者，其唯圣人乎"。我们不是圣人，但我们可以学习、仿效圣人。因应时变的关键在于，"知进退存亡而不失其正"，事物的发展是一个动态的过程，常常发生进退存亡得失的转化，不注重转化发生的时机和先兆，不懂得这个规律，就会导致事与愿违。

可见君子把握天地之道，实践人道，关键是因时顺变，与时俱变，有进有退，不失其正。

以上是总论人的应变之道。若从分别来讲，人的应变之道又可以分为几个方面。

1. 察变之道。《周易·贲卦》中有"观乎天文，以察时变"之语，时变不只是自然世界的种种变化，也包括人世间的时机、时局、时势等时世的变化。无论面对自然世界的变化，还是人世间的时世变化，首先必须要密切了解时势的变化，顺势而变，才能取得预期的结果。孟子和孔子都注重顺应时变。孟子赞成这样的说法："虽有智慧，不如乘势；虽有镃基，不如待时。"基指优良的农具，乘势就是要掌握有利的条件，待时就是要掌握有利的时机。汉初的叔孙通认为"不知时变者"，不是真正的儒者。就是说，时势是决定事情成败的关键因素之一。若想把事情办好，办成功，要有智慧、有手段、有工具，但没有有利的时机，也是不行的。如果抓住有利的时势变化，顺时而变，乘势而为，就容易取得成功。

2. 因时之道。中国古人不仅讲认识时势的变化，也注重顺时应变，因应时势的变化而变化。《周易·艮卦》中说，"时止则止，时行则行，动静不失其时，其道光明"。孟子之所以称孔子为"圣之时者也"，就是认为孔子是识时务者的俊杰。荀子认为，一个人谦虚有礼、节约俭朴，还不是大儒，真正的大儒要能够"应变曲当，与时前徙，与世偃仰"。真正伟大的儒者，应付事变举措都很得当，因时制宜，与时俱变。前人多讲"因地制宜"，其实更重要的往往是"因时制宜"，因应时势的变化而制定合理的应对之道，使行动能够适应时势的改变。前人多讲"与时俱进"，这只是一方面，进或退，都要依时而变，时进则进，时退则退。除了与时俱变外，还要与"世"俱变，世就是世道人心的具体境遇，必须顺应其变化，这样才能做到"其道光明"。

3. 通权之道、通权达变。按照儒者的立场，因应时世的变化，一方面要奉行不变的大道，另一方面要掌握变通的灵活性，使二者兼顾。通权是对僵硬的原则主义而言。通变是面对变化的境遇，原则性与灵活性在实践之中加以结合。"权"的概念即是灵活应变的概念，原则当然是强调普遍性的，普遍意味着普遍适用，但事物的发展变异多端，任何时代、任何社会，总会出现一些对原则的普遍性而言的特异性的存在状况。因此，原则的普遍性不能被理解为抽象的普遍性。在实践领域，必须以实践智慧做主，用灵活性补充普遍性的相对不足。这也说明人道的普遍性与天道的普遍性有所不同。自然世界的规律大体上是普适的，即使这样也有变异存在，如生物遗传。人道更多的不是规律，而是规则，由人类自身制定的行为法则。这就更需要关注历史环境和具体事态的变化，在普遍原则的直接运用难以得出最好实践结果的时候，及时通权达变，使实践领域的困境得以化解。

通权是属于变通的，《周易》讲"变而通之以尽利"，将对于世界变化的通透理解贯穿于实践的全过程，就可以充分得到需要的利益，避开各种可能的害处。对立面的相互作用产生了变化，而变化总是趋向合宜的时机。自然世界的"变"是自然的过程，不是人所造成的，人的有心参与，则是"动"。变通属于人的主观努力，这种努力必须符合客观事物的变化规律，懂得这个规律，又能主动适应变化的规律，采取正确的应变行动，就能促使事物朝着有利方向发展。而其中一个关键之处在于掌握改革的时机，这就是"变通者，趣时者也"。

4. 时中之道。在应变中如何保持平衡适中，不仅是一种智慧，也体现了一种价值态度。价值态度的把握，也是"各正性命"的问题。这就涉及时变和时中的关系，时变是《周易》的观念，时中是《中庸》的观念，二者需要加以结合。《中庸》说"君子之中庸也，君子而时中"，君子之所以为中庸，重要的一点是，君子随时注意做到适中，无过不及，不会违背中庸之道。这就是时中，时中是把时和中结合起来形成的概念，既揭示了中庸原则的时变性，又展现了时变中应予把握的适中性。通过与时变化，达到合宜适中的目的，把握适中的法度，可以使我们在时变的实践中保持稳定的方向和合理的进程。事物时时变化，我们则要事事、时时把握中道。中道不是把守一个不变的原则，而是时时注意调整把控，不追求片面。

从这个意义上讲，中道的思维就是不要一味"求全""求纯粹""求单一"，而是辩证地联结事物的多个方面，动态地、可调整地发展。在实践中，中道的方案往往是最优的方案，而单一、极端往往都不能达到最优。在变化的时候，当一方转向另一方时，往往不是非此即彼，不是一方排除了另一方或消灭了另一方，而是两方面相对关系的变化。所以，必须在事物的相辅相成、阴阳互动中，执两用中，才能应变曲当，才是实践的智慧，才能帮助我们完成自己的使命，实现自己的本性。

可见，《周易》包含了丰富的"道"思维，主张世界本质上是不断变化的，人必须通晓世界的变化，才能认识世界。人不仅要认识这个变化的世界，还要推动变化的过程，成就世界的变化。人必须与世界从变化相配合，形成自觉的变化观，才能更深地理解世界之道，实现自己的目的。

回到我们的题目，乾道变化，表示天道处于永恒的变化之中；各正性命，要求我们要因应时变，展现我们的实践智慧，从而也修炼我们的性命。

（2018年10月在"泰山论道大会"上的主旨演讲）

第九章　儒学与儒学史

谁之江南？何种儒学？

几年以前成立了复旦大学上海儒学院，从开始到现在，这几年走下来，工作的范围，大概可以概括为三个面向。这三个面向从近到远，展现了上海儒学院有什么特点、要做什么事情：第一个是立足江南，第二个是面向东亚，第三个是放眼世界。立足江南是何俊教授负责的工作，面向东亚是吴震教授负责的工作，放眼世界是孙向晨教授关注的工作。

"江南儒学"项目去年召开的会议，我因为有事未能来参加。这里我就谈谈我对这个问题的一些粗浅的看法。对"江南儒学"有广义的和狭义的理解，都有意义，并覆盖我们上海儒学院做的一些工作。譬如将江南儒学追溯到孔门弟子的时代，这些都是从广义上来入手的。我这里要讲的是狭义的江南儒学，但是这并不是对广义的江南儒学的否定。

我把我的侧重点放在狭义的江南儒学，并将主题归结为两句话：谁之江南？何种儒学？

这两句话当然是套用了MacIntyre的书的名字。他在写了*After virtue*以后，又写了一本*Whose justice? Which rationality?* 中文都早已有翻译。他的两本书大家不见得都细读过，可是他用的这个书名还颇流行，很多人都模仿他的书名。大概在1998年，我也写过一篇文章，是在《读书》杂志上发表的，题目就叫《谁之责任？何种伦理？》。当时欧洲神学家孔汉思倡导责任伦理宣言，他拿来文本让我们讨论、提意见。我的文章就是从中国儒学的一种立场针对其初稿所提的意见。后来有位学者在《读书》上发表了一篇批评我的文章，说人家提了这么重要的问题，我们怎么能反对呢？我说不是我们反对，而是人家拿着这篇文稿让我们提意见，我们当然不能拒绝表达我们的文化立场。

"谁之江南？何种儒学？"是我对这个问题思考的一个切入点。

因为，我们以往的问题意识，都是集中于讨论"何处是江南？"。这本来是苏东坡的发问，最近几年好像成了非常流行的语句。央视还播出了一部系列电视纪录片叫《何处是江南》。这个纪录片我还没有来得及看，网上有介绍，一共有八集。

我们在北京有一位朋友，即人大清史研究所的教授杨念群，他写的书书名也叫《何处是"江南"》，但是主要内容是讲清代的政治和社会。我举这些例子是想说明，在我们过去这些年中，以"何处是江南"为一个主导的提问方式，是比较流行和占主导地位的。

但是在这种讨论里面，我们会发现其实这个问题是很复杂的，因为"江南"的含义很多，而且在历史上变化也大。其中最明显的就是秦汉时代的"江南"，主要是指湖南、湖北，然后带上江西，这是早期从秦朝以来的"江南"。虽然是在长江之南，但是我看那个时候的关注点可能是以大湖为中心的，包括了洞庭湖和鄱阳湖，是以两个大湖为中心的江南的区域。到了隋唐以后就不一样了，唐代杭州就比较突出了。白居易就有"江南忆，最忆是杭州"的诗句，其中当然有他个人的经历和情感，但这句诗也反映了杭州在那个时候确实很重要。到了明清，苏州的地位就比较突出了。所以"江南"的区域，在概念上是不断变化的。近代以来，我们发现它常常用于一个比较狭义的区域，这个地区就是太湖平原和杭嘉湖平原，从语言上讲是集中在吴语区。这是我们追问"何处是江南"的时候，看到的历史不断变化的方面。

那么我们现在要提出的问题是，江南的"中心"在中国历史上是不是有一个移动的过程？它能不能反映江南某种历史上的演变的趋向？在我看来，汉代以来江南的中心有一个沿江东移的过程。如果汉代江南的中心是两湖，六朝的时候江南的中心是金陵，再到隋代，扬州成为中心，宋代的杭州成为中心，再到明清时就是苏州了。

那么江南的中心在哪儿？它是不是可以说有一个由西东移的过程？我以为，东移的过程内在地包含一种指向，我们可以说这个指向的目的就是上海。所以我们如果用黑格尔的目的论来描述就是，江南的中心移动，内在地指向今天的上海，上海就是它的目的。或者说明清的以苏州为中心的江南在历史上已经为现代上海的崛起和兴起准备了条件。这是上海之所以成为上海的一个内在的条件。

五口通商后，这么多城市的开放通商，为什么只有上海变成一个中国经济发展最重要的中心？这是跟历史上为它准备的内在条件分不开的。五个通商口岸，近有厦门，南有广州，北有天津，都在那个时候通商。只有上海成为中国近代以来的经济中心。所以外在的条件虽然很重要（其中就包括西方文化的引进），但内在的条件可以说中国的江南发展的历史，内在地对上海的出现做了准备。因为江南的重心不断地东移，我们可以用黑格尔的话这样说：上海就是它的目的。

因此，我们在上海儒学院推动的江南儒学研究，不是要追溯"江南"的历史变化这样的具体过程，更不要陷入"何处是江南"的争论，我们所关注的江南，应该是一个以上海为中心的建构性的"江南"。这是我的看法。刚才何俊教授和向晨教授都提到了，江南文化是上海市最近提出来的文化发展的一个企划，要重视发展江南文化的研究。所以我想，既然是从上海的角度提出来的构想，我们就不要在广义上做历史溯源的描述，一定要突出上海为中心的建构性的江南文化研究。这是我们上海儒学院开展江南研究的基本方向。

我们说"江南儒学"是以上海为中心的建构性的研究，也意味着应该有其所关注的一个主要区域，这个区域的边界当然是有弹性的，可是它的重点应该突出。何俊教授的文章，指明是环太湖区域。我再把它稍微强调一下，就是以太湖的西岸做一个切线，这个切线画下来向东，我们发现它分为两条线，一条是常州、无锡、苏州、昆山、太仓，这是太湖以东、北面的一条线，另一条线就是湖州、嘉兴、嘉善、松江，这个就是太湖以东、南面的一条线。同时，这个区域跟它南部的区域有着密切的联系，就是宁绍平原，特别到了近代以来，上海的兴起和这个区域联系越来越紧密。

所以我们讲，江南这个概念可以很大、很广，但是上海儒学院所要关注的江南及其研究，应该在空间上大大压缩。我刚才讲，我不是反对广义的定义，我是说重点应该在这个地方，这是我们对江南儒学的空间界定。

如果从时间上谈江南儒学，何俊教授的文章，讲江南儒学历史有三个时期，即先秦、唐宋和近代三个时段。我的意思是，时间也要大大地压缩。我个人的意见是重点研究近三百年江南儒学史，或是江南儒学文化史。这是时间上面的限定。我们如果看钱宾四先生的《中国近三百年学术史》，其中很大部分都是与我们所说的江南相关的。当然，"近三百年"是20世纪前期使用的史学概念，特指明清之际以来。今天算起来，已经又加了一百年，但我们还是习惯于使用学术史上"近三百年"的说法，强调要特别重视明清之际以来江南的儒学思想文化史，它的发展脉络，以及和上海的关系。

所以我们使用的江南儒学的概念，要在时间和空间上大大地压缩。不能够采取无限扩展，要承认边界有弹性，但是重点要突出。

对于"谁之江南？"我的回答是什么呢？我前一段看到葛剑雄教授的文章，他的意思是强调"上海是江南的上海"，主要讲的是上海和江南之间的密切关系，他的讲法没有错。但我们想把这句话反过来说，以作为补充："江南是上海的江南。"所以，我对"谁之江南？"的回答是"上海之江南"。这不是反历史，是突出我们研究的立场。我们建构性的立场和研究的重点是放在这样一个江南上，意思就是要突出上海的视角。若全面地说，首先，"上海是江南的上海"，但我们要加上一句话，"江南是上海的江南"，以此来表明我们做江南儒学研究的一个立场。无疑，江南儒学的研究是开放的，其他各方面可以做各种各样的江南研究。但是上海儒学院要突出的一个立场，是不是可以放在这个方面。这是第一点。

第二，上海儒学院做江南儒学研究应该不是一个纯粹历史的考虑，当然大家应该关注历史，但也应该包含对上海城市和上海现代化的文化根源的一种探索。因此，近三百年江南儒学的研究应该包含现代化文化根源的部分。我想起罗伯特·贝拉20世纪50

年代的成名作《德川宗教：现代日本的文化渊源》，说的是德川时代日本文化的渊源如何有助于日本的现代化，它提出的一个重要的问题就在于，日本现代化的文化根源在德川时代的表现有哪些方面？如与西方宗教伦理相当的日本儒教伦理等。而德川时代正是日本明治维新前的"近三百年"。

作为现代上海的江南儒学研究，不可能不具有上海现代化的文化视野。上海的江南儒学研究也必须内在地具有这种现代化的问题意识。这种研究不仅要关注文化取向特别是宗教伦理，还要关注文化的"精神气质"。韦伯所做的正是这样。美国学者墨子刻的《摆脱困境》对近代中国思想的研究也是以"精神气质"为中心开展的。精神气质也是精神取向和文化心态，四十多年前我在北大念研究生的时候，住在我隔壁房间的是几位学数理逻辑的老兄，其中有一同学是上海人，后来在华中工学院工作。他当时跟我说过一句话，他说上海的精神就是资本主义精神。我听了以后感到很震惊。后来看了韦伯的书，我就想起他所讲的"上海的精神"。我认为他说的这个"资本主义"是中性的，主要是指西方最先发展的现代化形态。一般外地的人对上海只有一些粗浅的感知，而上海人对于本地的文化可以有先天的直觉。我们知道韦伯讲的新教与资本主义的起源，主要是要探讨社会文化的精神气质，认为精神气质才是资本主义产生、扩大的主要动力。上海文化、上海人的精神气质是什么，这是我们研究里面应该包含的内容。

这意味着，上海的现代化中心地位并不是通商、租界就能够直接带来的，而是跟江南周边往上海集聚所形成的这种条件相联系的，是和江南为它准备的文化、精神、伦理条件联系在一起的。如果换一个同样也是开放发展的内陆地区，比如说蒙自，就很难想象能发展为上海。不同的土壤在开放的过程中，形成的文化是不同的，这是文化的根源的作用，也是精神气质的形成要素。

接下来我讲讲"何种儒学"的问题。我们所主张的江南儒学，其中的"儒学"应该是一个综合的思想文化形态，而不仅仅是哲学的义理。我们哲学系的学人最关心的就是义理。但江南儒学应该包含多种形态，比如说，如果就学术化的形态来讲，它应该既包括理学，又包括经学、子学、国学。理学、经学、子学、国学的视角都是我们江南儒学研究需要采用的。

不仅包括以上所说的儒家和儒学学术化的形式，也包括儒学社会化的形式。因此在某种意义上，江南儒学的研究需要用一些多学科的方法和社会文化的视角。比如说书院，其研究属于教育史，但也应当关注。另外，我以前看社会史研究者梁其姿教授的著作，她的研究领域就是明清江南的慈善。如前面所说，从太湖由上线往东走，那条线上从常州、无锡、苏州到上海，就是清代的慈善事业最重要的地区。而推动慈善事业发展后面的观念肯定是儒学的观念。这些都值得深入研究。我们的研究需要跨学科，我们要关注文化史和社会史的研究，包括宗族和风俗文化的研究。我觉得这应该都属于江南儒学的研究范围。儒家哲学是我们的拿手戏，但是对于江南儒学的研究，我想它应有更多的一些面向，包括我以前讲的世俗儒家伦理的形态，要使儒家思想文化在这个地区的方方面面有一个基本的展现。

关于理学，我在这里还要强调，上海儒学院必须要研究理学。如上面说的近三百年是从明清之际开始。近三百年中，研究朱子学最重要的学者是在今天的上海地区。明末以来最重要的、最有代表性的朱子学家，就是"二陆"：陆世仪、陆陇其。陆世仪是太仓人，太仓往南就是嘉定，陆陇其就在嘉定做官。所以明末清初最重要的朱子学是在太仓、嘉定。与陆世仪同时期的顾炎武在昆山，他的学术性格近于朱子而疏于阳明。所以上海儒学院应该重视理学研究，特别是朱子学的研究。

我们今天看中华书局出版的朱熹的《四书章句集注》排印本，它在宋代以来的各种本子中，选的是清代吴县吴氏刊本，这虽然是从版本学、文献学来讲的，但也是江南儒学的一部分。至于近代无锡国专的唐文治先生，他的学术也和朱子学有关系，写有《紫阳学术发微》《性理学大义》，所以无锡国专是有理学渊源的，理学是不能避开的，需要好好研究。我说过"远有二陆，近有唐王"，唐就是唐文治，王就是王蘧常。王蘧常长于诸子学，所以江南儒学不仅重视理学，也必然不能忽视诸子学。至于宁绍平原，近代的名家蜂起，各具特色，更需要从多方面加以研究。所以我想对"何种儒学"的回答，应该是多重文化形态的儒学研究，而不是单一的儒家哲学研究。

237

（2019年8月在复旦大学江南儒学会议上的发言）

我所理解的宋明理学

"宋明理学"这个概念，是中国学术史上一个比较有确定性的名称，可是这个名称如细究起来也不能说是完完全全科学的，而是约定俗成的。宋明理学诞生在北宋，却一直延续至清代，因此如果按照这段历史来讲理学的体系，应该叫"宋元明清理学"。可是这个叫法显得有点儿长。当然比较起来，宋与明是最重要的，因为元代基本上是宋代主流理学的延伸，清代虽然对整个明代理学进行了反省、批评，但清代中期以后的学术路向发生了从理学到朴学（汉学）的转变。汉学从清乾嘉时代开始出现，后来发展成为清中期以后学术的主流。因而就理学史本身而言，尽管宋代和明代是最重要的，却不可抹杀元代、清代。如从相对全面、完整、科学的角度，应该叫"宋元明清理学"，这是使用"宋明理学"概念时尤为需要注意的。总之，宋明理学与两汉经学、魏晋玄学、隋唐佛学一样，都是中国学术史习惯上所使用的概念，细究起来虽表达得还不是那么完整，但作为指代，代表了从11世纪至18世纪中国儒学的主流发展体系。宋明理学，有人又称"宋明道学"。其实，道学之名虽早出于理学，但道学的范围比理学相对要小。北宋的理学当时即称为道学，而南宋时理学的分化，使得道学之称只适用于南宋理学中的一派。至明代，道学的名称就用得更少了。所以从总体上说，道学是理学起源时期的名称，在整个宋代它是理学主流派的特称，尚不足以囊括理学的全部。宋明理学的代表人物，北宋有周敦颐、邵雍、张载、程颢、程颐，习称"北宋五子"；南宋时主要为朱熹、陆九渊；明代最有影响的是王守仁。由于"理学"、心学是宋明理学的主导思潮，故有不少学人习惯上把理学的代表人物概括为"程朱陆王"。

一、宋明理学的"正名"

自"五四"以来，对于理学的批评往往是出于对其核心思想的误解，所以需要为理学"正名"。时至今日还需要"存天理，灭人欲"吗？近代以来的诸多学者并未了解它的本来意义，即什么是天理，什么是人欲。对于五四时代那些充满了感性冲动和情欲爱意的文学来讲，"存天理，去人欲"根本就是大逆不道。所以，他们一直是建立在误解误读的基础上来实现对宋明理学的批判的。这种批判，从主流上讲并非毫无意义，但是批判的科学性要建立在对历史和哲学较为深入的理解上，否则，这种批评经不起任何理论和历史的考验，也无法提升到高水平的人文反思。

对于理欲之辨的理解，不妨放在整个世界哲学发展的框架里来考察。近代西方哲学中对类似天理和人欲的概念进行过探讨的是德国哲学家康德。康德的著作很多，但对这个问题的集中论述主要体现在他的"三大批判"的第二本《实践理性批判》里。关于这个问题，他的主导思想还是很清楚的。《实践理性批判》一开始就提出了这个问题：我们应当用什么样的原则来决定意志的动机？也就是说，什么样的原则能够作为社会普遍的道德法则来支配我们的行为动机？康德说有两个选择：一个是用感性的欲望作为这种普遍的做事的基本动机；另一个就是用理性的原则。康德明确讲用感性的经验、感性的欲望作为一个社会普遍的道德原则是不行的，因为基于个人的感性欲望是不可以普遍化的，这个原则可以成为个体自己立身行事的原则，可是它绝不可能成为社会的普遍法则。他常举的例子是，一个人向别人借钱但是不还，而且还否认向别人借过钱，这是为了满足他的私欲，这样建立在个人私欲基础上的原则，可以成为个人的行为法则，却绝不可能成为整个社会通行的基本的道德法则。因为如果每个人都这样做的话，那就再也没有人借钱给别人了。所以康德说，借钱不还的行为就建立在个体感性私欲的基础上，这个准则只能是个人的，而不可能成为一条普遍法则，因此这个例子就证明了一切从欲望和感官出发的原则与动机永远不可能成为普遍的道德法则。所以康德强调，真正的道德行为一定是服从自己理性的命令，而不能掺杂任何感性的欲望、感性的冲动。因此，康德的伦理学的一个基调就是人要用理性来克制感性，这是其最基本的主张。

如果我们从近代康德哲学的角度来回看宋明理学中的天理人欲之辨，其实不仅是宋明理学，从孔子讲的"克己复礼"，一直到孟子讲的"舍生取义"，再到宋明理学所讲的理欲之辨，都与康德的立场是一致的。宋明理学所讲的"存天理，去人欲"，在直接的意义上，天理就是指社会普遍的道德法则。当然，对这个法则的具体理解，每个时代的儒者受制于当时的历史文化的环境、条件而会有所不同。然而，人欲在宋明理学中并非泛指一切感性欲望，而是专指与道德法则相冲突的那些感性欲望，因此去人欲并非要去掉人的所有的感性欲望。以孟子所言，人的感性欲望里边最主要的就是饮食男女——以食色为中心的本性的表现。理学讲的天理，就是普遍的道德法则，而人欲就是指与道德法则相冲突的那些感性欲望，因此如果用康德的话来讲，天理即理性法则，人欲即感性法则，就是要用天理所代表的理性法则来主导人欲。"存天理，去人欲"中的人欲并不是泛指人的一切自然生理欲望，而是特指与这个社会通行的道德法则相冲突的人的感性欲望。所以在这个意义上，有些学者把宋明理学的理欲观说成是禁欲主义，或是将其等同于中世纪教会对教士的约束，这是不对的。对于儒家而言，夫妇之间的两性关系不仅是人伦的正当表现，而且具有一种天地合德的宇宙论的意义，是符合乾坤大道的。这个界限，在学习宋明理学时是要了解的。天理、人欲之辨在一定意义上与公私之辨也是相互关联对应的，天理为公义，人欲为形气之私。康德的伦理学虽然有广泛影响，但并非绝对真理；在公—私的紧张中如何界定私的范围以肯定人的生命需要与社会发展活力，尚需深入研究，但道德的本质是对感性冲动加以限制，其限制的具体程度与范围随社会变迁而变化，而伦理学中理性与感性的张力是永恒的，这也正是人之高于鸟兽而为万物之灵的地方。

儒家或理学所面临的困难在于，一方面，其自身最多只能保持伦理学原理的一般纯粹性，而无法判定在"义"所代表的准则体系中哪些规范应当改变以适应社会的发展与进步，因而可能会导致规范僵化；另一方面，儒家伦理必须褒扬那些不食嗟来之食的义士或自愿守节的烈女，但这种崇褒中隐含着一种危险，那就是有可能导致在不断褒扬中把道德的最高标准当成了道德的最低标准，给一般人造成较大的道德心理负担。在这种崇褒中，不仅会有丧失理性的平衡的危险，还有可能在相对承担义务的准则体系中使统治的一方利用这种现象把原本正常的道德规范变成一种片面强调对方义务的压迫手段，而这才可以被上纲为"以理杀人"，决不能泛泛地把讲"理"的思想家当成以理杀人的凶手。

戴震那些在近代以来反复为人引用的名言，如"酷吏以法杀人，后儒以理杀人"，"人死于法，犹有怜之者；死于理，其谁怜之"，也是需要加以分析的论断。"人死于理，其谁怜之"的说法，实际上是一个适用于一切社会的现象描述，是于人的过失与道德舆论相背离的程度而言。如某人为复杀母之仇而杀人抵命，不一定会受到舆论的谴责，而卖国求荣的小人即使未受到法律的制裁，也会遭到万众的唾骂。因此，问题并不在于不容于道德舆论的人是否应得到怜悯，而在于，一方面，道德舆论借以评价的原则"理"应随着社会的发展与进步而改变；另一方面，即使道德评价的原则本身是合理的，但如果在实践上把"理"与合理的欲望对立起来，特别是统治者冒充为"理"的化身，片面强调被统治者的义务而抹杀其应然权利，其后果就会表现为普遍的道德压抑。事实上，戴震的控诉正是指向统治者的。在他看来，"今之治人者"把理与欲完全对立起来，利用长者、尊者的地位，压制下者、卑者的正当要求；他还明确指出，问题不在于是否讲"理"，而在于长者、尊者以自己的"意见"为理。戴震抗议的本质在于反对传统准则体系中维护等级制度的一面，而不是整个反对宋明以来的道德体系。戴震没有整个反对宋明新儒家的价值系统，而是特别批判统治者片面地借用道德准则体系中有利于自己的一面、抹杀准则的相互制约性而造成对被统治者的压迫。

这里，不讨论现代社会中的理欲问题，而只是强调，在我们讨论理欲之辨时首先须正确理解古人的讨论，才能由此而对理学有一个比较公正的了解。至于现代社会的问题，我只想指出一点：在任何社会，被社会肯定为正面原则的伦理价值体系中，"理"总是相对于"欲"具有优先性，而鼓吹感性法则的主张永远不会成为一个伟大民族的精神传统。

二、"理学"的基本内涵及其主要特征

关于宋明理学体系的特点，其中有一点：为什么叫"理学"？这个"理"字是怎么贯串在这个体系及其发展中的？宋明理学所讲的"理"在中国古代就出现了，最直接的一个来源就是先秦儒家思想中的"天理"概念。所以可以简单地说，宋明理学的"理"的第一个意义就是"天理"。这个概念其实在先秦的《礼记·乐记》里已经出现："人生而静，天之性也。感于物而动，性之欲也。物至知知，然后好恶形焉。好恶无节于内，知诱于外，不能反躬，天理灭矣。夫物之感人无穷，而人之好恶无节，则是物至而人化物也。人化物也者，灭天理而穷人欲者也。"这里的天理其实讲的就是支配人的性情的伦理道德原则，因而天理概念并不是宋明理学的发明。包括道家的《庄子》里边也讲天理，但儒家更多的是指向社会的伦理道德的原则，把"天理"与"人欲"相对提出来，宋明理学中所讲的"存天理，去人欲"也是从《礼记·乐记》的这种对立里面引申出来的。

宋明理学对"理"的理解，并不是仅仅停留在对《礼记》的理解之上，宋明理学的创始人之一程颢讲过一句很著名的话，在理学史上也深受关注："吾学虽有所受，天理二字却是自家体贴出来。"意思是我的学术思想虽然有老师教过我的一些东西，对我有所启发（"二程"少年时跟周敦颐学习过一段时间），但"天理"二字是我们自己体贴出来的。这可以说是理学创始人对于创立理学的自觉、自述。那么"天理"这两个字在先秦的儒学里面已经有了，怎么能说是自己提出来的？这就在于"体贴"二字，不是说这个概念形式是他们提出来的，而是对这个概念的理解，

以及通过这个理解所建立起来的一个新的儒学体系，他们有自己独特的体会。这种体会应也与时代的转换，从汉唐到宋明的时代转折有关系。

那么具体而言，哪些方面能表达宋明理学自己体贴的那一面？程颢说："天者理也。神者妙万物而为言者也。帝者以主宰事而名。"他把《诗经》《尚书》里面作为最高的具有人格的神性主宰的"帝""天""神"概念做了理性化、哲学化的解释，因而对于他而言，天的意义就是理，帝不是一个人格神，而只是表示在这个宇宙里边有一个主宰的力量，神也不是宗教的鬼神，而是宇宙中能够推动事物变化的微妙的力量。这代表了程颢对于"五经"思想的新的诠释。程颐跟其兄长的观点是一致的，他说"皇天震怒"，其实并不是说有一个人格神在天上震怒，而只是在表达理是这样的。因而，"二程"首先在对理的理解上已经颠覆了商周文化中把帝和天当作人格神的最高主宰的观念，把古代文化中代表宇宙最高实在、最高主宰的观念理性化，表达为理或者天理，这是中国古代哲学史上的一大进步，也代表了"二程"自家体贴出来的新内容和新理解。如此一来，"理"成为"二程"哲学的最高范畴，理学之得名当与此有关。在"二程"的体系里是把理或天理概念提升到跟上古宗教中神的地位一样高的本体地位，成为一种最高的范畴。而这个最高范畴贯通天人，统摄自然世界和人文世界，故而可以说这为儒家的价值原则提供了一个形而上学的依据，这是理学之所以为理学的一个根本。"二程"作为理学创始人，在这一点上有其特定贡献，"理"在这个新时代的新儒学里具有了以前的儒学中从未具有的至高无上的地位。

除了从宇宙论和本体论上奠定了理在哲学体系里的最高地位，程颐还进一步提出了"性即理也"的命题。亦即性就是人的本性。"性与天道"，是孔子谈得比较少的问题，因为这比较高深，不是人伦日用，但性理、天道是从先秦到两汉儒学的重要的理论焦点，从孔子时代，经过七十子，到孟子、荀子，甚至到董仲舒、扬雄，都是一个重要的课题。程颢从一个新的理性化的角度处理了对天的概念的理解，程颐则解决了对性的概念的理解：性也是理。如此一来，不仅把理贯串到宇宙论中最高的本体，而且把它贯串到了人的本性，使儒家的天理成为贯穿天人的统一原理，这是对儒学理论体系的重要贡献。性即理这一命题对性善论提出了一个更加哲学化的支持。所以，理学为何称之为理学，理学体系就是要表现"理"这个概念能贯串在整个体系的各个重要部分。

程颐的贡献还在于对格物的理解。《大学》"三纲领八条目"里的"致知在格物"，显示出最后的基础就落在格物上，那么怎么理解格物？程颐同样做出了一个对理学体系的重要贡献，就是把格物解释为穷理。"格犹穷也，物犹理也"，显然，格的意思就是穷究，物指物之理。这样，从理学体系的贯穿性来讲，理不仅是宇宙论的本体、人性论的本体，而且又是认识论的主要对象，理的概念贯穿了天道论、人性论和知识论。后来，朱熹全面继承和发展了"二程"在这三个方面的思想，进一步做了哲学上的提升和体系化的论证。所以，从两宋时期理学体系的建构中可以看出理的重要性，理学体系的特征就是突出理的这个意义。程朱理学作为宋代的主流学派，将理的概念贯穿于各个领域，但同时还出现了另一个学派，虽然当时不是主流派，可是经过元代和明代的发展，也变成了主流派之一，即心学。心学的主要命题是"心即理也"，用心来贯穿人的内心世界、意识、情感，以使理的统摄力量更加周全。宋明理学中理的概念贯穿在宇宙论、人性论、知识论、人心论中，所以这种叫法确实体现了这个理论体系的特征。

　　总的来看，在理学中，理的意义可分析为五种：宇宙的普遍法则，这个意义的理可称为天理；作为人性的理，可称为性理；作为伦理与道德规范的理，可称为伦理；作为事物本质与规律的理，可称为物理；以及作为理性的理，如理学讨论的理气相胜问题所表现的，可称为理性。理学家在使用诸如理这样的概念时，并不预先说明其使用的特定立场，虽然在理学的范畴结构中，理的这五种意义可以在某种方式下具有统一性。但对于具体讨论而言，这些不同意义的理是不可随便相互替代的，所以对于具体讨论中的理，我们需要在上下文中具体地理解其意义。

　　宋明理学虽然可以分为理论及实践的几个不同派别，而这些不同派别的学者都被称为宋明理学，是由于他们具有一些共同的性质和特点，共同承担并体现了这一时代的民族精神。这些特点包括：以不同方式为发源于先秦的儒家思想提供了宇宙论、本体论的论证；以儒家的圣人为理想人格，以实现圣人的精神境界为人生的终极目的；以儒家的仁、义、礼、智、信为根本道德原理，以不同方式论证儒家的道德原理具有内在的基础，以"存天理，去人欲"为道德实践的基本原则；为了实现人的精神的全面发展而提出并实践各种"为学功夫"，即具体的修养方法，这些方法的条目主要来自"四书"、《周易》及早期道学的讨论，而特别集中于心性的功夫。"四书"即《论语》《孟子》《大学》《中庸》，是理学尊信的主要经典，是理学价值系统与功夫系统的主要根据，理学的讨论常与这些经典有关。大体上，理学讨论的主要问题有理气、心性、格物、致知、主敬、主静、涵养、知行、已发与未发、道心与人心、天理与人欲、天命之性与气质之性等。

246

三、宋明理学在历史上如何定位

宋明理学的定位，涉及对半个中国历史的认识。宋明理学是在宋元明清时代流行发展的思想体系，主要从北宋讲起，但这个体系的一些基本倾向并不是在北宋突然出现的，它关系到北宋以前中国历史文化的变化与发展，也就是许多基本倾向在唐代中期开始就已经能够看出其表现。因此，从唐代文化到宋代文化，二者之间的关联是一个非常令人注目的文化现象。从社会史的角度来看，唐代的士族及士族庄园制与宋代的平民地主制有很大的区别；从政治史上讲，从唐代的藩镇割据到北宋开始的中央集权，其变化也很大。但从整个中国文化的发展和学术潮流的演变来看，自中唐开始中国文化出现了三件大事：新禅宗的盛行、新文学的运动和新儒家的兴起，这三件大事代表了宗教的、文学的、思想的新的文化运动的出现，共同推动中国文化从唐代中期开始了一种新的发展。三者持续发展到北宋，形成了主导北宋以后文化发展的主要文化形态：禅宗成为佛教最主要的形态；以"唐宋八大家"为代表的古文运动发生了重大的影响；新儒家的兴起后来凝结为理学的状态，一直支配到清代。因此，这三者最后结成的果实不是偶然的，其最直接的意义是代表了这个时代知识阶层的新的精神表现。

那么，这种表现和知识阶层的追求，有怎样的更深厚的历史背景？从更远的、更有纵深的历史视角来看，有怎样的世界史的意义？有些学者曾认为，中国在唐宋之交已经开始了近代化——尽管人们一般所理解的所谓近代化的经济基础是工业资本主义和科学革命，这在当时的中国还没有出现。但这个最早由日本学者提出来的观点还是有一定启发意义的，就是对于唐宋之交在中国出现的这种历史演变所具有的深刻性，以前人们的认识不够。其中最主要的特点是与魏晋以来的士族社会相比，中唐以后的社会的总体趋势是向着平民化的社会发展。这样一个平民化的社会发展的结构相应地引导出文化层面的表现，所以说中唐以后的文化转向——新禅宗、新文学运动、新儒家的出现，与社会结构的变迁是相适应的。它们代表了宗教的改革、古文的复兴、古典儒学的重构，集中体现了要与新的时代相符的文化运动。所以有些日本历史学家用近代化来表达唐宋社会的这种变革，虽然并不很准确，但确实是有所见，因为在许多方面，如果放在世界史中来看，这跟西欧近代的宗教改革、文艺复兴就有一些类似的特点。所以，这虽然不是以工业文明、近代科学为基础的近代化的体现，但的确可以认为是摆脱了类似中世纪精神的一种进步，可以称之为"近世化"，也有人称之为"亚近代"。

"近世化"或者"亚近代"的特点，就是开始向近代靠拢。虽然这时工业资本主义和科学体系还没出现，但其文化的体现已经向着近代发展，至少已经具有了那种意义。日本学者堺屋太一提出："10世纪到11世纪后半叶北宋鼎盛时期是近代型高速经济增长与合理精神充溢的'东洋文艺复兴'，甚至是超越它的'亚近代'。""合理"就是理性化，他把社会文化的面貌看作一种文艺复兴，然后把这个叫作"亚近代"。他之所以得出这个结论，主要就是认为以北宋为典型的政府组织、军队、城市、商业货币，包括新儒家理性化的精神，完全是一种近代式的。如果从这个角度来看，宋明理学的历史定位跟以前应有所不同，从中唐开始到北宋确立的文化转向，是中国社会近世化过程的一部分。它的文化形态，如果从世界的、比较的历史意义来看，可以说是中世纪精神和近代工业文明的中间形态。这个中间形态最突出的基本精神是世俗化、合理化、平民化，或曰世俗性、合理性、平民性。因此，我们今天讲宋明理学，对宋明理学的评价，应该在这样一个比较的视野下来展开。而如果在这个意义上重新评价和定位宋明理学的话，我们应该跟以前的观点有所区别。以前总是把宋明理学看作封建社会走下坡路，封建社会后期没落的意识形态；但实际上，宋明理学恰恰是摆脱了中世纪精神的亚近代的文化表现，是配合、适应了中国社会变迁的近世化所产生的文化转向的一个部分。所以，理应在新的概念范畴下，对宋明理学有一种更积极的、肯定的理解和评价。这一观点，是我在1991年提出来的，但在《宋明理学》初版之后的一段时间内，并没有引起大家的关注。近年来宋史专家邓小南教授、马克思主义哲学家王南湜教授都对这一观点给予了肯定或关注，认为值得大家做进一步研究。

北宋以来新儒家的努力，一方面是要进一步强化这个社会所需要的价值体系，新儒家要把先秦以来的价值系统抽象为天理概念，同时规定为人性的基本内涵，所以这个体系始终坚守了它作为儒家思想价值理性的传统形态。同时，因为新儒家要努力排斥佛教与道教这两个思想体系的出世主义的性格，又要充分吸收这两个体系发展的精神生活的丰富经验，从儒家的立场来看对于精神的修养、发展、完善的探求，建立了基于人文主义的并具有宗教性的"精神性"，使得宋明理学经过几百年的传承、发展，在中国社会蔚为大观，而且传播到当时的东亚社会，取得了世界性发展。例如，韩国从李朝时代一直到19世纪，儒学发展都是以朱子学作为主导意识形态的。在日本江户时代，朱子学也开始不断地在日本社会和文化中提升自己的地位，到了19世纪阳明学的发展，甚至在明治维新中也发挥了自己的作用。所以有日本学者把宋明理学的体系看作东亚文明的共同体现，即这个体系及其发展不仅是中国的，而且是韩国和日本的。因为这个体系在韩国和日本传播的过程中，韩国和日本的儒者结合本国本土社会文化实际，不仅对这个体系做了吸收，也做了改造，还做出了发展。所以，如果我们抽象地就这个理论的思想体系来讲，要完整、全面、科学地把握这个体系的各种逻辑发展的可能性和现实性，除了研究中国的宋明理学以外，还要了解韩国朝鲜朝的性理学，研究日本江户时代的朱子学、阳明学。

事实上，把文化的视野进一步扩大来看，则理学不仅是11世纪以后主导中国社会的思想体系，而且是前近代东亚各国（朝鲜、越南、日本）占主导地位或有重要影响的思想体系。因此，说宋明理学是近世东亚文明的共同体现，是不算夸张的。从而，要展现理学体系所有逻辑环节的展开、所有实现了的可能性，就需要把整个东亚地区的理学综合地加以考察。虽然中、日、韩等东亚国家在历史上都曾有儒学，有朱子学和阳明学，但各个国家的儒学可能有相当大的差别，各个国家的儒学在该社会所具有的地位也各有不同，需要做细致的比较研究。研究日本儒学和韩国儒学，而未充分了解中国儒学，就不可能了解——相对于中国的儒学——日本、韩国的儒学真正的特点和发展。同样，只了解中国的儒学而未了解日韩的儒学，也难以真正认识中国儒学的特质。例如，不全面了解朱子哲学的各个方面，而只就李退溪研究李退溪，就无法了解在李退溪的著作中，哪些是朱子讲过而退溪复述的，哪些是退溪对朱子思想的发展。又如，只有全面了解中国宋元明清儒学内部对朱子哲学的各种批评，才能真正了解在日本德川时代儒学对朱子的批评中，哪些是与宋明儒学的批评相同而一致的，哪些是与宋明儒学的批评不同而反映了日本思想的特色。反过来说，只研究朱子的思想，而不研究李退溪、李栗谷、伊藤仁斋的思想，就不能了解朱子哲学体系所包含的全部逻辑发展的可能性，不能了解朱子思想体系之被挑战的所有可能性，故而这样的朱子哲学研究就是不完整、不全面的。

20世纪80年代以来，中国学者逐渐加强了对韩国朱子学和日本德川儒学的研究，但研究成果相当有限。与日本学者对东亚文化的广泛研究相比，对于日本和韩国历史上的儒学，中国学者研究得还很不够，需要大力推动和加强。

（《河北学刊》，2021年第5期）

关于陈傅良与永嘉学派的几点认识

这里我想谈一下对永嘉学派和永嘉学术的几点认识。

1. 关于宋代哲学思想史的分派，20世纪的学术研究，在吸收了西方哲学史的脉络线索后，中国学者提出了理学、心学、气学三分法的看法，在日本学界也得到了呼应，一直以来都被学者所认可。然而，若从学术思想史来看，中国近世本有一种三分法，不是专就哲学史而言，而是就儒学思想史而言，这就是全祖望曾说的，"乾、淳诸老既殁，学术之会，总为朱、陆两派，而水心断断其间，遂称鼎足"。这就是说南宋学术思想分为三派：朱子理学、陆氏心学、永嘉事功之学。这既反映了近世学术思想史的观察视角，也表达了中国近世儒学研究的内在标准。

全祖望虽然以叶适为永嘉事功之学的代表，但我们知道，在南宋时，朱熹对陈傅良的评价更高，说"永嘉之学，理会制度，惟君举为有所长"。全祖望也承认"永嘉诸子，止斋最称淳恪"。所以与朱、陆同时的永嘉之学，至少应说是"陈叶之学"，才能正确反映陈傅良的地位。《四库提要》亦云"朱子喜谈心性，季宣兼重事功，永嘉之学遂为一派"。《朱子年谱》特别重视朱熹与陈傅良、叶适的论学，也说明在南宋绍熙时代的朱子学内部对永嘉之学的重视，已不是以之为一般的一派，而是与朱、陆并立的一派。

2. 近三十年，实学研究渐渐流行，晚、近实学研究会的活动尤其活跃。但什么是"实学"？学者看法不同。事实上，历史上各家都用过实学的概念，所以很难从谁使用过实学一词来定义实学。我以为，在南宋真正接近现代学术史研究所使用的"实学"概念的，应为永嘉之学。薛季宣倡导"确实有用"之学便是明证。陈傅良的门人叙述其师及永嘉诸人之学"诸先生所以要教人就事上理会教著实，缘是向时诸公多是清谈"，《四库提要》谈及楼钥也说永嘉之学是"究心于实学"。

永嘉实学，有其理论宗旨。我以为，与朱子理学的思想要旨集中在"理"字上相比，永嘉之学的精神要旨集中在一个"事"字上。若从哲学和理论上概括两宋学术各派的主张，程、朱主张"性即理"，"二陆"主张"心即理"，而永嘉学术可以"事即理"来表出。陈傅良、叶适虽未明确提出此义，但内在地包含了此义。如陈傅良门人所言："自年二十从陈先生，其教人读书，但令事事理会，……器便有道，不是两样，须是识礼乐法度皆是道理。"此说正为"事即理"思想的表达。故永嘉之学的中心命题有二，一是"事皆是理"，二是"事上理会"。

3. 众所周知，永嘉之学或永嘉实学，具体体现在对制度研究的重视。叶适讲过，薛士龙独究体统制度，至陈傅良尤号精密。永嘉的经世实学，集中于古代的经制治法，即治国理政的制度研究。故朱熹总其说为"永嘉之学，理会制度"。叶适自己更说过"时儒方为制度新学，抄记《周官》《左传》"。这也很好地概括了永嘉学术的趋向。这也说明，从儒学史的角度看，永嘉之学偏重在"制度儒学"，而与朱、陆二家的"心性儒学"有所不同，显现了儒学的历史发展本来就是有不同方向、面向，是很丰富的。宋代以后的儒学，以心性儒学为主流，心性儒学亦自觉坚持其优越感，但我们今天研究宋代儒学，不必受此限制，而平心论评儒学各派的特点与贡献。制度儒学有其深远的根源，在当代儒学中仍须引起足够的重视。

（2017年11月在"纪念陈傅良诞辰880周年学术研讨会"
上的发言）

泰州学派及其现代意义

黄宗羲《明儒学案》在《泰州学案》的序中就明确说："泰州之后，遂非复名教所能羁络矣。"认为泰州学派的后来发展已经突破了名教的束缚。由于泰州学派的学者多出身下层农工商阶层，他们的著作又多散失，故现代学者往往由黄宗羲的断语，而认定泰州学派代表了下层人民对当时的社会秩序、意识形态和价值系统的反抗。其实，黄宗羲所说"泰州之后"是指王艮死后，并不包括王艮；而他所谓"非复名教所能羁络"，也是特指泰州后学中颜山农、何心隐一派，而不是指泰州学派的全体。即使是他对颜何派的批评，从近年发现的颜山农等的著作来看，也应是指其世俗化的特点，即与士大夫儒学不同的民间儒学的特点。我们现在看泰州学派大部分学者的著作，不仅不是反儒家的，也不是反理学的。

王艮有名的学说是他对"格物"的新解释。而他的思想所以受到广泛注意，是因为他在以正身解释格物的意义外，更提出格物的第二个要点，即"安身"。他又将安身表达为爱身、保身、尊身，这是历来儒家思想中所没有的。在王艮的思想中，安身、保身的"身"都是指个体血肉之躯的生命存在；爱身说是把爱护人的感性生命置于与珍重道德原则相等的地位。这种思想不仅与朱熹、阳明的格物说不同，与整个理学传统的发展也显示出重要的差异，这的确显示了一种新的思想方向。但王艮的这些思想，不应视为理学的异端，而应被看作是作为精英文化的理学价值体系向民间文化扩散过程中发展出来的一种形态，带有"世俗儒家伦理"的特色。

王阳明和许多一般理学家都是学者兼官僚，即所谓士大夫，他们觉得以天下为己任是士大夫的当然之则；但他们却反对一般民众（匹夫）有担当天下的胸怀，要匹夫们"思不出其位"。而王艮的思想及其实践，具有冲破士大夫要普通民众安分守己的"思出其位"的气魄，要把理学变成不仅是士大夫的学问，而且是普通百姓的日用之道。总之，王艮讲百姓日用即是道，讲爱护人的感性生命，主张匹夫可以有尧舜君民之心，以及热心于民间传道等，在这些问题上，王艮都表现了平民思想家的特色。

256 泰州学派的成员罗汝芳晚年对《大学》的理解，是其在《大学》本文释齐家治国的传九章中说："故君子不出家而成教于国：孝者，所以事君也；弟者，所以事长也；慈者，所以使众也。"罗汝芳据此认为《大学》的宗旨可归结为"孝弟慈"三个标准。他提出，"天下之大，未尝有一人而不孝弟慈者"，认为人人都可"孝弟慈"。罗汝芳对"孝弟慈"的理解不仅限于儒家经典中冬温夏清的方式、遵从长上的要求等，而是容纳了从供养父母、抚养子孙，到安生全命、勤谨生涯、保护躯体，以至光大门户、显亲扬名等一系列生活价值，这些价值可以说都体现了家族伦理的原则和规范。正如王艮一样，他在孝弟慈的家族伦理解释下，肯定了为家庭而追求富裕等价值，以及保护自我、勤勉从业等伦理的规范。

泰州学派不再把儒家的价值当作士大夫经过复杂修养过程才能达到的境界，而把它作为百姓日用中就已实现着、表现着的东西；儒学从此不再是高不可攀、远不可及的，而是人人不虑而知、不学而能的。泰州学派的理想是，把人人都有的这种现成的不虑之知，即不自觉的所能所知，更为提高一步，变成自觉的所能所知。这样一种思想的实质，是把儒学平民化、世俗化了。在这一过程中，一方面儒学普及化了，而另一方面儒学也民间化了，容纳了更多的生活价值和家族伦理，王艮、颜山农、罗汝芳所体现的正是明代中后期"儒家伦理普及化"的运动。

颜山农、何心隐的化俗合族的道德实践，不仅不反名教，而且把当时正统的道德要求落实于基层生活。《颜山农先生遗集》中《箴言六章》自注"阐发圣谕六条"，完全是把朱元璋的六条圣谕用通俗诗歌的形式加以发挥，意在使之深入民间，落实基层；他还作有《劝忠歌》《劝孝歌》《勉世诗》以及《歌修省》《歌修齐》《歌安业》《歌乐学》等，与明代蒙学和儒家的"基层化""生活化"的潮流完全一致。又如韩贞，耿定向在其《陶人传》中称他"毅然以弘道化俗为任，无问工、贾、佣、隶，咸从之游，随机因质诱诲之，化而善良者以千数"。因他翊赞王化成效显著，县令特嘉赏米、金，他致书谢曰："第凡与侬居者，幸无讼谍烦公府，此侬所以报明府也。"他的理想是"人人知孝知悌""政平讼息"。此外颜山农的萃和会、何心隐的聚和堂，其活动一方面可以说是巩固乡村秩序，另一方面都具有明确的"合族"目的，突出"和"的价值，追求宗族与乡村共同体的和谐。可见，颜、何、韩的思想主张，并未逾越名教的藩篱。他们的活动与主流社会的价值观和要求都是一致的。

当然，泰州学派的思想家对阳明学的理论做出了自己的贡献，如本书所谓泰州学派的正统派成员。但更为突出的是，他们讲学的对象或他们主导的教学活动的参与者，多是普通民众。对此，泰州学者也有明确的自觉，如王栋说："自古士农工商，业虽不同，然人人皆可共学。孔门弟子三千，而身通六艺者才七十二，其余则皆朴茂无文之流耳。至秦灭学，汉兴，惟记诵古人遗经者起为经师，更相授受。于是指此学独为经生文士之业，而千古圣人原与人人共明共成之学，遂泯没而不传矣。天生我先师，崛起海滨，慨然独悟，直起孔孟，直指人心，然后愚夫俗子不识一字之人，皆知自性自灵，自完自足，不假闻耳，不烦口耳，而两千年不传之消息，一朝复明，先师之功可谓天高地厚矣。"这是说朴茂无文之人本来就是孔门弟子的主体，与愚夫俗子共明之学本来就是圣学的传统，这就为民间儒者的民间讲学做了最根本的"正名"。而泰州学派的代表人物，主要是未出仕任职而只在地方活动的阳明学运动的参与者，他们或只有较低的功名，或是平民，皆属纯粹地方精英，从而与讲学的对象相应，他们（如颜山农）的文字形式与内容所合成的话语，明显是非中心、非主流、非上层、非精英、非正统理学的民间话语，与士大夫王学的话语面貌有相当大的距离，形成了当时的民间儒学形态。

由此可知，泰州学派的实际作用和意义，很重要的一点，就是自觉地把社会主流价值和思想民间化、生活化、大众化、普及化、通俗化，在教化和传播主流价值方面取得了明显的成功。当前，我们面临着推进马克思主义中国化、时代化、大众化的任务，我们可以以泰州学派为借鉴，吸取其有益经验，用接近人民的语言、群众喜闻乐见的方式，把社会主义核心价值普及到亿万人民群众中去，鼓励当代民间儒学的发展，把社会主义核心价值、中华文化价值与人们对美好生活的向往追求结合起来，不断把我们的工作开拓出新的局面。

　　周群教授研究泰州学派有年，他的研究颇有贡献，如晚明的李贽曾叙述王心斋之后的传承为两支，一支是"波石之后为赵大洲，大洲之后为邓豁渠"；一支是"山农之后为罗近溪，为何心隐"。以往对泰州学派的研究，在王心斋及其家学王东厓、王一庵之外，重视颜山农、何心隐、罗近溪；而本书在以上诸家外，也重视徐波石、赵大洲、邓豁渠一支，故本书比起以往的研究更为全面，其中细节的分析研究，亦有创获。今其专著业已完成，行将付梓，作者要我写几句话。我就把我对泰州学派的一些认识述之如上，以为简序，并向读者推荐此书。

　　　　　　　　　　（周群《泰州学派研究》序，2021年3月）

中国传统哲学

北大哲学门与中国哲学

中国传统哲学

哲学是人类精神的最高表现形式。中国传统哲学是人类文明发展的一朵灿烂之花，它与印度哲学和源于古希腊的西方哲学是世界公认的三大哲学传统。一个当代的中国知识分子必须了解中华民族在哲学方面对于人类所做的贡献，并且自觉地运用自己民族的哲学传统在当代不同的文化领域中做出创造性的贡献。

"中国传统哲学"这个概念包含两方面的含义。一是指中华民族自己有特色的世界观理论体系，即一整套关于宇宙、社会、人类意识的看法。二是指中国哲学史，因为中国哲学本身是一个在历史上不断发展的体系。我们学习中国传统哲学，既要整体地把握它的基本结构，又要历史地把握它的发展过程。

"哲学"是一个翻译名词，希腊文原意指"爱智之学"，19世纪以后汉字文化圈的学者采用"哲学"表述源于希腊的哲学学说，即一门独立的研究宇宙、社会、人生普遍原理的学问。中国古代并没有与今天所说哲学意义完全相同的名称，先秦所谓"学""道术"略与希腊所谓哲学相当。魏晋时与文学、史学并列的"玄学"，宋代所谓"道学""理学"，都是指以抽象的理论形式探讨宇宙人生究极原理的学问，其内容即是哲学。但"玄学"和"道学"分别带有道家或儒家的色彩，不是指哲学的全部。清朝人用"义理之学"与考据、辞章相区别，但仍指的是儒家系统的哲学。然而，中国古代虽没有一个通指哲学的名称，但并不等于没有哲学的思考。事实上，中国不但有哲学的思考，而且有自己独特的体系。

一、中国古代哲学的起源与发展

中国古代哲学在殷商时期开始萌芽，在春秋时期形成了自己的独特性格和体系，商代的宗教神秘主义与西周的早期人文主义是中国哲学的两个源头。在春秋战国时代演变为中国哲学发展的第一个阶段，即诸子百家争鸣繁荣的时期。以儒、墨、道、法等家为代表的不同思想学说，互相争辩、讨论，发展为独立的学派。这一时期又称为"子学"的时代。西汉以后，哲学从秦始皇焚书的横祸中逐渐复苏，在这一时期以儒家经典研究为中心的学术占了主导地位，所以两汉时期又称为"经学"时代。经学使中国古代文化的典籍获得了"经"的权威，使早期文化发展的成果以经典的方式被承认和固定下来。经学中因解释经典的依据和方法不同，分为注重阐发微言大义的"今文派"和注重文献历史研究的"古文派"。魏晋南北朝时期占主导地位的则是道家思潮。这一时代的思想家特别注重通过解释《老子》《庄子》的思想来表达他们对宇宙人生的看法，由于道家思想比较偏重宇宙本体的神秘体验，所以这个时代又称为"玄学"时代。玄学中也存在着不同派别，如注重发挥老子思想的贵无派与注重发挥庄子思想的独化派。汉末时印度佛教开始传入中国，其在魏晋南北朝时有很大发展，在隋唐时期达到顶峰，成为社会风行一时的意识形态，因而隋唐时期是"佛学"鼎盛的时代。佛教中有许多不同派别，其中对后来影响最大的是长于理论思维的"华严宗"，和通过简明的修养方法获得深度的生命智慧的"禅宗"。在中唐之后，中国社会在政治经济方面发生了新变化，有人称之为"亚近代"。11世纪开始，沉没已久的儒学在经历了道家思想的洗礼，特别是佛教思想的挑战之后，终于发展为一个新的形态——"理学"，西方人称之为"新儒家"，成为与这一亚近代相适应的学术思想。这个思想体系不仅成为此后八百年中国人的正统思想，也笼罩了朝鲜、日本、越南的学术思想，因而我们也称之为"理学"时代。理学中又分为注重客体性的理学和注重主体性的心学两个主要学派。中国哲学经历了先秦子学、两汉经学、魏晋玄学、隋唐佛学、宋明理学的发展，到19世纪，走完了它的古典历程。随着鸦片战争的开始，中国哲学进入了它的近代时期，它所面对的主要问题就是西方近代文明的挑战和中国如何吸收西方近代文明以实现现代化，21世纪的中国化的马克思主义学派和现代儒学派都是回答这些问题的不同学派，中国哲学的这个时期仍然在进一步发展着。

264

二、中国哲学的思想派别与重要人物

儒家是中国哲学的主要派别，在先秦时期与墨家并称为"显学"，汉代曾一度处于"独尊"地位。中古以后虽与佛教、道家合称"三教"，但始终是社会的正统思想。儒家的基本特点是提倡强烈的道德理想、积极的社会关切、稳健、中庸精神、严肃的自我修养，并表现为理性主义、人道主义的特点。儒家注重社会稳定、人际和谐、文化传承与人性的自我实现，在哲学上强调阴阳互补、和谐与永久变易的自然主义，以及天人合一的宇宙观，儒家对人性光辉的信赖是有别于其他学说的一个重要特点。

墨家是先秦时期影响巨大的一个思想派别。墨家主张博爱主义、和平主义，提倡生活俭朴，反对奢侈，哲学上相信作为主宰神的"天"，但同时又反对命定论。战国末期的后期墨家发展了墨家早期的功利主义、经验主义，在逻辑和自然科学方面做了贡献。

在先秦时期的哲学流派中，道家是与儒家共同在整个历史发展中起重要作用的体系。因而不少学者认为中国系统的哲学，其基本内容可以概括为"儒道互补"。道家以"道"为最高原则，注重阐发与"有"相对的"无"的意义，同时强调"自然"是宇宙变化的本质。道家特别发展了相反相成、物极必反的辩证思想，其中较为极端的一派走向相对主义。道家在政治上主张清静无为的不干涉主义。道家追求超越现象的本体，追求超越语言的意境，追求超越自我的人生境界，对中国哲学的影响十分深远。

法家主要是一个政治哲学和历史哲学的流派。法家反对以道德教化引导社会，强调用法刑的强制规范人民。法家以改革法制为主要目的，提倡厚今薄古的历史观，对社会事务有强烈的现实感。法家主张君主专制和中央集权，倾向于严厉的思想文化控制。在法家的哲学中，对人性恶的一面有较深入的体察，同时也充满了功利主义、反文化主义及非伦理主义。

名家是战国时注重概念分析的思想流派。其中的"合同异"派以"天与地卑"命题为代表，强调概念和事物的同一性。另一派"离坚白"以"白马非马"为代表，偏重概念和事物的差异性。名家在对概念的定义、分析、辨别中对先秦时期的逻辑思想有相当贡献。名家的不同派别各自从一个方面促进了概念辩证法的发展。

阴阳家代表一种有特色的中国古代宇宙观。他们认为宇宙间有两种最基本的矛盾势力或属性，即阴和阳。阴阳之间的相互作用是宇宙间一切事物及宇宙自身运动的内在原则。阴阳家把阴阳与金木水火土"五行"进一步配合，用以构造宇宙、社会历史的发展模式。阴阳与五行的观念成为中国哲学中为各家所共同吸取的范畴。

在中国古代的哲学家中，孔子在世界范围内影响最大，孔子是为全世界承认的世界文化伟人，因为他的思想被看作中华民族的精神象征。孔子创立了儒家学派，他的言行录《论语》一直是中国人价值的来源，他在几千年的历史上受到尊重并不是偶然的，他与佛陀、基督一样深刻地影响了人类的道德生活。孟子是战国时代以继承孔子为使命的儒家大师，他首先提出的性善论成为儒学哲学中一个特别重要的理论成分。孟子对人类生活中的道德体验了解很深，宋代以后他的著作常与孔子的《论语》合刻刊行。老子为道家的创始人，他是一个有极高智慧的哲人，他的著作是由八十章哲学诗组成的，后人称为《道德经》。庄子是道家第二位大师，没有庄子就不可能有道家后来的影响。庄子教人摆脱纷扰的俗世事务，注重内心生活，达到无己、无功、无名的超越心境，他的哲学成为历代知识分子艰难生活航程中的安全港。先秦名家的代表是惠施、公孙龙，法家的代表是商鞅、韩非，荀子则是先秦哲学的总结者。

汉代最重要的思想家为董仲舒和王充。董仲舒把自然和社会看成一个有机的系统，认为天与人可互相感应，其本意在于限制君主，但因杂有宗教性迷信，受到后来以道家自然无为思想为武器的王充的批判。王充是一位独立的批判思想家，他对无神论的唯物思想有相当贡献。魏晋时的王弼提倡"贵无"论，他的思想为时人所倾倒，惜年轻早逝。裴頠针对王弼而主张"崇有"论，但也寿数颇短。后来郭象综合贵无、崇有，创立"独化"论，使玄学的发展呈现出辩证的进展。佛教僧侣中僧肇阐发大乘般若之学，表现了极高的理论能力和慧境。中唐的慧能是佛教的宗教改革家，他"不立文字""直指人心""见性成佛"，创立禅宗，使佛教面貌一新，体现了东亚文明极深的生存智慧。宋明时代，"二程"（程颢、程颐）开创理学（又称道学），把儒家的道德关怀与道家的宇宙理论和佛教的人生觉解融会贯通成新儒家思想体系。南宋的朱熹是理学的集大成者，他用"理""气"作为基本范畴，重建儒家的宇宙论、人性论以及知识论，他是中世纪最博学的学者之一。陆九渊、王守仁是这一时期"心学"的代表，他们认为道德与价值的来源并不在宇宙的本体，而在个体的意识之中，因此"心"是一个最高的范畴，他们的唯心论在鼓励人们建立自己的主体性方面贡献甚大。王夫之作为明清社会交替时代的思想家，以他特有的哲学–历史感，为宋明理学乃至古典中国哲学做了批判的总结。

三、中国哲学的基本经典、范畴、命题

《诗经》《书经》《易经》《礼》《乐》《春秋》为中国文化的最古老的典籍。相传经过孔子的整理得保存流传。后来把《诗》《书》《易》与三种解释春秋的著作（《左传》《公羊》《谷梁》）、三种礼书（《周礼》《仪礼》《礼记》）以及《论语》《孝经》《尔雅》《孟子》合称"十三经"。宋代以后把《论语》《孟子》与《礼记》中的《大学》《中庸》合刻，称为"四书"，地位超于"五经"之上。"四书五经"是中国古代知识分子的必读书，是他们价值、教养、学识的来源。

"五经"的意义主要体现在历史和文化方面。作为哲学发展的思想材料主要是"四书"与"三玄"。三玄是指《易经》《老

子》《庄子》，其中《周易》（包括《易经》和《易传》）是儒家与道家共同崇用的典籍，《周易》对阴阳和变易的看法支配了中国人两千年的世界观。佛教的译籍、著作、语录后来统汇为《大藏经》，道家（教）也把与之相关的著作编为《道藏》。儒家的思想材料没有类似形式的汇编，但仅《四库全书》收入的儒家关于"五经""四书"的注解，以及著作、语录、文集已经十分可观。

中国传统哲学在发展中形成了自己独特的传统范畴体系，其中最重要的如天人、有无、体用、道器、阴阳、动静、常变、理气、形神、心物、力命、仁义、性习、诚明、能所、知行。这十六对范畴中的每一对都是由两个独立的范畴构成的，如"有无"，包含"有"和"无"两个范畴，因为中国哲学中常将某些范畴成对地加以讨论，故如果孤立地把范畴列举出来则至少有七八十个范畴。在长期发展中，这些范畴的意义不断变化、丰富，使中国哲学以鲜明的特点区别于西方哲学与印度哲学。

在中国哲学中也产生了许多表述哲学观念和人生思想的命题，这些命题也具有自己的特色，由于中国哲学的范畴常常有不确定性，因而这些命题形式也具有一定的不确定性，为各个不同时代哲学家利用它进行阐释留下了广阔的余地。如"天人合一""有无相生""体用如一""理一分殊""动中有静，静中有动""物极必反""知行合一""万物一体""内圣外王""人定胜天""言不尽意""天人相胜""一物两体""太虚即气""格物穷理""理在事中""合二而一""理势合一""体用一源，显微无间""尽心知性"，以及"反者道之动""己所不欲，勿施于人"，等等。

四、中国哲学的内容与特点

中国哲学从其内容来说约略可以分为天道论、人道论、致知论、修养论。其中天道论、人道论、致知论分别相当于西方哲学的宇宙论、人生论、认识论。修养论则既包含道德哲学的内容，又与西方所谓宗教哲学的内容有接近之处。

天道论是关于宇宙的终极根源和本体的理论，在中国哲学中有以"道"，也有以"理""气""太极""心"为宇宙的终极本根的，从而在关于宇宙本体的思考方面可以分为道论、太极论、气论、理气论、心本论等不同理论或主张。在天道论中还有另一个重要方面，即宇宙的发展观，中国哲学称为大化论。研究宇宙的变化与法则、运动与循环，特别是运动的内在动力——对立统一，中国哲学称为"两一"。在中国哲学的这个部分里，特别充分地讨论了客观世界的辩证法。在中国古典哲学中，用"气"作为宇宙构成的物质实体，是一特色。同时，在宇宙的非物质本源方面特别注重普遍法则的绝对性。中国哲学中对宇宙的看法占主导地位的是基于《易传》的思想，认为宇宙是一个实在的、生生不已的、永恒变易的过程，阴阳的对立统一是宇宙大化的内在原因。

人生论中又可分为讨论天人关系的天人论、讨论人性善恶的人性论、讨论人生理想与境界的理境论。中国哲学倾向于认为天与人，宇宙、自然与人类是一个息息相通的整体，受共同的法则支配，人作为宇宙或自然的一部分，理当努力与宇宙的自然过程相互配合，以达到整个宇宙的和谐。在人性论方面，中国哲学中占主导地位的是性善论，相信每个人在人性上是平等的，在良好教育环境和个人努力下都可以充分地实现自己，而一切错误的来源不在外在的、历史的根由，人必须对自己的行为负责。在人生的理想上，中国哲学比较强调以义制利，以理节情，反对放纵个人情欲，要求理性的制导，并把节制情欲看作达到理想境界的必

269

要手段。

致知论中，中国传统哲学既有重视经验知识"见闻之知"的学派，又有重视"德性之知"即先验知识的学派。中国传统哲学比较注意知与行，即理论与实践的关系，多数哲学家强调知行合一的思想。在认识方法上，中国传统哲学中虽然也有不少哲学家注重理性的分析与辨察，但更多的哲学家强调直觉的方法，直觉的方法中又区分为体物和尽心。

中国传统哲学在几千年的发展中形成了一些特点。第一，中国哲学的思维方式突出了整体性、有机性、连续性以及直观性；第二，中国哲学具有丰富的朴素辩证思维传统，以特有的术语表达了对事物矛盾、运动、转化的观点；第三，中国哲学注重对立面的和谐统一，从而表现为天人合一、知行合一、真善合一、情景合一、理势合一、内外合一、动静合一等特色；第四，中国哲学既不像西方宗教那样强烈信仰超越的外在实体，也不重视对自然科学的理论研究，而是注重对于人生的体悟、社会的和谐，有强烈的人文主义色彩。此外，中国哲学是世界历史上具有最长久连续性的哲学传统。

五、中国哲学在大学生知识结构中的地位

表面看来，哲学特别是中国古典哲学与具体学科、具体专业的活动没有直接关系，实际上现代社会的每一领域的知识从业员都不自觉地与一定的文化，一定的哲学，一定的世界观、价值观有联系，只是一般人并不自觉到这些联系而已。在自然科学领域有卓越建树的美籍华人科学家杨振宁、李政道、林同炎、李远哲，都明白表示过，他们的科学成就，在某一方面是与他们所接受的中国文化中的一些基本哲学信念有关联的。现代许多物理学

家都很注重研究中国哲学，物理学家何祚庥就特别注意到中国哲学的"气"作为连续性物质与西方"原子"不同，接近于现代科学的"场"，是现代量子场论的滥觞。美国的物理学家也注意到现代物理学的基本结论与古代东方哲学通过直觉把握到的东西在本质上是一致的，《物理学之"道"》（又名《近代物理学与东方神秘主义》）成了70年代末美国的一本畅销书，它的标题特别突出了中国哲学中"道"这一观念。"道""气""阴阳"已经成了世界文化中的人所共知的基本观念。近代以来许多科学家都曾受益于中国哲学。作为现代计算机基础的二进制据说就是莱布尼茨借助《易经》的启发而发明的。这些例子都说明，了解中国哲学的一些基本观念可能有助于学习自然科学的同志，它可能成为这些同志创造力泉源的诸多成分之一。其他学习如建筑学等与文化联系较多的学科的同志，无论是了解这些工艺技术在历史上形成的特质，或在当代作为具有民族文化传统风格的设计，就更需要多了解一些中国文化和中国哲学。

271

　　至于人文社会科学的学者，与中国古典哲学的联系就要广泛、直接得多了。中国古代的文化有所谓"文史哲不分家"的特点，古代的许多典籍既是哲学研究的资料，也是历史、文学共同研究的基本素材。中国古代大部分学者的学术活动都有较广的覆盖面，既有诗文、政论、史论，也有对经典的解释、注疏及思想论著。因而，研究古典人文文化的学者，不了解中国哲学，是不可能在本专业领域取得深入研究的成果的。如唐代诗人李白受道家影响，杜甫的儒家色彩较重，王维受佛教的影响，不了解这些诗人在哲学思想方面的某些特点，是难以全面刻画他们的特点的。又如，不了解汤显祖与明代心学思想家的关系，也不能完全理解他的创作思想主题。在历史的领域也一样，不仅治先秦历史的学者要特别重视各种子书，汉以后的许多大思想家，不仅他们的活动本身就是历史研究的重要课题，他们中许多人的历史观或历史哲学也对理解古代历史有相当帮助。其他如古典文献所处理的资料对象一大部分属于哲学思想资料，文学批评史中许多文学批评家也是哲学家，教育思想及教育活动历史的研究更离不开古代哲学家，因为这些哲学家同时是教育家。至于美学史、伦理学史、宗教及宗教思想史，或者本来就是中国古典哲学的部分或者与中国古典哲学有着更为直接的密切关联的学科，就更加明显了。从世界文化历史的研究看，要研究日本、朝鲜、越南的思想与宗教，也必须对中国哲学有基本的了解。

近年以来，文化讨论的热潮席卷全国，从而也引发了各个专业领域知识分子的关注。"文化"是由工艺技术、制度结构、价值系统三大部分组成，核心是包括道德价值、审美价值，以及人的各种基本哲学观念的价值系统。如果我们不了解中国哲学的基本内容，做比较文化研究或参加文化讨论就是一句空话。有许多同志就是因为对中国哲学所知甚少，凭着自己的主观想象给中国文化贴了许多可笑的标签，造成了许多似是而非的说法。"五四"以来，不少热心于中国现代化的知识分子高举批判传统思想的大旗，为思想解放与思想变革鸣锣开道。但是，要取得批判传统的权利，首先要了解它、分析它，如果连什么是中国传统文化都不了解，又何从批判它呢？从另一方面说，"批判"这个词的本义是分析，并不就是打倒。在古典文化中包含了许多前人对宇宙、社会、人生及个人理想的宝贵思考，这些思想的财富并不会因为时代的改变而丧失其价值。我们应当以"扬弃"为原则对待祖国的文化遗产，"扬弃"就是否定中有肯定，批判中有继承。因此"批判地继承""创造地转化"是我们今天对待文化传统的正确态度。许多年来，有一种流行的看法，要实行社会的现代化，就必须和一切传统文化进行"决裂"，把"传统"和"现代"看成对立的两极，认为现代化就是全盘西化。战后世界现代化的经验，特别是日本、韩国、新加坡以及中国台湾、香港的工业化经验表明，传统不仅并不必然是现代化的障碍，在一定条件下还可以对现代化有某种促进作用。

六、怎样学习中国古典哲学

首先应当具备必要的哲学基础，重点是掌握当代哲学把握世界的范畴、观点、思想。因为我们今天学习哲学史，实际上是把历史的哲学材料加以现代的了解，这个过程中首要的是要把古典的范畴、意义转换为现代哲学范畴和问题来理解和认识。这就要求我们必须对哲学的基本问题、基本范畴、基本原理，如思维和存在、意识与物质、原因与结果、偶然与必然等有基本的了解。在目前的情况下可以采用马克思主义哲学原理一类的书籍作为哲学大纲来参考。

其次，要具有基本的古代汉语的阅读能力，没有一定的阅读古文的能力，对中国古典哲学的基本思想就难以了解。一般说来，具有高中毕业文化水平的人经过一段时间的阅读是可以读懂原始材料的。从清代以来，古典原著已有了很多注解，借助这些注解对正确理解原文是有帮助的。初学者还可先看资料选辑，如《中国哲学史资料选辑》等，这些选辑选汇了古代哲学著作一些重要的篇章，汉代以前的文献还全部做了白话今译，便于初学。

复次，应选读有关中国哲学与中国哲学史的著作。这些著作的作者都是专门研究中国哲学的学者，他们对中国哲学的系统介绍，是经过多年研究、消化，经过分析组织、加工的成果，我们应当注意学习。如冯友兰先生的《中国哲学史》（两卷本）就是一部较好的有关中国哲学史的著作。张岱年先生的《中国哲学大纲》可以帮助我们了解中国哲学的构成、条理、问题。这两部书是学习中国哲学的人必读的书。在这个基础上还可阅读任继愈先生主编的《中国哲学发展史》，这部著作分量较大，但哲学思想的讨论比较细致，可以做进一步了解的参考书。

以上所说，都是为希望对中国哲学有所了解的同志介绍的入门方法，如果有志于对中国古典哲学做深入研究，那还需要许多其他基本训练，这里就不必多讲了。

两汉著名史学家司马迁曾提出"好学深思，心知其意"，这八个字是学习中国哲学的正确态度。学习中国哲学切忌"望文生意""想当然"的主观态度，浅尝辄止、不求甚解、一知半解即自以为是，这是十分有害的。

最后我想指出，以上是从大学生的知识结构的角度谈谈中国古典哲学的基本情况和学习方法，实际上，按照中国古代哲人的看法，中国哲学的意义主要还不在于作为"知识结构"的一个成分环节。中国古典哲学的目的不仅是取得某种知识，更是要"闻道"，即由此取得价值的信念与理想，以及人生的理解与智慧，由此获得一个"安身立命"的基础，达到一个"极高明而道中庸"的精神境界。就这一点来说，中国哲学不仅对各专业的知识从业员有"知识"的意义，而且对于一切人都有普遍的价值。

（《学者论大学生的知识结构与智能》，北京大学出版社，

1992年）

274

北大哲学门与中国哲学

在20世纪中国文化史上，北京大学占有一个特殊的地位。北京大学是中国近代建立的第一所国立综合大学，自新文化运动初期以后，更成为全国思想文化和学术教育的中心，在20世纪中国社会文化变迁的过程中扮演了举足轻重的角色。

1898年京师大学堂建立以后，本设有经学、诸子学、理学等传统哲学课程，但未立"哲学"之名。1912年京师大学堂更名为北京大学，学科设置改革，乃明确建立文科"哲学门"，至1919年，哲学门改称"哲学系"。北京大学哲学系是中国近代大学建立的第一个哲学系，自北大哲学门1914年正式招生，至2004年，北大哲学系的建系历史已经走过整整90年。

20世纪中国的哲学教育与哲学研究的发展，和北京大学哲学系结下了不解之缘。自北大哲学门建立以来，蔡元培、胡适、蒋梦麟、梁漱溟、熊十力、汤用彤、冯友兰、金岳霖、唐钺、邓以蛰、宗白华、朱光潜、冯定、陈康、贺麟、洪谦、朱谦之、张岱年等著名学者都曾在北大哲学系任教。可以说，20世纪中国著名的哲学家，绝大多数都与北京大学哲学系有关，而他们当之无愧地是20世纪中国哲学界所拥有的自己的大师。

这些大师中的任何一位，若在全国其他大学的哲学系，都可以成为这一大学足以为傲的光环。而北京大学哲学系曾拥有如此众多的大师，也就使北大哲学系拥有了其他大学难以相比的得天独厚的资源。正是这些大师，使得20世纪的北京大学哲学系对20世纪的中国哲学发展起了重大的推动作用。在这个意义上，可以说北大哲学系90年的发展史即是20世纪中国哲学的发展史的缩影。

北大哲学系的这种地位也是历史地形成的。民国初年从北京大学发起的新文化运动使得它成为全国思想文化的中心；抗战期间，北京大学与清华大学、南开大学合为西南联合大学，成为全国高等教育的中心；1952年院系调整，把当时全国大学的哲学系都集中在北京大学，成为全国大学唯一的哲学系。1956年以后，北大哲学系或调出教师，或接受进修，积极参与了各地大学哲学系或哲学专业的重建，以及哲学研究所的成立，而且在相当一个时期里，北大哲学系的毕业生成了全国各大学哲学系教师队伍和哲学专业人员的重要培养来源。这一切使得这些哲学教育与学术单位，在哲学教育和学术研究上，不同程度地以北大哲学系为楷式，受到北大哲学系的深刻影响。

另一方面，在上述历史变化的过程中，北大哲学系由于不断吸收清华大学哲学系和来自全国其他哲学系的营养，丰富和壮大了自己的发展，培养起了哲学学科兼容并包、多元发展的风气和心态。在研究方法上，早在20世纪30年代，北大哲学系在胡适、汤用彤的影响下，形成了重视哲学史研究的风气和传统，而清华大学哲学系在30～40年代的发展中，以冯友兰、金岳霖为代表，渐渐形成了重视逻辑分析方法的哲学传统。在哲学体系上，北大的熊十力、梁漱溟、贺麟的哲学思想都与中国传统的"心学"关系密切，而清华的冯友兰、金岳霖的哲学思想都与中国传统的"理学"接近。经过西南联大的合作和院系的合并，50年代之后的北大哲学系，融合了不同的学术追求，兼重思想资料和哲学分析，在哲学思想和学术研究上，基础更加宽厚，力量更加充实，研究更为多样。当然，今天北大哲学系的传统，不仅仅是融合了来自其他大学的传统和优长，其自身也历经了种种发展。如1949年以后，与全国的哲学社会科学工作者一样，北京大学哲学系的学者经历了马克思主义的哲学洗礼，在理论素养和研究品质上有了进一步提高，从而，不仅对马克思主义哲学本身的研究和理解，结合着中国社会主义的实践历程，获得了以前不可能有的成绩，在各个学科方向上也丰富了自身研究的传统。

20世纪中国哲学的发展与北京大学哲学系的密切联系，除了体现了北京大学在中国近代历史中形成的地位、中国社会文化的现代变迁、中国与世界文化的不断融合等历史的和外在的因素之外，也揭示出现代哲学的发展与大学建制的牢固结缘。从世界历史来看，近代社会与制度变迁给哲学带来的最大影响是，哲学的主要舞台转移到近代意义上的大学，转到以大学为主的现代教育、科研体制中来，这使得以学科为中心的知识性的哲学研究和哲学教育大为发展。事实上，康德以来的西方哲学家无不以大学为其讲学著述的依托。所以，尽管20世纪的中国哲学家中仍有不满于学院体制或倾向于游离学院体制之外的人，但绝大多数哲学家和研究哲学的学者都不可能与大学绝缘，因为大学已经成为现代社会提供哲学基础教育和哲学理论研究环境的基本体制。哲学与大学的这种密切关联，是几千年来中国历史上所没有的。其结果是，哲学作为大学分科之一在近代教育体制中获得一席稳固的地位，而哲学家也成为专业化的哲学教授。上面提到的20世纪中国哲学家，他们的哲学研究工作和他们的哲学体系的建立，也大都在大学之中。即使是最倾向于学院外体制的梁漱溟和熊十力，他们的名著《东西文化及其哲学》和《新唯识论》也都是任教北大哲学系时期完成的。哲学与大学的这种关系，从一个方面标志了传统哲学与现代哲学的时代的分野，同时也不能不对哲学发展的本身造成影响。

本系列收入了十位20世纪曾在北大哲学系任教的中国哲学家的研究著作，即胡适、熊十力、梁漱溟、汤用彤、冯友兰、金岳霖、朱谦之、贺麟、洪谦、张岱年。这些哲学家的著述，如果参照五十多年前贺麟所总结的中国哲学研究的格局，在内容主体上可分为三类，即中国哲学的阐述，西方哲学的介绍，和哲学体系的创立。这十位哲学家大都建有自己的哲学体系，有些虽未建立明确的哲学系统，但其对哲学史的研究亦体现了他们的哲学态度和哲学立场。无论如何，这些哲学家的著述，或具有对中国哲学的精湛研究，或具有对外国哲学的透彻了解，或建立起自己特色鲜明的哲学体系，都在哲学上达到了很高的成就，堪称20世纪中国哲学的经典之作。这些现代中国哲学的经典之作，无论是哲学史的研究，还是哲学体系的建立，在20世纪世界哲学的相应领域中都达到了一流的水平。回顾这些20世纪哲学经典的成就的取得，有两点十分突出：第一，现代中国哲学的哲学研究，无不以西方哲学及其发展历史为参照的背景。从欧美留学归国的学者自不必说，即使最具传统特色的学者如梁漱溟、熊十力，他们的哲学问题意识也都受到西方哲学观念的深刻影响。西方哲学是人类智慧中理性分析和建构的精致代表，西方哲学的形态虽属特殊，但其中不少问题的讨论是具有普遍性的。西方哲学的论述虽然不是哲学所以为哲学的根本规定，但西方哲学已经成为现代哲学学科的基础，学习西方哲学可以为研究其他哲学提供具有普遍意义的重要方法。而深入了解西方哲学和世界其他哲学，将促使我们更深入地了解自己的哲学传统。第二，现代中国的哲学体系的创制必须与中国传统哲学的资源建立积极关联。正如陈寅恪所说：

"窃疑中国自今日以后，即使能忠实输入北美或东欧之思想，其结局当亦等于玄奘唯识之学，在吾国思想史上，既不能居最高之地位，且亦终归于歇绝者。其真能于思想上自成系统，有所创获者，必须一方面吸收输入外来之学说，一方面不忘本来民族之地位。此二种相反而适相成之态度，乃道教之真精神，新儒家之旧途径，而二千年吾民族与他民族思想接触史之所昭示者也。"熊十力的新易学、梁漱溟的新儒学、冯友兰的新理学、贺麟的新心学、金岳霖的新实在论、张岱年的新唯物论，都在不同程度上自觉地与中国古典哲学相接应，与中国文化传统的实际相结合。20世纪在构建哲学体系上卓有成就的中国哲学家皆是如此。

本系列的编辑，缘起于吉林人民出版社的策划，委托我来加以组织。2004年是北大哲学门成立90周年，精选北大哲学系的著名哲学家的重要作品并编辑为系列，不仅可以作为对北大哲学门90周年的纪念，也是对20世纪中国哲学成就的总结展示，对21世纪中国哲学的进一步发展亦可提供十分有益的借鉴，应当说是很有意义的。我接受这一工作后，根据出版社先编辑中西哲学部分的意见，即选定10位已故的曾任教北大哲学系的哲学家，邀请了专门研究这些哲学家的专家参与合作。他们是：胡军教授、李存山教授、张学智教授、景海峰教授、欧阳哲生教授、孙尚扬教授、黄夏年教授、韩林合教授等。他们对所编的哲学家及其著作，素有专深的研究，他们欣然接受我的邀请，放下手中的研究工作，共同努力，使得"北大哲学门经典系列"在不太长的时间里编辑完成了。对他们的大力协助和有效工作，我谨在此表示衷心的感谢。本系列的编辑还得到了北京大学"创建世界一流大学"计划的支持，也在此一并表示感谢。

（《人民政协报》，2005年2月21日）

第十一章　中国哲学的思考

中国哲学研究三十年的回顾（1978~2007）

如果把1949~1978称为第一个三十年，那么紧随其后的1978~2007可称为第二个三十年。也就是说，从中华人民共和国建国到今天，我们已经差不多走过了六十年。从学术发展来说，在即将走过的最近三十年里，中国学术发生了巨大的变化，取得了长足的进步，中国哲学的研究也不例外。在这里，我们对中国哲学研究在此三十年的整体发展变化作一简略的回顾，期望引起更多的学者作出更好的总结。

一、方法的反省

众所周知，"四人帮"被打倒和"文化大革命"的结束，是此后学术界发生根本变化的最重要的契机。如果从1978年算起，可以说，这一个三十年的开始是以对上一个三十年的全面反思为特征的。就中国哲学史研究的领域而言，打倒"四人帮"以后，在迅速抛弃"儒法斗争"等"文革"史学之外，酝酿对中国哲学史研究1949年以来的三十年的反思，其中最主要的，是集中在方法论上的反省。50年代以来，中国哲学史的学者在日丹诺夫的哲学史定义以及"唯物主义与唯心主义两军对战""辩证法与形而上学两个对子"哲学基本问题"等框架下做的削足适履的研究，早已引起学者的广泛怀疑和不满。这种框架和方法，我们称为教条主义的方法原则，它把中国哲学的历史认定为唯物主义与唯心主义两军对战的历史，认为一个哲学思想家不是唯物主义者就是唯心主义者，认为唯心主义哲学家始终代表奴隶主阶级或大地主阶级等社会反动力量，而唯物主义哲学始终代表中小地主等社会进步力量和改革力量。这种方法强调对任何哲学家的思想都必须定义其阶级属性，寻绎出其阶级背景，要求把阶级斗争的分析贯彻于哲学史的研究之中。随着"文革"的结束，人们越来越不满于这种方法论的桎梏，出现了各种反省的方式，寻求对教条主义方法原则的突破。如有的学者认为，思想家的理论归属不是唯物、唯心两分，而是像一切事物一样，应当是三分；有的学者提出，有许多思想家曾被划定为唯心主义或唯物主义者，其实是二元论者；也有学者主张，在中国哲学史上并没有唯物主义的传统，所以与唯心主义传统构不成两军对战；还有学者认为，中国哲学史上与唯物主义对立的主要思想传统并不唯"心"，且主张其他各种非物质的本原，如此等等。这些观点当然引起了许多讨论，甚至对立观点的激烈争辩。无论如何，从70年代末期到80年代初期，对于50～60年代方法论的反省成为这一时期的焦点，也是中国哲学史学者的共同要求；对教条主义方法原则的反省、出离乃至反叛，成为这一时期思想的主流；而阶级话语、斗争话语渐渐退出了学术论述；以"去教条化"的精神重写中国哲学的历史，成为"新时期"的努力方向。

二、态度的转换

由对哲学史研究方法的反省，同时带来了研究态度的转换。

50～70年代的哲学史研究，强调哲学史教学和研究为辩证唯物主义体系做论证，哲学史研究没有其自身的独立性。而这一时期所谓的研究，都是以在上述"两军对战"等框架下指导的"批判的论述"为主。在旧的教条主义方法论看来，历史上大多数思想家都不是唯物主义者，即使是唯物主义者也被认为有着这样那样的缺点，所以论述方式都采用、引用马克思主义经典作家和毛泽东的语录，然后加以批判的分析。这种方法既以马克思、恩格斯和毛泽东的话为绝对标准，也用这种批判的分析来论证马克思、恩格斯、毛泽东论断的正确。事实上，马克思、恩格斯、毛泽东都不是这一领域的专门学者，因此，这种态度更多的是诉诸意识形态的权威和革命的领袖，并不是科学的学术研究。这种简单化的论述形式，随着"文革"的结束而开始改变，在学者们的研究中，"批判的论述"渐渐减少，"同情的了解"渐渐成为学术研究主导的态度。学者对于其研究的对象，不再是当作教条主义方法演练的靶子，而是当作古代智慧的载体，当作努力学习、提炼、吸收的精神资源。与这一时期政治上的口号一致，"实事求是"成为学术界一致肯定的立场和出发点。实事求是意味着，学术研究不应当预设先行的原则，研究的结论必须从对对象的认真研究中得出来，而不是把研究作为对既有的某种意识形态的论证。

对促进这种态度的转换，改革开放以来海内外的学术交流起了重要的作用。70年代末到80年代初，由国家支持的学者出国访学的计划，为解除头一个三十年的封闭起了关键的作用。以后各种学术交流的计划和机会，使得学者有可能通过较长时间在国外的访问研究，了解国外同行的研究成果和研究方式。这不仅扩大了学者的学术视野，也促进了学者研究态度的转换。

同情的了解不等于取消分析，而分析正是批判思考的本来意义。但分析不是目的，而是要通过分析来真正理解古代哲学家所要表达的思考，并把古代文本包含的不同的可能的面向显发出来，扩大哲学思考的资源。所以，随着80年代解释学的引入，基于理解的"诠释"始终是哲学史研究活动的基本态度和方法，这已经成为中国哲学史学者的共识。

三、资源的扩展

与上述两种倾向相伴的，特别是对50～70年代极"左"思想方法论的反省，在一定程度上导致了对30～40年代中国学术研究传统的"回归"。"文革"结束后，人们开始重新认识30～40年代学者的研究方法和研究成果，理解其学术典范的意义。就中国哲学史而言，30～40年代正是中国哲学史作为现代学科奠定并定型的时代，30年代冯友兰《中国哲学史》与张岱年《中国哲学大纲》的完成，是这一学科奠定的标志和典范，冯友兰这一时期的研究尤深有影响。而50～70年代的学者正是刻意地与30～40年代学术传统相割裂，在"文革"之后遭遇了学术断层的困境。有幸的是，30～40年代做出开创性成就的学者，在"文革"后仍能焕发其学术生命力，直接指导了当时中青年学人的学术转型和学术成长。20世纪80年代初，以张岱年30年代后期撰成的《中国哲学大纲》的再版为标志，学者们努力拨50～60年代政治干扰之"乱"，返30～40年代学术研究之"正"，并谋求进一步的发展。这个时期，冯友兰开始重写《中国哲学史新编》，主张中国哲学史的基本问题不是精神和物质的问题，而是一般和特殊、共相和殊相的问题，在方法上向他自己在三四十年代的哲学立场与问题意识回归。如果说冯友兰是接着他自己三四十年代的思想讲，那么汤一介的魏晋玄学研究则是接着汤用彤三四十年代的学术思想讲。总之，接续三四十年代的研究传统，摒弃五六十年代的教条化研究，这些不仅满足了大家对旧方法反省的需要，也彰示了有学术史典范可循的学术研究的方向，成为相当一部分学者在学术发展上的自觉。

不仅三四十年代学术研究的传统成为"新时期"的重要资源，随着改革开放和学术交流的恢复，六七十年代以来海外和中国台湾、香港的学术研究也渐渐传入，进入了学者的视野。首先，人们对50年代以来日本、欧美一些国家对中国哲学的研究开始了解，也开始积极利用日本、美国的中国思想研究的成果。在这方面，国外学术访华团和来华留学生都起了积极的作用。接着，自80年代中期开始，台湾、香港地区的学术著作开始流传到大陆学术界，随着1988年台湾开放两岸探亲，乃至1992年开放大陆学者访台，两岸学术交流日益密切，台港的学术著作渐渐为人们所熟悉，成为重要的学术资源。尤其是台港新儒家如钱穆、牟宗三、唐君毅的著作，体系完整、论述丰富，对青年学人尤具影响。以至于自1980年代中期以来，大陆中青年学人对台港新儒家的研究已经开花结果，成果累累。

这使得这一时期的学者比起50～70年代的学者，学术研究的资源大为扩展，不仅马克思主义本身随着时代在发展，三四十年代的国学研究，五六十年代以来日本的中国思想研究和中国台湾、香港的中国哲学研究，70年代以来美国的中国哲学和思想研究，都成为学术研究参考的资源。这些资源扩大了学者们的视野，使学者们的问题意识和研究方向更加多样化。随着80年代初以来中国学者参加国际会议，到国外访问研究，国际交流大大增多，中国学者也开始融入国际学术社群，参与国际化的

286

中国哲学的研究。这使得，中国学者自70年代以来的"去教条化"的努力，渐渐走向研究方法的多元化。与此同时，传统意识形态在学术研究领域渐渐隐退，90年代中期以后，在学术论述中已很难看到其身影；而现代西方哲学的资源自80年代以来被大量引进，使得中国哲学研究的西方思想资源也更加丰厚。从总体上看，今天研究者可以使用的学术资源，已经远远不是50～70年代学者所能相比的了。

资源的扩大和学术的交流带动了研究的进步，同时，也把我们的研究带到世界，与世界上其他国家地区的中国哲学研究联成一体，这使得我们不可能闭门研究，必须在世界的中国哲学研究社群中拓展学术视野，确定学术标准，取得学术声誉。

四、制度的强化

1978年中国恢复了研究生招考制度，1980年中国颁布了学位制度，在制度上为学术研究的传承奠定了发展的牢固基础。
50～60年代中国大学的研究生很少，其结果是青年学者缺乏专业化训练的基础和基本研究经验，进入学术研究较慢。而研究生和学位制度的确立，特别是博士学位制度，大大促进了青年学人的成长，而且为百废待兴的学术界，提供了新学术力量的支持。80年代前、中期毕业的硕士、博士学位获得者，很快成为学术界的研究骨干，有力地补充了学术研究的有生力量。建立学位制度以来，由博士学位论文改写的专著已经成为中国哲学研究领域新研究成果的重要组成部分。由于博士论文注意收集研究资料和学术文献，注重新的研究课题的开辟，重视学术规范，强调专深研究，使得研究专著的数量大大增加，也促进了研究的专业化的发展。

经过近三十年的发展，目前主要研究型大学的研究生招生已经在数量上与本科生招生持平，中国哲学专业队伍的增长已很可观。专业化的强化是学位制度带来的突出成果。学位制度下培养的学者专业化的速度很快，也较容易进入学术研究的前沿，这明显加快了中国哲学领域从50～70年代学术停滞状态转变为学术专著产出时代的步伐。不可否认，专业化的细化也带来了一些问题，如共同的问题意识不再突出，共同关注的课题已经少见，对中国哲学领域的大历史、大问题很少有人关注。这一点直到近年才略有变化。

制度对学术研究的影响不都是积极的。影响现代学术发展的制度不仅有研究生和学位制度，而且还有研究计划和课题申报的制度。90年代以来，各级各类基金接受人文研究者的课题申请，对人文研究进行资助，起了良好的作用。而2000年以来，仿照科学技术的管理，研究计划和课题的申请数量，被作为各种评比的重要指标，成为学术评价体系的重要因素。当代中国社会科学基金，指导课题的影响过大，中国哲学的专业研究很难列入指导课题，而靠近指导课题又往往离开中国哲学的本体研究。因此之故，无论是国家社科基金还是教育部的基金所支持的项目和课题，都很少出现有影响、有分量的著作；而有影响、有分量、受到国内外重视的著作大多不是课题项目的结果。在这个意义上说，目前的计划申请和评价体系，对学术成果的优化生产，并没有真正显示出积极的作用。中国哲学领域是如此，其他人文学科研究领域恐怕也是如此。

《中国哲学》集刊1979年创刊，曾是中国哲学研究高质量成果的主要发表园地，在中国哲学研究领域发挥了重要的作用。三十年来，此类集刊不断涌现，如《道家文化研究》。然而，集刊由于无法取得刊号而被排斥在"期刊"之外，从而集刊发表的文章也无法进入索引。现有的评价制度及体系无视三十年来集刊学刊在学术建设上的重大作用，其结果是现有期刊过度拥挤，杂志文章文字数量严重受限，厚重的学术论文无法在期刊发表，杂志发表的论文不能尽其所言，再加上所谓转载率等的引导，使得短平快的文章充斥期刊，学术论文的质量难以提高。

五、内在的理解

由以上所说的方法的、态度的转变，就使得近三十年来研究的领域也不断拓宽，新的研究成果不断涌现，因此，无论总体还是断代的研究，皆已形成与50～70年代全然不同的面貌，变化很大。由于研究的深入，总体上说，以往像冯友兰时代重通史的写作早已让位于专门研究。分别地说，如先秦的礼学、两汉的经学、魏晋隋唐的道教解经学，以往都不受哲学史研究的重视，在这一时期都有了专深的研究。经学本来是中国文化传统中重要的部分，典籍浩繁，以往不仅经学研究完全不受重视，而且与哲学史研究无法结合。朱伯的《易学哲学史》，把经学作为中国哲学思维发展的本来途径，从义理关注出发而深入易学的历代解释，发展了一套对易学哲学研究的体系，开辟了哲学史与经学史研究结合的新途径。

新出土的文献也促进了新研究的开展。早在70年代后期，马王堆帛书的出土和释文发表，吸引了学者对《老子》文本研究的热情。90年代初帛书《易传》释文的发表则推进了对于早期孔门易学的研究。1998年郭店楚墓竹简释文公布，大大推动了简帛文献与先秦思想研究。21世纪以来上海博物馆藏战国竹简释文的陆续发布出版，为郭店竹简研究引起的出土文献研究提供了后续的资料，成为近十年来研究的热点，早期儒家思想的研究由此取得了很大的进步。

宋明理学的研究以往在西方哲学的对照下只重视本体论、认识论问题，故朱熹研究偏重理气、心性、格物的问题，而近三十年来，中和说、仁说、中庸说等问题的研究受到重视；王阳明的哲学以往只重视心与理、心与物的问题，注意力集中于心外无理、心外无物等命题，近二十年来，正心诚意、四句教、万物一体的问题更受关注。这使得朱子学与阳明学的研究得到深入和发展。这种变化不仅反映了研究的深入所导致的主题的变化，更显示出学者们越来越深入中国哲学内在的问题和重心，如心性功夫和精神境界的问题越来越被关注。在这种内在的研究方向影响之下，阳明后学这一以往无人问津的领域，如今专门研究的成果已经蔚然可观，不仅在文献的研究方面已可与日本学者比肩，更在思想研究方面超迈之。今天的学者，已经不再受制于西方哲学式的流行问题意识，而是随着研究的深入，更注重于中国哲学家思想的固有体系、固有问题和内在的了解。内在的了解是研究得以深入的根本保证。

70年代以前的哲学史研究，着重点放在西方近代哲学所关注的某些问题上，而90年代以来的哲学史研究，学者的问题意识不仅已经多元化，而且，这些问题意识多来自对中国古代哲学内在问题和理路的理解。换言之，对今天的学者来说，重要的不再是马克思主义经典作家或西方哲学家认为什么问题最重要，而是关注了解中国哲学历史上每一个哲学家的思想的重心何在、这些哲学家自己认为什么问题最重要。这种理解的方式，我们称之为内在的理解。

其结果是，今天，我们对中国哲学的研究，不仅在规模上已经超过同时期的日本、欧美，以及中国台湾、香港，成为世界上中国哲学研究的主体，在质量上也与时俱进。三十年来出现了一大批得到国外和我国台湾地区同行认可和推崇的学术著作，取得了50～70年代学者所不能想象的学术进步和学术影响。80年代以来，中国哲学史的研究，在哲学史研究、文献学研究、思想史研究三个方面都在客观性、学术性、全面性方面达到了新的水平。就第一流研究成果而言，我们已经站在了世界的前列。应当说，经过近三十年的努力，我们已经逐渐形成了一些新的研究典范，而这些新的学术典范的确立，为今后研究的进一步发展打下了重要的基础。80年代以来，中国哲学各领域的研究日益深入，研究的范围更加宽广，中国哲学史上的主要人物和专书的思想现在都有了专门的研究，已经形成了一个相当完整的学科研究格局。

同时，我们也应当看到，从全国来说，由于目前中国哲学研究的质量、分布还很不平衡，所以，我们学术研究的平均水平与国外和我国台港地区相比还有差距。我们必须对此有明确的认识，我们不能满足于停留在一些一般性（如中国哲学合法性）的讨论，而要抓好基础研究，要把对中国哲学研究的提高落在实处。

在50～70年代，我们习惯于为一套宏观的大叙述所引导，近三十年来，对教条主义的摒弃，使学术研究转向了具体、实证、深入，保证了这三十年研究水平的提高。随着"典范的创新"的迭出和综合研究水平的提高，以中国哲学各方面具体研究的深入为基础，我们应当进一步思考和讨论一些中国哲学领域的大问题，发展具有整体性或较大范围的理论与历史的思考，以促进哲学和人文学科的整体发展。

六、主体的自觉

由内在理解的逐一揭示，带来了对"中国哲学"整体的再思考。这些问题包括，中国哲学有没有不同于西方哲学的哲学问题？中国哲学与西方哲学的论述方式的不同有何意义？如何了解中国哲学的形态和特性？进而延伸至对什么是"中国哲学"，什么是"哲学"的追问。这一类问题本是30年代学者讨论过的问题，新世纪初有关中国哲学合法性的讨论引起了对这些问题的重新思考。

哲学一词是西方文化在近代大量引进后，由日本学者西周从英文philosophy翻译而来，后被国人所接受。20世纪"中国哲学"的概念亦因此而产生。但这一概念的建立过程是内在于并被规定在整个近代中国文化的总进程的。中国近代文化发展的总趋向是，在整个国家近代化的总方向及框架规定下，在学术教育上，以西方学术的分类为标准，而全盘承受之，通过建立哲学、文学、史学、法学、政治学等学科概念而形成中国近代化的学术体系。建立这些学科概念的作用，一是本原于西方学术的分途，可以有条理地了解西方学术的内容；二是便于引进西方教育体制，以这些学科概念为支柱，建立近代中国大学教育的分科体系；三是与世界文化连接，使中国现代文化依照这些学科概念的分工加以发展；四是以这些学科概念来分类整理中国固有的传统文化和学术体系。这是近代发展的大势。因此"中国哲学"的概念是没有疑义的。

然而，就人文学科而言，西方近代以来的学术分类难免会根据西方的历史文化经验划分，如果以之为绝对的标准或普遍的模式，去规范非西方的文化经验时，就难免遇到削足适履的危险。

在现代中国哲学研究走过近一百年的时候，中国哲学学者认为，与其他中国近代建立起来的学科概念相比，"中国哲学"似乎略显尴尬。最重要的问题并不在于中国古代有无"哲学"一词，而在于中国古代学术体系的分类中，并没有一独立的系统与西洋所谓哲学完全相当。中国古代确有自己的义理之学，这种义理之学是中国古代哲人思考宇宙、社会、人生、人心的理论化体系，而其中所讨论的问题与西方哲学所讨论的问题并不相同，论述的方式亦不相同。像宋明理学中所反复讨论而且极为细致的"已发与未发""四端与七情""本体与功夫"，甚至"良知与致知"等，都是与西洋哲学不同的哲学问题。在这一点上，前辈学者对此似少注意。其实，中国与西方，虽然都有对宇宙、社会、人生的理论化的思考体系，但用以构成各自体系的问题并不相同。就中国大陆而言，50年代以后，在当时的学风影响之下，马克思主义关于哲学史有共同的基本问题的观念，对中国哲学研究者更造成了较大的困扰；80年代以来此种影响虽已渐消失，但学术界并未就东西哲学史是否有共同的问题进行深入讨论并取得共识。而西方哲学界长期以来拒绝把中国哲学作为哲学，只是作为思想、宗教来研究，正是因为认定中国哲学中没有讨论西方哲学中的问题，或没有以西方的方式来讨论。以西方哲学的问题为"哲学"的问题，或把哲学只理解为论证之学，而判定非西方文化是否有哲学，实质上是西方文化中心主义的表现。

在晚近的讨论中，有学者提出，上述中国文化的情况并不是没有解决的方法。这就是应当把哲学看成文化，换言之，我们应当立基于全部人类文化，把"哲学"看作一共相（并非本体意义的），一个"家族相似"的概念，是西方关于宇宙、人生的理论思考（西方哲学），印度关于宇宙、人生的理论思考（印度哲学），中国关于宇宙、人生的理论思考（中国哲学），是世界各民族对超越、自然、社会与人之理论思考之总名。在此意义上，西方哲学只是哲学的一个殊相、一个例子，从而西方哲学的问题和讨论方式并不是哲学所以为哲学的标准。因此，"哲学"一名不应当是西方传统的特殊意义上的东西，而应当是世界多元文化的一个富于包容性的普遍概念。

因此，中国的义理之学即是中国哲学，虽然其范围与西方哲学有所不同，其问题亦与西方哲学有所不同，但这不仅不妨碍其为中国的哲学，还恰恰体现了哲学是共相和殊相的统一。所以，非西方的哲学家的重要工作之一，就是发展出一种广义的"哲学"观念，在世界范围内推广，解构在"哲学"这一概念理解上的西方中心立场，才能真正促进跨文化的哲学对话，发展21世纪的人类哲学智慧。如果未来的哲学理解，仍然受制于欧洲传统或更狭小的"英美分析"传统，而哲学的人文智慧和价值导向无法体现，那么21世纪人类的前途将不会比20世纪更好。

由中国哲学的研究发展出新的哲学观，这才是近年来关于中国哲学合法性的讨论的意义所在。它是三十年来中国哲学研究的积蕴所致，既反映了中国文化复兴背景下的文化自觉的兴起，反映了中国哲学主体性的要求，也对世界范围内"哲学"的反思提出了解决之道。另一方面，世界哲学的发展也对中国哲学提出挑战，即现代中国哲学如何面对世界变化、世界哲学论题的发展和中国当代社会文化的实际问题，来提出其源于传统又面对当下的新的哲学思考，为中国与世界的和谐与福祉做出贡献。

2008年的北京奥运会，标志着中国现代化的初级阶段已经达成，而现代化意味着市场主导的工商社会的建成。一方面，这样一种工商社会的价值导向倾向于把人文学术边缘化，而另一方面，这种工商社会又推动了经济发展，造就了巨大的消费群体。在社会转型时期，人们精神的要求需要得到满足，消费的文化也要求文化的消费。从而，在这个时代，普及化的学术文化产品有着巨大的市场，这必将对人文学者构成新的诱惑。固然，文化普及也是学者的社会责任，但在这种条件下，成就高深学问的艰苦功夫，将面临新的严峻考验，作为基础学科的中国哲学研究尤其是如此。

（《天津社会科学》，2008年第1期）

中国哲学学科发展的思考

一个学科的发展，有基础性和前沿性两个不同方面。对于目前国内中国哲学学科的发展，我想就一些基础性的问题谈一点个人的意见。

一、学科的自我理解

就概念来说，"中国哲学"作为人类智慧的一个部分，在内容上可以包括整个中国历史上出现过的哲学思想体系，如孔子的哲学思想属于中国哲学，朱熹的哲学思想也属于中国哲学。但是作为学科，中国哲学（学科）则是指对于孔子哲学的研究，对于老子哲学的研究，对于朱熹哲学的研究等等，是现代教育与科研建制中的一个领域。就国内来说，目前各大学的中国哲学学科点构成了本学科的骨干。

就历史而言，"中国哲学"是我国现代人文学科建制中历史最长久的学科之一，就历史的继承关系来说，我国现在的"中国哲学"学科是从50年代以来"中国哲学史"专业的教学研究演变而来的。而目前中国哲学学科的内容，主要是"中国哲学史"专业的教学与研究，这在教学和培养方面尤其是如此。这一点应当不避重复地加以强调，即中国哲学学科给本学科的研究生提供的主要是哲学史的训练，尤重视古典文本的解读与分析的训练，研究生论文以中国哲学史为其内容和范围（研究生须选修若干西方哲学课程和论文须借助西方哲学的概念方法，则自不待言，不在此处讨论）。

自然，所谓"中国哲学学科"的具体内容，除了中国哲学的专业教学和博士生、硕士生的"培养"以外，也包括有关中国哲学的"研究"。二者并不是截然分开的，培养是研究能力的培养，学位论文都是研究主题的论文，所以，培养也和研究有关。培养和研究在学科意义上的分别在于，培养的学科意义限于"中国哲学史"，而研究的学科意义则不限于"中国哲学史"。有的学者以中国哲学的观念和资料为基础而发展为哲学的研究，这虽然也属于中国哲学，但不属于中国哲学史，就目前来说，这些研究不是学科的主导部分。

以上所说，涉及研究者在学科意识上的自我理解，这种自我理解是一个学者研究取向和定位的基础。一个学科点的发展，也往往与学科的这种自我理解密切相关。

二、世界性的学科眼光

事实上，中国哲学史的研究，早已成为世界性的知识领域。近代意义的中国哲学史研究，日本的起步早于我国。日本中国哲学研究的布局完整，研究的力量雄厚，在各个断代、专书、人物、专题上都取得了不可忽视的成绩。在中国的改革开放以前，日本学界曾在很长一个时期成为本学科研究的主导力量，其成果为欧美学界所必参考。欧美在总体上的研究固然不及日本，但在中国宗教研究方面有长期积累，在理论分析上往往提出有影响的范式。目前，我国的研究已经在不少方面居于世界前列，但在一些领域仍然发展较慢，而发展我国中国哲学学科的一个目标，就是全面树立我国学者研究在本学科的主导地位。

推进我国中国哲学史的研究，重要的一点是要使本学科的学者具有世界性的学科眼光，既不能把自己的眼光限制在一个学校的传统，也不能把眼光只限制在国内的学术界。首先，我们必须把学科的边界定义到整个世界的中国哲学思想研究，在这样的学科意识中来确定研究的方向和课题。目前，我国中国哲学学科的博士点大都不失此种学科意识，但相当多的研究者特别是没有接受过博士训练的青年学者仍然缺乏自觉。从现在每年发表的论文中可见，重复性劳动仍然在本学科中广泛存在，而大量的有意义的课题却无人研究；研究中不参考已有研究成果的现象相当普遍，更在相当大的程度上妨碍了研究水平的提高。如果我们注意了解国内外同学科研究的信息和状况，一方面有些别人已经做过的课题我们就可以不做，另一方面在相同主题上的研究也可有所参照而能超迈已有的研究做出新的成果，从而保证本学科知识与研究的有效增长和进步。其次，我们要在世界性的学科范围中来把握学科研究的评价尺度，也就是要在世界性的学术社群中取得评价的标准，改变自说自话、孤芳自赏、自以为高，而不知道自己在世界上同行评价中的位置的狭隘眼界。这绝不是主张抽象的"接轨"，而是强调要内在于广大的学术社群来认识自己，真正了解本学科学术境界的高低标准，取法乎上，正确制定学术发展的目标。

目前，由于资料的限制，我们很多学者对国外和我国台港地区的中国哲学研究的成果不了解、不熟悉，这已经成为我们学科发展的制约因素，也是我们许多学者研究水平难以提高的重要原因。就中文学界而言，90年代以来，台湾的中国文史哲类专业的研究者和研究生论文都能较全面地收集参考大陆学者的研究成果，了解大陆学者研究的成果，已经成为发表论文规范化写作的基本要求。但我们许多研究者的论著，在研究文献的收集方面和写作的规范化方面还做不到相等的程度。当然收集海外的论著受到各种条件的限制，但我们应当有这样的意识，从中文学界做起，逐步改善研究的品质。

比起哲学一级学科的其他二级学科来说，在总体上，中国哲学学科与历史学科中的中国思想史学科较为接近，因为中国哲学研究的对象往往与中国思想史研究的对象是同一的，有时很难区分；另一方面，90年代以来日本和美国的中国思想史研究已经成为国外中国思想的主流。所以，我们要掌握研究的主动权，我们要参与中国思想史的研究，要回应中国思想史研究的挑战，这虽然不必是每个学者都须如此，但应当视为学科的总体需要。作为中国学者，我们又必须在世界性的范围内回应与中国哲学研究相关的各种挑战，逐步掌握中国哲学研究的主导权。而能不能有这样的责任意识正是取决于我们自己的学科意识的定位。

三、研究的内在性和主体性

在我国，中国哲学学科的建立大概从20世纪10年代算起，学科的历史还不到百年。我个人认为，近一个世纪以来，我国的中国哲学史研究在总体上，"整理"和"重述"的基本任务还没有完成。整理和重述的基本性乃是基于三项有关近代转型的挑战：首先，对古代哲学思想的系统、客观的整理是近代学术的新任务，这是古代所没有的；其次，经历了新文化运动白话语文的转变，这种整理必然要采取使用现代白话语文重述古代文本的形式；再次，此种现代重述的语言概念必然也必须借助近代转译过来的西方哲学概念，因为这些概念已经在一个世纪的发展中构成现代中文哲学语言的主体。

但是，整理和重述必须以内在的理解为基础。其中的困难，除了语言的转变之外，冷战和两岸对峙及由此而来的意识形态冲突对中文世界中国哲学史研究的影响至今仍未彻底泯除，也是原因之一。1950年代至1970年代，我国的中国哲学史研究在教条主义的方法论思想指导下走了弯路，不仅没有使我们在整理和重述方面顺利发展，反而造成了许多妨碍我们客观理解的思维定式，有些至今仍然根深蒂固。而近年我国台港地区及海外传入的中国哲学研究中一些论著也有相当强烈的意识形态背景，往往也影响了对古代思想的理解与呈现，导致了解释的偏差，这些同样需要加以澄清。如宋代的张载和明清之际的王夫之的思想，我们至今没有真正理解。整理和重述的工作做好了，中国哲学的研究和发展才能有坚实的基础。

因此，我一贯提倡"内在的理解""客观的呈现"。所谓内在的理解，就是以对原典文本的深度解读和分析为基础，在整理和重述中，注意中国哲学家们的思想的本来用意和主张，内在地把握他们的问题意识和解决之道。这实际涉及中国哲学意识的主体性问题。先入为主地认为世界各种文化中的哲学问题都与欧洲哲学一样，然后认为这些问题在欧洲哲学中得到最清楚的表达和呈现，最后在没有内在理解的状态下用欧洲哲学的问题规定中国哲学的问题性、用欧洲哲学的概念套释中国哲学的概念，这些研究在哲学史的解释实践中已经被证明是不能令人满意的。在这种研究中，中国哲学往往只被当作论证欧洲哲学的例子，而失去了它的主体性。面对整理和重述的工作，我们必须以"心知其意"的还原精神，内在地揭示中国古代哲人固有的问题意识和解决方式，以了解中国哲学问题意识的独特性和对于普遍问题的独特解决方式，由此才能确立其在世界哲学中的地位和比较哲学的支点。以此为基础才可能发展出真正有中国特色的现代哲学，如是以此为基础的比较哲学研究也才有真正的意义。当然，整理不可能完全离开诠释，但就哲学史而言，诠释不是独立的目的，诠释的作用则更多体现在理解后的呈现。我们要就文本本身深入做内在的理解，了解它要说什么和要强调什么；诠释则是我们在了解它在整个哲学中的意义和位置，以及它与西方哲学的相似和差异的关联中，所发挥的进一步的思考。在这一点上必须理直气壮地反对那种以伪诠释学观念，即以所谓前见来模糊乃至取消在文本理解上的对错高下的差别。事实上，中国哲学史研究的基本功夫端在文本的内在理解和重述的适切呈现。

20世纪10～30年代，是本学科发展的奠立时期，建立了本学科通史和通论的典范，这就是冯友兰先生的《中国哲学史》和张岱年先生的《中国哲学大纲》。在20世纪本学科的建立和发展中，冯友兰先生奠立了中国哲学通史研究的典范，张岱年先生奠立了中国哲学通论研究的典范。然而，无论在整理和重述方面都还有待于进一步深入。晚近以来，通史建设主导的时代基本过去，而专人专题的研究大有待于深入。21世纪我们应当积极建立新的学科典范，这是我们的学术使命。而新的学科典范的建立，只有在内在的理解的基础之上，才有可能实现，这也是我强调重视基础性问题的根本原因。

（原题为《"中国哲学"学科的建设与发展的几个基本问题》，《天津社会科学》，2004年第1期）

中国哲学话语的近代转变

　　虽然，在胡适以前，中国已经出版过以《中国哲学史》为名的著作，但在学术史上，大家都认为1919年出版的胡适的《中国哲学史大纲》是中国哲学学科成立的标志，也是中国哲学研究话语近代转变的标志。

　　关于这一点，当时的人们是怎么了解的呢？可以蔡元培为例。在蔡元培为胡适此书所写的序中，他提出胡著的四点特色：一、证明的方法，就是用汉学方法审查史料、时代、真伪；二、扼要的手段，就是截断众流，孔老以前都不讲；三、平等的眼光，就是不以儒家为正统，诸子各家皆平等看待；四、系统的研究，就是排比时代的叙述，以见出历史的发展。在蔡元培所提的这四点里，前三点所讲的方法，其实是胡适的前辈章太炎也完全能够接受的。就平等的眼光而言，清代的诸子学已经着力提高诸子的地位，章太炎也是继承了清儒的态度。而第四点，其实是就撰著的形式而言，所以蔡元培说，编成系统不能不依傍西人的哲学史。可以说，蔡元培的四点归结起来，即汉学的功夫加西学的形式。

　　冯友兰在《三松堂自序》里认为，除了蔡元培所说之外，时人认为胡适书最特别的是，旧书引原文大字顶格，而胡适的著作自己的话正文顶格，引古人的话小字低一格。这是与传统书写大不相同的。自然，冯友兰也提到这是一部用白话文书写的著作，但并没有在这点上大做文章。总之，胡适、冯友兰谈到这部书，都没有提及话语转变这类问题。

有意思的是，胡适晚年的自传，大谈其文学的白话写作，大谈《说儒》、神会和尚，竟然没有提及这部《中国哲学史大纲》！当1957年《中国哲学史大纲》在台湾以《中国古代哲学史》之名出版时，胡适在一处竟称"这真是一个年轻人的谬妄议论"。他所自许的地方乃是"抓住每一位哲人或每一个学派的'名学方法'"，认为这是哲学史的中心问题。

如果从话语体系来看中国哲学叙述的近代转变，应当包含两个要素，一个是以西方哲学引进的概念来做分析的基本框架，一个是以现代白话的学术语文为表述形式。胡适的《中国哲学史大纲》正是如此。然而，蔡元培的序里，对这两点完全没有提及，冯友兰虽然提到胡适以白话写作，却并未致意于此。

这似乎显示出，话语的这种变化其实其来有渐，而非始自胡适。自清末以来，当时人使用来自翻译的西方哲学概念，已经渐渐习以为常，白话的学术写作，也在清末民初的报章杂志出现，至少在《青年杂志》（后改《新青年》）已经流行。所以胡适此书出版，大家并没有在话语体系上特别惊异其变化。至于白话，也不算全新的东西，更远地说，唐宋的语录，已经是白话。不论禅宗大师或理学家，用当时的白话记录讲学语录，成为近世思想文化的特色。而冯友兰于1930年代初完成出版的《中国哲学史》，他的叙述语言并不是白话，而是浅显的文言，即所谓半文半白者是矣。可见对于近代化的中国哲学史叙述，彻底的白话还不是最重要的。采用西方哲学的概念作为基本哲学概念，应是更为根本的一项。

应该指出，话语体系与研究范式并不是一回事。与话语体系更多体现为形式的特征不同，研究范式则关联着内容。冯友兰对此颇有自觉，他指出胡适的《中国哲学史大纲》和他自己的《中国哲学史》，在研究方法上的不同，是汉学和宋学的不同。就话语形式说，胡著是白话，冯著是浅显文言，但二书所用的基本概念都是新的哲学概念。冯友兰说："蔡元培说，胡适是汉学专家，这是真的，他的书既有汉学的长处又有汉学的短处。长处是，对于文字的考证、训诂比较详细；短处是，对于文字所表示的义理的了解、体会比较肤浅。宋学正是相反，它不注重文字的考证、训诂，而注重文字所表示的义理的了解、体会。"又说："胡适的《中国哲学史大纲》对于资料的真伪，文字的考证，占了很大的篇幅，而对于哲学家们的哲学思想，则讲得不够透，不够细。金岳霖说西洋哲学和名学非其所长，大概也是就这一点说的。我的《中国哲学史》在对于各家的哲学思想的了解和体会这一方面讲得比较多。"汉宋之辩、义理与考据之辩，是中国学术史固有的基本范式，胡适、冯友兰的分别可以看作中国固有研究范式的新体现。至于从某种主义出发的研究范式，是大家已经比较熟悉的了。改革开放以来，中国哲学研究的范式从教条主义束缚下摆脱出来，带来了学术的多元的蓬勃的发展，就不在这里细说了。

近年来有不少青年学者批评近代以来中国哲学话语体系的西方化，其中提出了许多有意义的问题，应该肯定。不过这些问题并不是全新的问题，某种意义上是近代以来的老问题。劳思光的《新编中国哲学史》中就提出"以中观外"还是"以外观中"的问题，今天的学人提出"以洋释中"或"以中释中"的问题，

304

与劳思光提到的问题是一致的。然而，在笔者看来，关注当代中国哲学话语体系和研究范式的所谓西方化，不能脱离20世纪整个中国哲学界的开放、进步、发展。这里所说的整个中国哲学界即广义的中国哲学界，不限于研究传统中国哲学。百年来的中国学术话语的转变，是一个自然历史过程，是不可逆转的。百年来已形成了一套新的中文学术语系，其中吸收了大量来自西方学术的概念语词，大大丰富了中文学术语言，成为当代中国人思考、论述的基本工具。在此种情况下，就哲学来说，应当承认，百年来引进、吸收西方哲学的历程，促进了我国哲学学科的发展，民族的理论思维能力得到很大的提高，任何无视这一变化和进步的主张，要求摆脱近代以来自然形成的近代中国哲学的话语形式，摒弃译自西方哲学的概念，必定要脱离当代中国哲学界的现实。包括哲学在内的不同文化的交流、融合，是马克思所说"历史"走向"世界历史"的题中应有之义，这是大势所趋。

不同文化间的交流、融合是一种趋势，而某一文化内的传承、发展则是另一种趋势。二者的共进是现代文化的重要特征，在全球化时代依然是如此。因此，在全球化的时代，针对百年来哲学交流中的不平衡，应当引起哲学界重视的乃是，现代中国哲学的发展必须汲取、继承传统中国文化与中国哲学的资源。这不仅是对研究中国哲学的学者的要求，也是对当代整个中国哲学界的要求，要使这一点成为当代中国哲学界共同的自觉要求。

因此，问题在于，从19世纪末到20世纪末，中国哲学的话语系统已经发生了根本变化，我们今天所面临的问题是，中国人应当如何承继、发展民族的哲学和民族的思想？中国人应当如何叙述民族思想的历史？我想，虽然中国哲学话语系统百年来发生了变化，但我们阅读理解古代文献的能力没有消亡。古人做学问主张要能"心知其意",而"述其大意",以至"发明其意";今天我们在"知其意"方面仍然是可以做到的,只是从"知其意"到"述其意",到"发明其意",这一过程确实受到新哲学话语的制约。但是新哲学话语与其说阻碍了我们对古典哲学的继承,不如说是对我们的考验,考验我们中国哲学的研究者在古今语言的对应、联接、把握上的功力,考验我们如何把中国哲学自身的问题意识和思考方式转化为现代中文学术语言的能力,考验我们把中国哲学思维用语言呈现出来去与西方与世界交流的能力。从这个角度说,那种拒绝西方哲学概念,准备完全回到固有传统哲学话语的主张,虽然可以成为个别学者的选择,却很难有文化的普遍现实性。更要注意的是,不要使"拒绝西方概念"成为中国哲学研究者逃避这种考验的借口。真正的问题是,我们的学者往往浅尝辄止,既不能"心知其意",也不在严谨的表达上下功夫,所以笔者总是强调"内在的理解"与"客观的呈现"。

　　文化的古今并行,是常见的现象,在文化实践上可举出旧体诗的例子,当代中国人作旧体诗的仍然大有人在,但中国文学研究的话语已经转变。然而,在近代以来中国文化和中国学术的发展里,确实也有个别的例外,近代以来的传统中国宗教,如佛教思想与佛教哲学的研究,虽然也受到话语转变的影响,但是宗教生活的相对独立性,以及宗教对经典话语的执着崇拜,使得宗教活动与宗教研究中,保留着大量的传统叙述话语和基本名相,特别是关联修行的名相,受到西方哲学和宗教的影响比较小。中国哲学及其学术研究有没有可能依照本土宗教的这种方式来发展,还值得研究。

（《文史哲》，2010年第1期）

中国哲学史的学科理解与学习方法

一、"中国哲学史"正名

我要谈的学科是"中国哲学史",先简单地对这个学科进行一下"正名"。其实在教育部现在颁布的学科目录中,我们这个学科名称叫"中国哲学",类似的有"西方哲学"。而在二十年以前,这个学科名字叫"中国哲学史",相应地"西方哲学"叫"西方哲学史"或者"外国哲学史"。但是目前教育部这个目录名称也有它的理由,这个名称的涵盖会更宽一些,它不限于对中国哲学史的研究,还包括对中国哲学体系本身的研究和发展。

但是为什么还要强调将"中国哲学史"作为这个学科的基础特点呢?因为我们认为在大学哲学系从事"中国哲学"专业的学习和研究,主要就是在做"中国哲学史"的学习和研究。所以从本科生到硕士生乃至博士生的学习阶段,我们的学习研究都是紧紧扣住"中国哲学史"这个学科名义来进行的。换句话说,在这个学习阶段,不是鼓励大家做中国哲学体系的创造研究,而是强调哲学史的基础学习和研究。哲学创造的工作是大家将来毕业以后有条件时再来进行的一种研究,如果说写博士论文就要发展一个哲学体系，这个是我们不鼓励不建议的。事实上在国外大学哲学系，对博士生的培养也是一样。博士毕业以后有的是时间来做体系性创造性工作，目前最重要的是打好哲学史基础。所以我常讲我们这个学科的初心就是"中国哲学史"。现在全国有很多中国哲学硕士点、博士点，基本的培养方式就是学习怎么做"中国哲学史"的研究。今天我们这个学科在大学学位培养的环节当中还是要以"中国哲学史"为主。虽然现在这个学科的名称是叫"中国哲学"，但并不是让学生现在就离开哲学史独立地创造自己的哲学体系，这并不是我们的目标。用一个不恰当的比喻：在中文系你进来了不是让你做一个独立创作的作家，而是培养你的文学素养，包括对文学史、文学理论甚至文献文字的学习。目前我们国内绝大部分中国哲学硕士点、博士点都是用这种模式培养学生的，此外只有很少的、个别的学校可能没有强调这个学科特点，这样学生就不能足够的关注学科史的训练，而过早地去涉及自己体系的创造，结果最后大多数都不成功。所以我们强调哲学要有训练，训练最主要的就是哲学史的训练。

二、学科的发生与发展

再谈"中国哲学史"学科的性质和历史。

"中国哲学史"这个学科本质上是东亚文明和东亚国家在教育和文化走向近代化的过程中出现的一个学科。在东亚文明历史上本来并没有这样一个独立的学科。"哲学"这个概念本身来自日本哲学家西周对英文philosophy的翻译，在此之前中国人也翻译过其他名字。因此中国哲学史是近代以来东亚国家学者参照、比照欧洲学科的名义、体系来建构的，即参考欧洲哲学概念、欧洲哲学历史来建构中国文化中有关理论思维的发展历史。

"中国哲学史"学科的出现首先在日本。日本是在19世纪40～50年代被迫走上近代化的历程，但是日本走的步伐比较快，而中国国家大、历史久，"大船"调头要稍微慢一些。日本在明治维新以后二十多年，大概在1890年前后开始出现"中国哲学史"这个学科。用日本人的文字表述就是"支那哲学史"。据研究，最早在1888年有一个叫内田周平的人写了一本《支那哲学史》，但是这部《支那哲学史》写得不太成功，只讲了先秦诸子，而且都是老的讲法。这说明在日本学科建立之初也是先确立了"哲学"作为近代化学科的重要性，然后在这个学科概念里面尝试把东亚文化重述出来。在1898年以后东京大学才出版了松本文三郎的《支那哲学史》，其特点就是不只讲先秦了，而且开始有"分期"的观念了，他称中国哲学史各分期为"创作的时代""训诂的时代""扩张的时代"。"创作的时代"主要指先秦，"训诂的时代"主要指汉唐，"扩张的时代"就是宋代以后。在他的研究框架中还没有把佛教放进去，但他的分期研究方法是一种进步。到1900年，远藤隆吉也写了《支那哲学史》，他在分析表达上有了进步，他用了很多和后世比较接近的讲法，比如在哲学思想内容的分类上开始使用"宇宙论""伦理学""工夫论""心性论"。我国的中国哲学史教材当中，从"五四"以后一直到80年代都没有用"工夫论"这个概念，大致在新世纪以后，有些教材才开始用这个概念。当然在学术研究领域运用"工夫论"这个概念比较多见了，尤其最近二十年。远藤隆吉在中国哲学内容的分类方面，除了用"宇宙论""伦理学"等现成的西方哲学概念，还用了"心性论""工夫论"这些类别的设定，所以说他又比以前更进一步。整个日本的"支那哲学史"系统要到1910年才比较成熟。1910年高濑武次郎写了《支那哲学史》，其中在分期上有了新的提法，

309

即"上世""中世""近世"。后来中国学者会有另外的表达，比如"上世"说成"上古"，"中世"说成"中古"，"近世"说成"近古"。总而言之，高濑武次郎这个分期对日本和中国影响都比较大。此外他对哲学内容的把握和叙述也有新意。刚才我们讲远藤隆吉用了"工夫论"的概念，高濑武次郎也有个发明，即使用了"气一元论"这个概念。我们过去讲气的形态、气的思想时，特别是在讲张载的哲学体系时，会用"气一元论"这个概念，这其实就是高濑武次郎所使用的。所以"中国哲学史"的出现实际上是在反映整个东亚文明从古代到近代的一种进步，是一个新的学科的设立。

三、中国哲学史在中国的早期建立

回到中国，"中国哲学史"学科的建立同样经历了一个过程，即其初期主要通过建立中国哲学史课程和写作《中国哲学史》教科书来实现学科的发展。1898年，京师大学堂建立。其中与中国哲学史有关的，是1906年王国维写的《奏定经学科大学文学科大学章程书后》。这篇文章针对的主要是张之洞，张之洞等人认为哲学没有什么作用，所以他们管理的京师大学堂并没有哲学学科，只有经学学科。而这是王国维不能满意的。王国维强调哲学学科的重要性，于是就按自己的理解设立了这个学科的课程：第一是哲学概论，第二是中国哲学史，第三是西洋哲学史，另外还有一些其他课程。关于"哲学概论"，王国维自己翻译过一本日本人写的《哲学概论》，所以他对这个课程的体系有一个基本的了解。在他对京师大学堂哲学学科的设计规划中，排在第二位的是"中国哲学史"。而不管是设立哲学概论，还是中国哲学史，都是吸取了邻邦日本在明治维新之后学术近代化、教育近代化的经验之后提出的建议。王国维的这篇文章是具有学科意义的。日本1890年后二十年的发展也和这个情况类似，大多数写"支那哲学史"的，都跟东京大学有关系。

中国的第一部《中国哲学史》出现于1916年。但其实在这之前，1914年~1915年北京大学就已经开设了"中国哲学史"课程。1915年，冯友兰先生入校学习中国哲学史，当时讲课的老师是陈黻宸，浙江永嘉人。由于学生听不懂方言，又没有现成的教科书，所以陈先生就把讲义写好，再发给学生。他最后一次讲完课，向学生说了一番话，虽然同学们听不太懂，但能感受到陈先生的诚恳，所以心里都很感动。陈先生教完冯友兰先生这一班，第二年就去世了。

1916年，坊间出版了四川学者谢无量的《中国哲学史》。谢无量比冯先生大十岁左右。他其实并没有在大学教书，但他写了《中国哲学史》《中国文学史》，说明他对当时教育的近代化非常关切。虽然个别地方有所补充，但就体系、框架、分期而言，谢无量的《中国哲学史》基本上还是对1910年高濑武次郎《支那哲学史》的沿袭。我们今天同当时的人有一点很不一样，就是过分强调知识产权的私有性，反而忽视了文化传播的积极性、公共性。其实近代的很多学者（如谢无量），当时都参考过日本学者的新研究。其中一个原因是，中国与日本在文化上有许多相似处。在日本文化的近代化过程中，除了自身的特色（如神道教）外，还有很大一部分是自中国而来、在日本也流行的文化思想、文献，这些东西构成了日本知识人的教养，构成了他们知识人的古典基础。此外，日本的近代化发展比中国早了二十多年，他们先走了这一步，所以中国学者就跟着学习，这是很自然的事情。中国要学习一些先进的东西，日本学者走在我们前面，向他们学习，这样可以省去一些从头再来的功夫。谢无量这本书的产生亦是如此。当时中国还出现了好几种日本关于中国哲学史的译本，包括高濑武次郎以及后来比较有名的宇野哲人、武内义雄等人的著作，如宇野哲人的《中国哲学概论》，武内义雄的《中国哲学思想史》，还有渡边秀方的《中国哲学史概论》。这些书原先都叫"支那哲学史"，翻译之后就叫"中国哲学史"。

四、"五四"以后中国哲学史学科在中国的真正建立

谢无量这本书适应了当时教育近代化的一种需要。但这只是一个初步的工作，还不能代表中国人对中国哲学史学科建立的基本贡献。1917年，胡适来到北大，1918年开始开设"中国哲学史"课程，1919年出版《中国哲学史大纲（上卷）》。这本书是中国的中国哲学史发展过程中具备里程碑意义的第一本书。它的主体内容是胡适在美国的博士论文《先秦名学史》（"名学"就是逻辑），然后再加上他回国以后的讲义，补充了一些历史考证。当时傅斯年、顾颉刚都去听过胡适的课。他们比胡适小不了几岁，旧学的根底也不比胡适差，但他们对胡适都是很信服的，都强调胡适的课讲得不错，有新的见解。所以胡适就成了青年导师。高濑武次郎曾把他的《支那哲学史》寄给杜威，后来杜威来中国期间，把胡适此书赠送高濑武次郎，高濑武次郎也认为胡适此书"其所论亦不少崭新奇拔之处"。

但是胡适这本书只有上卷，只写了先秦，因而并不完整。直至十几年后，才出现了第二个中国哲学史学科的里程碑意义的著作，那就是冯友兰先生在20世纪30年代初出版的《中国哲学史》两卷本。它最早在神州国光社出版了上卷，后来上下两卷收入《国立清华大学丛书》。在内容上，它不限于先秦，而是一直写

到清代，是一部完整的中国哲学史。收入清华丛书时，它经过了金岳霖、陈寅恪两位先生的审查，这是大家都熟知的。在金岳霖和陈寅恪的报告中，都把冯先生的书和胡适的书做了对比，他们的共同结论就是冯先生的书要好过胡适先生的书，"好"不只是内容上的全和不全，而是在哲学史的方法和态度上也不一样。金先生对胡适的批评还是很尖锐的，他认为胡适写哲学史的态度就像美国商人一样。陈寅恪的主张是对古代哲学家要有了解的同情，这是做一个好的哲学史家的基本条件。冯先生的书很明显的优点之一是他对什么是哲学史这一观念做了很详细的检讨，在方法论上有明显的自觉。他对中国哲学史这一领域有很多的分析。在很多地方，他引进欧洲哲学的一些内容进行比较，通过进行比较来说明和增进对于中国哲学和哲学家思想的了解。于是冯先生的这两卷中国哲学史就取代了胡适的《中国哲学史大纲》。胡适写完上卷后，一辈子都没有心情再写了，因为胡适到30年代就开始反哲学了。他在北大当文学院院长，碰到北大哲学系老师，说话都是反哲学的口气，他自己也再没有写《中国哲学史》的中卷与下卷，他转移到"中国思想史"的研究道路。冯先生此书1952年就出了英译本，是由卜德翻译的。同时因为冯先生1947年到1948年在宾夕法尼亚大学教"中国哲学史"这门课，写了一份英文的讲义，在当时译成英文出版，80年代才由冯先生的老学生涂又光把它翻译回来，叫《中国哲学简史》，是1985年北大第一次用电子激光排版出的一本书。冯先生的《中国哲学史》两卷本，一直以来在国内国外有着很高的声誉。在西方，至今没有出现能够取代它的一本新的《中国哲学史》。当然原因很多，但也可以看出冯先生的工作也是受到大家重视的。后来冯先生不断改写，晚年改写成《中国哲学史新编》。但是《中国哲学史新编》并没有大学把它作为一本教材，冯先生两卷本的《中国哲学史》，在三四十年代大学普遍作为"中国哲学史"这门课的教材，对学科的影响力极大。冯先生写的这两本书，是冯先生在清华教课用的，所以我们清华的教材和教学是结合为一体的。

张岱年先生1933年来清华教书，1936年就完成了《中国哲学大纲》这部著作。张先生当时也是用《中国哲学大纲》讲稿在清华教书的，冯先生的两卷本是中国哲学史的通史，而张先生的书不是按通史写的，他是按照问题和体系写的。所以一个是纵向的，一个是横向的。应该说30年代清华的中国哲学学科，很明显从教学、教材到课程在国内都是领先的。可以看出，清华前辈的这两本著作，使得当时清华中国哲学的学科名列前茅。

关于题为"中国哲学史"的著作可以再补充一点，在胡适的书出版10年以后，在冯先生的书还没出版的时候，1929年，钟泰出版了一本《中国哲学史》，此书在后来的哲学史的发展中被淹没。因为胡适很有名，所以书的影响力很大。等到冯先生的两本《中国哲学史》出版后，就取代胡适的地位，大家都接受了冯先生的中国哲学史体系。钟泰出版的《中国哲学史》特点是什么呢？应该说这本书体系的特点，依然是贴着高濑武次郎的《中国哲学史》来的，跟谢无量的书比较接近。但同时他有一个特点，跟胡适、冯先生不一样，就是他始终要避免使用西洋哲学的概念来比较、分析、说明、认识、理解中国古代哲学思想。而十几年前重印此书，跟当时的一场讨论有关，当时有一些学者批评在研究中国哲学时"以西释中"，于是就翻印这本书，但是影响不大。不仅"中国哲学史"这个学科本身是近代化的过程中学习西方近代化建设而产生的，同时学习西洋哲学更是这个过程内在的部分。冯先生、张先生都非常强调要研究好中国哲学，一定要学好西洋哲学。

五、50年代以后的中国哲学史编写

以上是关于学科在新中国成立前发展的基本情况。在新中国成立之后，学科有了一些新的做法，主要就是由教育部统编大学哲学系中国哲学教材，从60年代到80年代都这样。最早是由任继愈先生主编，联合在京各个单位，包括北大、中央党校、人大、学部哲学所的学者，写出四卷本《中国哲学史》，"文革"前完成三本，后来"文革"中又写出一本。这就相当于部颁教材，教育部组织学者来写，其中以北大学者为主。到了"文革"以后，教育部又重新支持教材建设，支持北京大学修改在"文革"中编写的《中国哲学史》，后由中华书局出版。后来又支持南方武大和中大的老师编写教材《中国哲学史》。从这以后，部颁教材的写法组织也少了，很多大学哲学系自己来写自己的中国哲学教材。事实上，是否需要每个学校都要写一套自己的中国哲学史教材，我倒不觉得该是这样。但是很明显，每个学校的课程，老师在讲时肯定要结合自己的体会，有他认知的重点，有他喜欢的讲解方式，所以讲课肯定就变得多元化。现在有好多的教材，如南开大学、复旦大学等很多大学都有自己的教材。所以，从学科来讲，现在不是发愁没有教材，而是如何在众多教材中进行选择。也有一些学者个人来写中国哲学史，比如武汉大学的郭齐勇教授，自己也写了《中国哲学史》。这都是我们新时期以来教材的多元化发展。当然每个时代不一样，到80年代写的教材就比60年代写的教材在思想观念上更进步。"更进步"就是说去掉60年代禁锢大家的一些教条主义的观念，在"解放思想"的口号下，更自由地做中国哲学的研究。包括到90年代以后，有很多个人写的《中国

315

哲学史》不仅吸收了国内相关教材的写法，也吸收了很多海外相关的观念和写法。

从文化中国的角度来看，中国哲学这个学科，不仅要看中国大陆哲学系的教材，如果放眼台湾、香港、澳门地区，他们哲学系的教学同样也有学科和教材建设的问题。但是这个教材的建设成就是比较单一的。在香港、台湾地区得到大家较高评价的是劳思光的《新编中国哲学史》。他从1968年开始写，第一本书叫《中国哲学史》，第二本还叫《中国哲学史》，到第三本上册出的时候，还是叫《中国哲学史》。但后来他的写法有些改变，他不想把它仅仅作为教材，就改叫《新编中国哲学史》，到八几年才完全完成。这套书是在香港、台湾地区得到了比较好的评价的中国哲学史著作。我们不能够详细地在此评论这本书，关于此书我只想讲一点，因为劳思光是北大哲学系的学生，他是1947年前后进入北大哲学系念书的，没有念完就到了台湾、香港。我看他的书有一个感觉，就是他的讲法比较接近北大的学风，这跟其他的新儒家论点不太一样。如果讲到这个学科的教科书建设，劳思光的这部书应该说也有它的地位，我们可以来参考。如果不仅作为大学教科书，那么任继愈主编的《中国哲学发展史》前四卷，应该说其水平超过了其他几种《中国哲学史》教科书，更值得重视。

"中国哲学"学科内容很广，这里为简单起见，以写"中国哲学史"通史教材为中心做一个描述。这是我谈的第二个问题。

六、学习中国哲学史的方法

最后一个问题就是学习中国哲学史的方法。

首先来简单说一下冯友兰先生关于"照着讲"和"接着讲"

对比的提法。冯先生在20世纪30年代就提了这个问题，当时他主要是用来区别哲学史的工作和哲学创造工作，即哲学史的重点是要说明以前的人对某一个哲学问题是怎么说的，哲学史就要把这个说清楚：他到底怎么说的。不能人家说的是西，你在讲的时候说成是东，这就不是"照着讲"。所以哲学史一定是要"照着讲"，说一就是一，说东就是东，前人对问题是怎么说的，要尽量把他言说的状态重新表达出来。而"哲学的创造"是要说明一个哲学家自己对这个哲学问题怎么想。但是由于每个哲学家在思考哲学问题的时候总是要以"前人怎么说的"作为思想材料，所以就是"接着讲"：一方面接续着前人的哲学思考，一方面有所发展、有所不一样。这就是冯先生在新理学里面讲的"接着讲"。所以冯先生这两个概念本来就是来分别哲学史和哲学，对于哲学史研究和哲学研究的工作方式做了一个区别。

可是冯先生这个讲法，如果不善解的话也会引起一种不恰当的理解，就是认为哲学史研究没有什么创新可言，只有哲学理论的创造才有创新可言。其实不是这样，因为每一个研究者的主观前见是不一样的，而且这个主观前见是不可避免的，人的理解能力，特别是理解古人哲学思考的能力不同，加上古今语言的表达的隔阂以及人的哲学的修养不一样，所以每个哲学史家的理解、成见往往是不相同的，而这个不同的水平差异有客观的标准可以衡量，不是不可知的、不能衡量的。而且哲学史的研究不仅要对历史上的单个哲学家进行研究，还要说明不同的体系之间、不同的时代之间的哲学的"古今之变"和种种复杂关系，那么这些都需要比较细密的分析能力、比较高度的理解能力、比较全面的观察力。从这样一个比较积极的角度来看，哲学史的研究就不是一般人理解的"照镜子"那么简单，所以哲学史的研究领域也是充满了能动的创新的可能和需求，充满了研究中这种创新的智力竞争。哲学史的创新之所以有可能更困难，是因为它是有对象可以检验的。哲学史有现成的文献，有众多的研究，这和自己独创一个体系，无从检验，那还是不一样的。

而且哲学史的研究也要"接着讲"，只是不是对每个人、历史上某一个哲学体系去接着讲，是要接着前人对同一对象的研究成果继续深入，接着前人的研究基础，要全面地了解前人的研究成果，才能加以创新。所以哲学史上的创新跟哲学上的创新，如果不是更困难的话，是有同样的困难的。

这样"接着讲"的意义也是很重要的，就是它的意义不限于哲学。其实一切人文研究都应该采取"接着讲"的态度和方法，"接着讲"就是传承创新。创新要有所本，有它的基础，接续前辈学者和同时代已有成果，"据本开新"，发人之所未发，要比前人有所创造、有所前进。这样学术发现、学术创造就能走上一条良性增长的大道。所以冯先生的讲法从广义上来讲有很多可以发明的地方。

那么仅就"照着讲"本身来讲，它作为哲学史的工作方式的特点，有它自己的需要强调的方法。这个方法就是张岱年先生反复提的，我把它叫作八字真经，即"好学深思，心知其意"。这原是太史公的话，太史公的原话是说"非好学深思，心知其意，固难为浅见寡闻道也"。张先生就抽出了"好学深思，心知其意"这八个字来强调这个中国哲学史研究学习的根本的方法和态度。冯先生也讲过同样的意思。这应该是过去一个世纪以来中国哲学史学科共同强调的、主流的研究方法。张先生讲过，"好学深思，心知其意"应该是哲学史家的座右铭。所以研究中国哲学史应该特别强调的就是对文献的正确的解读，这是最基本的。"好学深思，心知其意"的对象指的就是中国哲学史上要研究的这些基本文献（就是每个哲学家的著作，著作当然有不同的形式，包括语录等等）。所以"好学深思，心知其意"的"其"是针对这些文献来讲的。理解不能出差错，虽然差错是难免的，但是要通过学习来减少这些差错。类似出差错的例子，张先生其实讲过。如老子讲"道之为物"，"为"是作为的意思，有些人将"为"解释为"创造"，就把"道之为物"在根本上解释错了。当然，有些命题有多重含义，但在语言学上犯基本错误，是在研究哲学史时应避免的。哲学史工作的严谨，首先就是文献解读的严谨。清人讲学问有义理、考据、辞章，做哲学的辞章之学要正确把握文本，不能把文本解读错。哲学史课程的重点是读文献，帮助大家打好基本功，不能在文献上出错，这非常重要，这是中国哲学史研究的基本方法。中国哲学史的课程不是教大家结论，而是练习解读文献的内功。

其实，"好学深思，心知其意"还包括一些重要方法，如学好中国哲学要注重外国哲学，但不能生硬地将外国哲学的概念移用到中国哲学上。"心知其意"是要反复地体贴、体会中国哲学概念的准确内涵。老先生曾举过不少例子。如张先生讲过，西方哲学有些概念用到中国哲学概念中要小心，如关于理学的"理"是什么含义，有些学者解读为"精神"，这是不对的，要对中西哲学概念的细微差别加以把握。"理"解释为"观念"还可接受，但理"无情意，无计度，无造作"，不能理解为"精神"。此外中国哲学有些概念，和我们用来翻译西方哲学的一些概念，用的词是一样的，可是其内涵往往不一样。"好学深思，心知其意"要求我们不能望文生义。如张载讲"太虚无形，气之本体"，这个"本体"的意义是什么呢？有的人直接把它用西方哲学的"本体"

概念来讲，那就不能理解张载哲学的本意了，"气之本体"这个"本体"是讲气的本来状态。"本体"是中国哲学的固有名词，但"本体"的意义有多种用法。

总之，"好学深思，心知其意"是中国哲学史研究最重要的方法。要求我们对古代文献正确地解读，不能望文生义。要求我们学好西方哲学，但是用西方哲学来比照分析中国哲学概念的时候，要特别谨慎地加以区别。这两点是我们的前辈老师特别注重的。

七、结语

20世纪30年代的清华已经是中国哲学学科发展最重要的大学。本来北大起步早，但因为胡适在20年代末就开始反哲学，他对北大哲学系的建设是不用心的，同样他自己的《中国哲学史》也没有进行下去，因为他根本就反对哲学的概念。从30年代初开始，以冯先生的《中国哲学史》上卷出版为标志，包括张先生在清华写了《中国哲学大纲》，并且用来教学，标志着清华当时在中国哲学学科方面，不仅做出了划时代的里程碑式的贡献，而且从整个学科的教学、体系、教材来讲，应该说走在了全国的前面。到了西南联大时期，胡适因为长期在美国，所以西南联大的文学院是冯先生领导的，哲学系里面中国哲学史也是由冯先生讲的，西南联大的中国哲学学科虽然是三校在一起，但应该说冯先生的学术思想还是起了重要的引导作用。新中国成立以后，清华的哲学系全部并入到北大，全国很多大学的哲学系老师都并到了北大，而新中国成立以后的北大的中国哲学史学科发展，主要还是由冯先生引导的。尽管冯先生也受到了很多的批判，但总体来讲，北大的中国哲学史学科，是由冯友兰先生、张岱年先生、朱伯崑先生三个老清华的先生主导的。因为汤用彤先生新中国成立以后做北大副校长，承担很多行政工作，而1954年因为脑出血中风了，也影响了后来的工作。当时教研室是冯先生做主任，中哲学科的工作应该说还是受到冯先生的影响最大，而张岱年先生和冯先生关于中国哲学史的学术思想是一致的。改革开放以后，北大中国哲学学科的发展主要受张先生的影响。张先生80年代中期退休，在这前后朱伯崑先生的影响也是比较大的，朱先生也是老清华的。以前我们1978年当研究生入学的时候，问张先生，朱老师是不是您学生？张先生说："是啊，他上我的'中国哲学史'，两个学期我都给他一百分。"朱先生也是清华的中国哲学史学科训练出来的，又长期在北大协助冯先生写《中国哲学史新编》。所以新中国成立以后，北大的中国哲学学科居全国之首，但是它的中国哲学学科的建设，始终贯穿着清华学派的贡献，清华学派的学风在中国哲学研究方面，融进北大而且成为北大中国哲学学科的主导力量。所以今天不管在北大还是在清华，我们有共同的祖师爷，要发扬这个精神，要把冯先生、张先生开创的中国哲学学科，把他们奠定的这个学科的基本学风，继续下去，不断加以发展。

（原题为《中国哲学史的学科属性与方法》，

《中国哲学史》，2021年第4期）

第十二章 中国哲学的挑战

世纪末『中国哲学』研究的挑战

『中国哲学』在东京大学的晚近演变

『中国哲学』研究的挑战

『好学深思，心知其意』

让西方回到西方

世纪末"中国哲学"研究的挑战

　　世纪末中国哲学研究面临相当多的挑战，本文只就其中的一个问题来加以讨论。这个问题是一个老问题，即中国哲学撰述的内容、范围，以及中国哲学史与其他研究中国思想的进路之间的同异问题。

一

　　"中国哲学"是一个20世纪才产生、流行的概念，"中国哲学"作为一个学科也是在20世纪发展起来的。经过差不多一个世纪的发展，中国哲学的研究已经取得了巨大的成绩。然而，在20世纪行将结束的时候，中国哲学研究本身在某些方面和某种程度上面临着世界范围内的冲击，中国哲学研究面对这些挑战产生了重新定位和自我辩护的需要。让我们从头说起。

　　胡适在1919年出版了他的《中国哲学史大纲》，蔡元培在为此书所作的序中提出，作中国哲学史有两层难处，第一是辨别材料的真伪，第二是确定编写的形式。关于第二点他说："中国古代学术从没有编成系统的记载，《庄子》的《天下篇》，《汉书·艺文志》的《六艺略》《诸子略》，均是平行的纪述，我们要编成系统，古人的著作没有可依傍的，不能不依傍西洋人的哲学史。所以非研究过西洋哲学史的人，不能构成适当的形式。"①

哲学史既然是"史"，其记述的形式自然是按照时间的顺序以叙其变迁，蔡元培所说当不仅指此，这里的形式还应指问题、内容、范围的确定和如何依仿西方哲学结构分别来处理中国的史料。所以胡适在其书中一上来就讨论哲学的定义，他说："哲学的定义从来没有一定的，我如今也暂下一个定义：凡研究人生切要的问题，从根本上着想，要寻一个根本的解决，这种学问，叫作哲学。"又说："因为人生切要的问题不止一个，所以哲学的门类也有许多种。"他举出六种：宇宙论、名学及知识论、人生哲学或伦理学、教育哲学、政治哲学、宗教哲学。然后说："若有人把种种哲学问题的种种研究法和种种解决方法，都依着年代的先后和学派的系统，一一记叙下来，便成了哲学史。"②胡适对哲学的定义，以人生的终极关怀为核心，固可自成一说，但与宗教的定义很难分别。胡适所给出的哲学史的定义，着重在"记叙"，可谓为记叙的哲学史。

325

胡适又谈到中国哲学与世界哲学："世界上的哲学大概可分为东西两支。东支又分印度中国两系。西支也分希腊犹太两系。初起的时候，这四系都可算作独立发生的。到了汉以后，犹太系加入希腊系，成了欧洲中古的哲学。印度系加入中国系，成了中国中古的哲学。到了近代，印度系的势力渐衰，儒家复起，遂产生了中国近世的哲学，历宋元明清直到于今。欧洲的思想，渐渐脱离了犹太系的势力，遂产生欧洲的近世哲学。到了今日，这两大

---

① 胡适：《中国哲学史大纲》上卷，民国丛书第一编2，第1页。
② 同上书，第1~2页。

支的哲学互相接触，互相影响。五十年后、一百年后，或竟能发生一种世界的哲学，也未可知。"①胡适说印度系哲学加入中国一系，虽有见于中国文化受印度的影响，但似取消了汉以后印度系哲学的独立性，这是不能成立的。值得注意的倒是，胡适阐述上述看法时，正值新文化运动高潮；胡适的这种东西哲学融合说，与此时的陈独秀等激进主义有所不同，而与"五四"以后的东西融合论相接近。

二

胡适对中国哲学史之撰写的方法并无自觉，对其中的问题亦不深察，所以甚少讨论。冯友兰30年代初写成的《中国哲学史》之超过胡适，首先体现在他对这些问题的自觉认识和详细讨论。

冯友兰首先指出："哲学本一西洋名词。今欲讲中国哲学史，其主要工作之一，即就中国历史上各种学问中，将其可以西洋所谓哲学名之者，选出而叙述之。"这个原则可以说是经典性的，但具体的运用，就要复杂得多了。冯友兰接着说："在作此工作之先，吾人须先明在西洋哲学一名词之意义。哲学一名词在西洋有甚久的历史，各哲学家对于'哲学'所下之定义亦各不相同。为方便起见，兹先述普通所认为哲学之内容。知其内容，即可知哲学之为何物，而哲学一名词之正式的定义，亦无需另举矣。"②冯友兰根据西方哲学，以哲学包含三大部分，即宇宙论、人生论、知识论，并说："此三分法，自柏拉图以后，至中世纪之末，普遍流行；即至近世，亦多用之。哲学之内容，大略如此。"③冯友

①胡适：《中国哲学史大纲》上卷，民国丛书第一编2，第5页。
②冯友兰：《中国哲学史》上，第1页。
③同上书，第2页。

兰也同时指出，三大部分中还可细分，如宇宙论可分为两部分，一为本体论，研究"存在"之本体及"真实"之要素；一为宇宙论，研究世界之发生、历史及其归宿。人生论亦有两部，一为心理学，一为伦理学。知识论也可分为两部，一为知识论，一为逻辑学。与胡适相比，冯友兰没有把宗教哲学、政治哲学、教育哲学列入其中，这可能与胡适受杜威的影响更大有关。

"哲学"的内容既明，则中国哲学史取材的标准也就可以决定："上所说哲学之内容已确定哲学之范围，并已指明哲学中所有之问题。古人著述之有关于此诸问题者，其所讨论在上述范围之内者，方可为哲学史史料。否则即不可为哲学史史料。"①这看起来很直截明白，可是实际上并未完全解决"中国哲学史"的材料问题。

冯友兰进而指出："吾人观上所述哲学之内容，可见西洋所谓哲学，与中国魏晋人所谓玄学，宋明人所谓道学，及清人所谓义理之学，其所研究之对象，颇可谓约略相当。……其②研究天道之部分，即约略相当于西洋哲学中之宇宙论。其研究性命之部分，即约略相当于西洋哲学中之人生论。惟西洋哲学中之方法论之部分，在中国思想史之子学时代，尚讨论及之；宋明而后，无研究之者。自另一方面言之，此后义理之学，亦有其方法论。即所讲'为学之方'是也。不过此方法论所讲，非求知识之方法，乃修养之方法。"③冯友兰这个说法也是很稳当的，他认为西方所谓哲学与中国所谓义理之学约略相当，中国古代义理之学中确实有些部分约略相当于西方哲学的宇宙论、人生论。同时他也提

---

① 冯友兰：《中国哲学史》上，第25页。

② 引者注：中国古人。

③ 冯友兰：《中国哲学史》上，第7页。

及，中国古代义理之学的有些部分并非西方所谓"哲学"的内容所能对应，特别是中国古人特重的"为学之方"。

在冯友兰看来，我们有两种选择：一是坚持以西方所谓哲学为标准，较严格地取中国义理学中可与之对应相当者，以此为"中国哲学"，研究之，撰写《中国哲学史》。一是以中国义理之学本身的体系为完整对象，研究之，而撰写《中国义理学史》。甚或进而以中国义理学为标准，写成西洋义理之学史。冯友兰自然选择前者，因为20世纪的中国学术就是与世界或者说西方"接轨"的世纪。他对第二种选择之不宜，解释说："就原则上言，此本无不可之处。不过就事实言，则近代学问，起于西洋，科学其尤著者。若指中国或西洋历史上各种学问之某部分，而谓为义理之学，则其在近代学问中之地位，与其与各种近代学问之关系，未易知也。若指而谓为哲学，则无此困难。此所以近来只有中国哲学史之作，而无西洋义理之学史之作也。以此之故，吾人以下即竟用中国哲学及中国哲学家之名词。所谓中国哲学者，即中国之某种学问或某种学问之某部分之可以西洋所谓哲学名之者也。所谓中国哲学家者，即中国某种学者，可以西洋所谓哲学家名之者也。"①事实上，这里所说的做中国哲学史的问题关联着作为学科的中国哲学的定位与合法性。所以，冯友兰的这个说法表明，是否设立"中国哲学"这一学科，涉及是否设立"哲学"学科，涉及是否整个引进与建立近代西方学术体系和学科体系，而不仅仅是中国哲学史如何写作的问题。

回到前面的问题，如何处理中国义理之学中与西洋所谓哲学不甚相当者？冯友兰前面已指出西洋哲学的方法论即知识论，

---

①冯友兰：《中国哲学史》上，第8页。

而中国之方法论为修养论，则中国义理学中修养方法诸说是否为"中国哲学"研究或叙述的对象？他对此一问题并未做清楚的说明，他只是说："中国哲学家，又以特别注重人事之故，对于宇宙论之研究，亦甚简略。故上列哲学中之各部分，西洋哲学于每部皆有极发达之学说；而中国哲学，则未能每部皆然也。不过因中国哲学家注重'内圣'之道，故所讲修养之方法，即所谓'为学之方'，极为详尽。此虽或未可以哲学名之，然在此方面中国实甚有贡献也。"①冯友兰一方面承认"此虽或未可以哲学名之"，而另一方面，在他的《中国哲学史》中则对此有不少叙述。就是说，某些义理之学的内容虽不见于西洋哲学的讨论，但仍可以作为中国哲学史的内容加以叙述。

这样一来，在事实上，我们在冯友兰给出的两个选择外，还可以有第三个选择，那就是，我们可以把中国义理之学即作为"中国哲学"（当然不作为西洋义理学史），而不必按照西洋所谓哲学严格限定之。可以说，自冯友兰以后，中国哲学史的研究者都是以此种方法研究中国哲学史，即一方面在理论上认定以西方哲学的内容为标准，另一方面在实际上以中国义理之学为范围。20世纪的学者并没有表现出强烈的愿望去在理论上充分解决这个问题。

三

30年代后期，张岱年在其《中国哲学大纲》的序论中，也是一开始先讨论哲学与中国哲学的定义。他说："西洋哲学家所立的哲学界说甚多，几乎一家一说。其实都只是一家哲学之界说，而

---

① 冯友兰：《中国哲学史》上，第11页。

不是一般哲学之界说。总各家哲学观之，可以说哲学是研讨宇宙人生之究极原理及认识此种原理的方法之学问。"①这个说法也是把哲学归结为宇宙、人生、认识方法。

他又说："中国古来并无与今所谓哲学意义完全相同的名称。"他同时指出，先秦所谓"学"、汉人所谓"诸子之学"与今所谓哲学大致相当；魏晋时所称玄学，意谓约略相当于今之哲学；宋代以后所谓道学、理学、义理之学，其内容与今所谓哲学甚相近。但是，玄学、道学是各有其界域的，各是某一派哲学或某一类型哲学的名称，"与今所谓哲学之为一般的名称，并非相同。而总括玄学与道学的一般名称，在以前实在没有"②。

张岱年于是提出："中国先秦的诸子之学，魏、晋的玄学，宋明清的道学或义理之学，合起来是不是可以现在所谓哲学称之呢？换言之，中国以前的那些关于宇宙人生的思想理论，是不是可以叫作哲学？关于此点要看我们对于哲学一词的看法如何。如所谓哲学专指西方哲学，或认西洋哲学是哲学的唯一范型，与西洋哲学的态度方法有所不同者，即是另一种学问而非哲学；中国思想在根本态度上实与西洋的不同，则中国的学问而非哲学。"他自己并不赞成这种看法，他提出一个很为重要的思想："不过我们也可以将哲学看作一个类称，而非专指西洋哲学。可以说，有一类学问，其一特例是西洋哲学，这一类学问之总名是哲学。如此，凡与西洋哲学有相似点而可归为此类者，都可叫作哲学。……以此意义看哲学，则中国旧日关于宇宙人生的那些思想

330

---

① 张岱年：《中国哲学大纲》序论，中国社会科学出版社，1982年，第1页。

② 张岱年：《中国哲学大纲》序论，中国社会科学出版社，1982年，第2页。

理论，便非不可名为哲学。中国哲学与西洋哲学在根本态度上未必同，然而在问题及对象上及其在诸学术中的位置上，则与西洋哲学颇为相当。"①

张岱年最后说明，哲学又有一般的和特殊的之不同，历史哲学、政治哲学、艺术哲学都属特殊哲学，一般哲学则不包括特殊哲学，专指宇宙论、人生论、知识论。而他在《中国哲学大纲》中所用的"中国哲学"乃是指一般哲学，故不论及中国的各种特殊哲学。但是正如冯友兰一样，张岱年也不可能将西洋一般哲学的标准在中国哲学的研究中严格彻底地予以贯彻，如他说中国哲学家所讲的学问可以分为五部分：天道论、人道论、致知论、修养论、政治论。其中天道论、人道论、致知论相当于西洋哲学宇宙论、人生论、方法论；而他又说，修养论和政治论可以说是特殊哲学，不在一般哲学范围之内。②按照这个区分，修养论应当不在作为一般哲学的"中国哲学"中讨论，然而，他又认为中国哲学的特色之一是"同真善"，中国哲学从不离开善而求真，认为致知与修养乃不可分，求真乃即求善。③根据这个说法，致知论与修养论是不可分的，则并不能把修养论作为特殊哲学而排斥在"中国哲学"的讨论之外。

331

四

总结以上所说，我们觉得张岱年先生的说法较能有针对性和发挥的余地。哲学一词是西方文化在近代大量引进后，日本学者

---

① 张岱年：《中国哲学大纲》序论，中国社会科学出版社，1982年，第1页。

② 同上书，第3页。

③ 同上书，第7页。

由Philosophy翻译而来，而被国人所接受。"中国哲学"的概念亦因此而产生。中国近代文化的发展总趋向是，以西方学术的分类为标准，而全盘承受之，通过建立哲学、文学、史学、法学、政治学等学科概念而形成中国近代化的学术体系。建立这些学科概念的作用，一是本原于西方学术的分途，可以有条理地了解西方学术的内容；二是便于引进西方教育体制，以这些学科概念为支柱，建立近代中国大学教育的分科体系；三是与世界文化接轨，使中国现代文化依照这些学科概念的分工加以发展；四是以这些学科概念来分类整理中国固有的传统文化和学术体系。

与其他近代建立起来的学科概念相比，"中国哲学"似乎略显尴尬。正如以上诸先生所说，最重要的问题并不在于中国古代有无"哲学"一词，而在于中国古代学术体系的分类中，并没有一独立的系统与西洋所谓哲学完全相当。中国古代确有自己的义理之学，这种义理之学是中国古代哲人思考宇宙、人生、人心的理论化体系，而其中所讨论的问题与西方哲学所讨论的问题并不相同。像宋明理学中所反复讨论而且极为细致的"已发与未发""四端与七情""本体与功夫"，甚至"良知与致知"等，都是与西洋哲学不同的问题。在这一点上，前述各先生对此似少注意。如冯友兰认为，哲学的内容确定了，其问题也就确定了。张岱年也认为中国哲学与西洋哲学的态度不同，但问题及对象相当。其实，中国与西方，虽然都有对宇宙、人生的理论化的思考体系，但用以构成各自体系的问题并不相同。就中国大陆而言，50年代以后，在当时的学风影响之下，马克思主义关于哲学史有共同的基本问题的观念，对中国哲学研究者造成了较大的困扰，80年代以来此种影响虽已渐消失，但学术界并未就东西方哲学史是否有共同的问题进行深入讨论以取得共识。而西方哲学界长期以来拒绝把中国哲学作为哲学，只是作为思想、宗教来研究，正是因为认定中国哲学中没有讨论西方哲学中的问题。以西方哲学的问题为"哲学"的问题，而判定非西方文化是否有哲学，实质上是西方文化中心主义的表现。

中国古代义理之学与西方所谓哲学范围并不相同，故以西方所谓哲学之范围而切割古代义理之学中之一部而谓之中国哲学，则古代义理之学的固有体系之完整性不独遭到破坏，且其体系中必有部分不能列入所谓中国哲学。

上述中国文化的情况，并不是没有解决的方法。正如张岱年所提示的，我们应当把哲学看成文化，换言之，"哲学"是一共相，是一个"家族相似"的概念，是西方关于宇宙、人生的理论思考（西方哲学），印度关于宇宙、人生的理论思考（印度哲学），中国关于宇宙、人生的理论思考（中国哲学），是世界各民族对宇宙人生之理论思考之总名。从今天来看，在此意义上，西方哲学只是哲学的一个殊相、一个例子，而不是哲学的标准。因此，哲学一名不应当是西方传统的特殊意义上的东西，而应当是世界多元文化的一个富于包容性的普遍概念。

因此中国的义理之学即是中国哲学，虽然其范围与西方哲学有所不同，其问题亦与西方哲学有所不同，但这不仅不妨碍其为中国的哲学，且恰恰体现了哲学是共相和殊相的统一。所以，非西方的哲学家的重要工作之一，就是发展起一种广义的"哲学"观念，在世界范围内推广，以解构在"哲学"这一概念理解上的西方中心立场，才能真正促进跨文化的哲学对话，发展21世纪的人类哲学智慧。如果未来的哲学理解，仍然受制于欧洲传统或更狭小的"英美分析"传统，而哲学的人文智慧和价值导向无法体现，那么21世纪人类的前途将不会比20世纪更好。

五

30年代以后，中国哲学的研究者们，虽然很少在理论和方法上对上面的问题做明确的解决，但在研究的实践方面，其实基本上是以"中国哲学"的范围对应于中国古代的义理之学的，并非严格以西方哲学的讨论来划定中国哲学的范围。然而，由于没有在自觉的层面研讨"中国哲学史"与"中国思想史"等其他研究思想文化的学科之间的分工区别，也使得在一个很长的时期里，特别是在中文世界，中国哲学史的研究和中国思想史的研究混合不清，而其倾向，似乎是中国思想史的研究者被中国哲学史的研究所笼罩，思想史向哲学史靠近，而不能显示自己的独特个性。如中国社会科学院的中国思想史研究室，50年代的《中国思想通史》注重对中国古代思想的政治经济学与社会史的研究，而80年代的《宋明理学史》就明显表现出受到哲学史研究的影响。

然而，80年代以来，中国哲学史的范围，在思想史研究者受社会史、社会思想史、文化史研究发展的影响下，有越来越模糊的趋向，以至中国哲学史研究的从业员面临着"同行迷失"的困难，从而产生了重新讨论中国哲学范围的必要性。这种新的必要性与以往不同，如果说30年代冯友兰的定义倾向于把中国哲学限制或缩小为西方哲学的范围，那么，80年代以来"中国哲学"这一专业则受到把其范围扩大的压力。其倾向不是以前的思想史向哲学史靠近，而是哲学史被引向思想史和其他历史学。这种情形所造成的结果同样是思想文化的各研究领域的分工不清。这种情形虽然不能说十分普遍和严重，但的确构成了对中国哲学研究的挑战。

在美国，60、70年代占主导的注重思想、观念的中国哲学研究或中国思想研究，在80年代已受到冲击，代之而起的是社会史取向的思想文化研究。由于美国有关中国哲学的研究多设立在东亚系或历史系，而不是在哲学系，所以特别容易受到历史的、社会的研究的影响。美国中生代的中国思想研究出身的学者多朝这个方向转变。这种研究不再注重把握思想本身、概念本身、命题本身，而要求把思想放入当时的社会-文化环境中有机地把握思想与社会的关联，从而使得思想的研究更多地表现出历史学的取向，而不是哲学的取向。这种研究所要了解的，是某一时代的某些思想和该时代社会存在的具体关联，而不是各个时代的思想家对宇宙、人生、人心的永久课题的思考与探索。这基本上是两个不同的问题，前者是历史学所求了解的，而后者是哲学史所致力了解的。

美国的这种中国思想研究的潮流，对曾咀嚼过唯物史观甘苦的中国学界影响很小，但对日本影响颇大。东京学派在东京大学的领导下，大步转向这种研究，并通过文部省，在90年代初将东京大学老牌的"中国哲学研究室"更名为"中国思想文化学研究室"，研究的范围也广泛扩展至中国文化的各个方面。又把东京大学的"中国哲学会"改变为"中国社会-文化研究会"。中国哲学本是东京大学最有传统的专业，东京大学的中国哲学会以前就是东京大学的中国研究组织，现在，"中国哲学"已经在东京大学消失了。东京大学的这种研究方向的变化，对日本学术界无疑已经和继续不断地起着影响。"中国哲学"专业在日本其他大学，特别是国立大学的地位，也必将发生变化。其结果必将是中国哲学研究规模的迅速减小。

当然，这一时期的中国哲学的研究在世界上也仍然在发展，在美国和欧洲出身哲学或神学背景的学者仍致力于对中国思想的哲学性的研究，人员渐渐增多，也取得不少成绩；可是来自思想史方面或思想文化方面研究的挑战的确不容忽视。在日本，尤其在私立大学，保留"东洋哲学"专业建制的学校仍有不少，但其中非哲学的研究（如道教史、道教仪式）所占的比重越来越大。

其实，在东西方汉学研究中一向有这种取向的研究。欧洲汉学研究的传统本来偏重在语言学、近世戏曲和小说、道教代表的民间风俗，对思想和哲学不予重视。日本的京都学派创始人狩野直喜受清朝考证学影响很大，主张学术史即哲学史，其所谓学术史包括训诂考证、经学研究。所以他的《中国哲学史》特详于两汉、唐代的经学和清代的汉学和公羊学。他主张中国哲学史的范围主要即是诸子学、性理学、经学的训诂学、考证学。[1]狩野弟子小岛佑马则用"中国思想史"代替"中国哲学史"，认为以"中国哲学史"为名的研究会破坏了中国思想的全体；小岛佑马受涂尔干的社会学影响，主张以社会思想史为框架，来包含学术史、经学史，主张在政治、经济、法律、道德的社会的学问视野中把握思想。[2]据坂出祥伸说，近年京都大学中国哲学史研究室的学生，在经学、儒学、道教、佛教外，也把医学、农学、天文学、数学等科学技术作为"中国哲学"的研究对象，并说这种倾向也广泛存在于日本整个学界。[3]这说明在日本大学的建制中独立的中国哲学研究越来越少，已渐渐向更宽泛的中国文化研究转变。

由此可见，欧洲的汉学与美国的中国研究，日本东京学派与京都学派，90年代以来渐渐合流，形成一个有关中国思想研究

---

① ［日］狩野直喜：《中国哲学史》，岩波书店1967年，第4～11页。

② ［日］小岛佑马：《中国思想史》，创文社1968年，第10页。

③ ［日］坂出祥伸：《日本中国哲学研究的学问之确立》，《关西大学中国文学会纪要》第19号，第6页。

的社会历史化、文化化的非哲学化的潮流，对中国思想的哲学性研究产生影响。其原因大致有三：一是学术研究范式的更新，新的研究总是谋求对已有的传统形成挑战。二是中国哲学这一领域的研究者过剩，研究者的能量需要适当扩散和重新分布。三是相对来说，中国哲学研究的困难较其他领域为大，形而上者没有形而下者的研究来得便利。此外，也许可以说，哲学的兴趣在世界范围内趋于减弱，社会科学对哲学工作者的影响增大，其中史学对哲学研究构成的诱惑和挑战最大。世界范围内的这种研究的变化，对有关中国思想文化研究的中外交流必将产生重要的影响，也从而对本土的中国哲学史研究产生影响。

六

就对整个中国文化的研究而言，即使是对中国思想的研究来说，把过多的力量集中在对中国哲学的研究上，显然是不平衡的。应当大力推进有关中国文化中其他方面的研究，无论是宗教、科学、数术、民俗都需加强研究。但是，这并不需要把"中国哲学"这一学科的内涵扩大（甚至牺牲中国哲学这一学科）才能进行上述研究。一个中国哲学的研究者，也可以同时研究中国文化的其他侧面，但这并不需要放弃"中国哲学"的概念才能做到。中国哲学思想的研究当然应当注意思想与社会的联系，但不需要把研究这种联系作为自己的主要任务，应由学术分工中的其他部门来做专门研究，或开展合作研究。虽然说中国文化的许多领域的研究急需发展，但不能说中国哲学的概念、命题、思想、体系已不再需要研究。在这一方面，在非中文世界，像安乐哲与郝大卫对中国古代思想所做的哲学的研究，不是太多了，而是太少了。

所以，有必要重新明确"中国哲学史""中国思想史""中国学术史""中国文化史"主要任务的区别。应当说，就范围而言，文化大于学术，学术大于思想，思想大于哲学。中国哲学专指中国古哲对宇宙、人生、人心、知识的理论化思考和概念组织体系。哲学是文化上层建筑中距离社会现实最远的，与社会经济基础的联系是间接的或模糊的，或已很难建立其间的关系。中国思想史则注重研究在哲学以外政治思想、社会思想、历史思想等非一般哲学的内容以及社会思潮，这些思想与社会、经济基础的联系相对地更为直接，所以思想史的研究在研究思想的同时也应注意研究这些思想与一定的社会–文化（包括政治、经济）结构、环境的复杂关联与互动，以了解这个时代整个社会的有机关联。中国学术史则应广泛研究各种学术的领域，如中国古代的科学、经学、数术、训诂、考证、小学等。思想史不应作为其主要的任务。中国文化史的研究则更广，除了范围的宽广外，文化史不限于研究理论形态的思想和学术，还包括对民俗、民间宗教、大众心态等的研究。因此，就设置与发展来说，中国哲学史较宜在哲学学科，中国思想史较宜在历史学科，中国学术史较宜在文学学科（其中的科学技术史应作为专史在科学史研究机构进行）。对中国文化的跨学科的整合研究，则可由研究中心或委员会加以组织。外国的中国研究受规模的限制，设立较宽的"思想文化"，是有其理由的。但仍需对"中国思想文化"内部的各领域的特质与分别，有明确的认知，因为从事各个专门领域研究所需要的知识准备并不相同，了解这点非常重要。同时，上述各个专门领域的研究的取向亦不同，哲学的研究较偏重在人文价值的思考，历史的研究较偏重在历史事实的认知，自觉到这种区别也相当重要。

一个主要从事中国哲学史研究的学者，当然可以兼做思想史、学术史的研究，因为中国古代学问本来不是高度分化的，而是互通的，并且哲学史、思想史、学术史本来也有交叉之处。更何况许多专人专题的研究必然地要兼顾各个方面。但明乎以上的分工，则撰写《中国哲学史》《中国思想史》《中国学术史》时就不会混淆各自的主要任务，而可避免发生不必要的纠葛。而明乎这些学科的分别，并不是要造成森严的壁垒，反而可以更积极地鼓励交叉的研究。跨学科的中国文化研究中心，尤应特别注重组织和推进这种交叉的、边缘的、单一学科往往忽视的研究课题。

"中国哲学"的研究，不仅与"哲学"有关，更往往与"中国思想研究"，甚至整个"中国研究"及"汉学研究"的发展与趋势有关，受到这些领域研究的影响和挑战。而中国哲学研究者也有义务对这些挑战做出应有的回应，以促进中国哲学的更深入的发展。

（《中国哲学史》，1999年第4期）

"中国哲学"在东京大学的晚近演变

——日本人文教育改革一瞥

今年夏天,东京大学(以下简称东大)的池田知久教授来北京参加道家国际会议,见面便送给我一篇他新写的文章,题目是《东京大学人文社会系大学院的亚洲研究》。我在去秋到今春在东大研究讲学时,对东大近年的教育改革颇为留意,尽管如此,这篇文章的开场白仍然使我吃了一惊:"本文标题采用'东京大学人文社会系大学院',而不用'东京大学文学部',是因为1995年随着大学院重点化的实施,'大学院'已取代'文学部'成为部门名称。"这是什么意思呢?举个浅显的例子来说,几年前我们介绍池田教授,标准的表达是"这是东京大学文学部的池田教授";而照今年改革后的精神,我们现在就应介绍说"这是东京大学大学院人文社会系研究科的池田教授"。

要全面了解日本的人文社会科学教育的新变化,我们还得从头说起。

东大及日本大多数大学的建制与英、美、俄、中皆不同,据说源出于德国的制度。东大文科的设置结构在历史上变化甚大。东大初创期(1877~1884)文学部除哲学科外,包括政治学及理财学科和汉文学科。1885年政治学、理财学编入法政学部，同年文学部和汉分家，分为和文学科和汉文学科。在帝国大学时代（1886～1895），人文学科已形成文、史、哲、语言的基本学科内容。到东京帝国大学（1897～1945）初期则明确确定文学科、哲学科、史学科三大学科的人文学科结构。这种结构一直维持到二战结束，1946年时三大学科共21个专修科（专业）。1947年恢复东京大学，旧的专业名称如"支那哲学""支那文学"改称"中国哲学""中国文学"，取消了文史哲3个学科，而使19个专修学科都自成为学科。中国哲学也成为19个学科之一。1963年，文学部的21个专修课程被重新归入四个新的大类：第一类文化学，第二类史学，第三类语学文学，第四类心理学社会学。文化学所包括的也就是以前哲学学科的内容，但从大类的名称上说，"哲学"第一次消失了。90年代的改变也可以说在60年代已经开始。这样的四大类结构至今未变，只是不断加以局部的调整。1988年，把原属"文化学"的印度文学改入"语学文学"类，把原属"文化学"的美术史改入"史学"类，又把第四类"心理学社会学"改称为"行动学"。1994年，类与类名未变，但专修课程的名称（相应的研究室的名称）做了较大改变，"中国哲学"改为"中国思想文化学"，"国史学"改为"日本史学"，"国文学"改为"日本文学"，"印度哲学"改为"印度哲学佛学"等。此外还增设了朝鲜文化、澳洲语言（土著）等文化研究的课程。1995年，学科的四大类更名为思想文化学科、历史文化学科、言语文化学科、行动文化学科。四大学科共26种专修课程，如中国思想文化学专攻即26种专修课程之一。四大学科全部变为"文化学科"，这种名称上的汉字形式的改变，无疑体现了东大人文学研究注重向文化研究发展的一种变化动向。在1995年的"中国思想文化学"专业的"修习注意"中说："本专修课程领域甚广，研究时代可从上古（甲金文）至现代（毛泽东、新儒家）各时代中选择。领域包括中国思想、哲学，及其社会（政治、经济、法律、道德）和文化（语言、艺术、风俗、生活史、女性史）、宗教（道教、佛教、民间宗教）、科技（天文、医学、农学）背景，可从中选择。强调思想史与社会史、思想史与文化史的沟通，中国与日本及中国与西洋思想之比较。"这个例子可以使我们具体地了解这种变化的内涵。

东大大学院各研究科以及各学部中，"综合文化学科"可能是最具特色而且最值得注意的。东大各学部皆设在东京市内的本乡校园，综合文化学科则与各学部不同，设在距市中心较远的驹场校区，属教养学部。据说文部省新的政策精神是取消国立大学的教养学部，而东大的教养学部却得以保存，此端赖其综合文化学科的活力及表现。综合文化学科的人文社会学科方面的硕士课程有七大类，其中"比较文学比较文化"专业设比较文学比较文化课程24门，"地域文化研究"专业设课程达48门，"文化人类学"专业设文化理论、文化过程、社会人类学等课程27门，虽然其中含有不少演习课程，但其课程开设的数量确实令人惊叹。七类之外，在"广域科学"专业中还有科学史、科学哲学及大量边缘交叉学科。综合文化学科产生的历史也许有其特殊的缘由，而这一学科已经成为今天东大最具活力的一个部门，也是东大与外国特别是西方国家文教交流特别活跃的一个学科点，相当突出地体现了"文化研究"在现代教育中的巨大能量。

至少自1963年以来，东大的教育一直维持着"大学—学部—学科—专修课程"的主体结构，例如现在的文学部—思想文化学科—中国思想文化学专业。思想文化学科下有七个专业：哲学（专指西方哲学）、中国思想文化学、印度哲学佛学、伦理学、宗教学宗教史学、美学艺术学、伊斯兰学。学部主要担当本科教育的责任，故以学部为部门名称的做法体现了以本科教育为主的方针。东大的本科生考入后先在教养学部修完两年前期课程，然后进入学部，选定一个专业修后期课程。如选定文学部的思想文化学科的中国思想文化学专业，就不必修思想文化学科的其他6种专业课程。每一专业都规定了后期课程在该专业应修的科目和学分，一般学生在三、四年级应修科目6~8项不等，需完成专业学分约40~44个。如中国思想文化学专业设7种必修科目：中国思想文化学概论、中国思想文化史概说、中国语中国文学、中国史、中国思想文化学特殊讲义（专题课）、中国思想文化学演习（资料课）、毕业论文。共44学分，其中毕业论文12学分。此外还要必修东洋史、中国语中国文学等文学部的其他科目若干学分。在"学部—学科—专业"的结构下，专业与研究室相对应，如思想文化学科有7个专业，即有7个研究室，分别承担其专业课程。整个文学部有26个专业，即有26个研究室，类似我们的教研室。1995年全文学部各研究室共115人，其中教授77人，副教授33人，外国人教师5人。其中思想文化学科（哲学类）25人，教授19人，副教授6人。另外，每一研究室聘1~2名助手，一般聘期为2~4年，多由新毕业的博士生充任。教员的数量比我们（如北京大学）是要少得多了。

343

东大的文学部相当于中文一般说的"文学院"，现在我国台湾的大学如台湾大学、台湾政治大学、台湾辅仁大学等也还都有文学院，作为大学和系之间的一层机构。但日本的情形不同。首先本科学生一、二年级在教养学部，三、四年级便直接进入学部下的专业，由研究室来管理，这是教育上的最大不同。其次，文学部下面没有"系"一级，学科或在名义上也可称为系，但并不存在这样的实体机构，学科或系亦无实体的功能，一切都是由文学部来管辖，而以研究室为教员人事和预算执行的基本单位，这是体制上的最大不同。在这种体制下面，显然教育的重点是落实到专业的教育；由于较早进入专业，本科毕业时的专业水平比较高。但由于从教养学部一下子进入专业研究室，学科的统一性不被强调，学科的整合意义没有了。一个后期学生从三年级起在专业研究室的团体中学习和活动，这是集体文化和专精技术结合的例子，但一个进入中国哲学专业的三年级学生，在此前和此后，似乎都没有一个机制保证他学得必要的哲学类课程。从我们习惯的"哲学系"的立场来看，其长处和短处还值得研究。

上面说的是文学部和它主要承担的本科教育，再来看东大的大学院即研究生院。1992年东大的大学院由12个研究科构成，即人文科学研究科、教育学研究科、法学政治学研究科、社会学研究科、经济学研究科、综合文化研究科、理学系研究科、工学系研究科、农学研究科、医学系研究科、药学系研究科、数理科学研究科。这些研究科也可以看成是研究生院的系。在研究科下设专攻（专业），1992年时人文科学研究科下有20个专业提供研究生课程，如西洋史学、东洋史学、考古学、伦理学、心理学、美术史学、哲学、中国文学、英国文学、德国文学、中国哲学、印度哲学等。当然，并不是每个研究学科下都有这么多专业，除了工学系下有25个、理学系下有14个专业外，其他系科的专业较少，如法学政治学有4个、经济学有3个、社会学有2个、数理系只有1个专业。人文学科的硕士课程和博士课程均规定有必修的学分，硕士课程标准修习年限为二年，博士（第一种）课程标准修习年限为三年。中国哲学专业的硕士课程必修学分为16，选修学分为14，课程修了者即获得学位；博士课程必修学分12，选修学分8，共20个学分。

在以培养本科学生为主的观念下，应当这样说，大学院的研究生课程是由学部的教员来兼任的。每一专业在每一年都有事先制订的教学课程。以1992年为例，东大大学院的中国哲学专业设14门课程，其中10门为特殊研究，4门为演习。特殊研究相当于我们的专题课，演习相当于我们所谓资料课。1992年的特殊研究课程，从殷周青铜器到清代思想与文学，几乎各个断代都有安排，并且这些课程大多是跨两个学期的。这也就意味着，一个从外面来到东大的人，在任何时候都会有这么多课程可供选择。我也才明白，为什么来北大的进修学者常常抱怨我们开的课程少。1992年担任中国哲学专业课程的有14位教官，教授8人，副教授4人，非常勤讲师2人。所谓非常勤讲师，是指外聘的兼课教师，不在本校编制之内，但其本人的职称可以是教授或副教授。14位教官中12人为本校教师，其中4人来自文学部中国哲学研究室，3人来自教养学部，4人来自东洋文化研究所，1人来自社会科学研究所。用我们的话来说，4人是系里面教研室的教师，8人则来自校内的基础课和研究所。该年度与哲学相关的任课者共60人，其中教养学部6人、研究所10人，非常勤13人，这意味着有将近50%的任课人员来自文学部之外，即使只计算不在编的外校兼课者，也达22%。而按1995年中国思想文化学专业课程来看，9位教师担任的16门课程，5人是自外校聘请的非常勤讲师。在教育资源共享的方面，东大的经验应该是可以借鉴的。

1995年东大大刀阔斧地实行了一系列的改革，将大学院的人文科学研究科和社会科学研究科合并为人文社会系研究科，并提出把大学院重点化、部门化。就是说，大学院将取代文学部成为大学的重点，成为部门的名称，大学将转变为以培养研究生为主。这也就是池田教授文章中那句开门见山的话的来由。而此后文学部的教学就应当说来由大学院的教师兼任了。这一年东大大学院的专业设置更进行了重大的改革和调整，不仅研究科和专业大加改变，专攻下又设研究方向，研究方向又可分为若干专门分野（专门领域）。如整个人文社会系研究科改编为五个大专业：基础文化研究专业、日本文化研究专业、亚洲文化研究专业、欧美文化研究专业、社会文化研究专业。五个专业下共有18个研究方向，这18个研究方向又共包括27个专门领域。在基础文化研究专业的四个研究方向中有"思想文化"，其下又分为哲学、伦理学、宗教学宗教史学、美学艺术学四个专门领域。而在亚洲文化专业的三个研究方向中第一个是"东亚研究"，其下有中国语中国文学、东亚历史社会、东亚思想文化三个专门领域。这个"东亚思想文化"专门领域便是我们以前显赫的"中国哲学"在今天的栖身之所了。换言之，从前所谓"中国哲学"的研究，在今天的东大大学院，不仅不属于"哲学"学科，也不属于"思想文化"研究方向，而变成"东亚研究"方向下的一部分了。事实上，中国文学、中国史和中国思想一样，在这个新的格局中也都业已变为"东亚研究"方向的某一方面了。

日本大学的人文教育中向来只有"论文博士"的制度，即博士课程研究生毕业后，经过多年的教学和研究的积累，在50岁左右时再集自己多年的研究成果以为博士学位的申请论文，通过一定的答辩程序（不一定在母校），获得文学博士的学位。因此，博士研究生在"课程修了"之后，不必做博士论文，当然也不得博士学位，随即寻找适合自己需要的工作。90年代日本大学教育改革的一个动因是在"国际化"的潮流中建立"课程博士"制度的需要。在课程博士的制度下，博士研究生修得所有必需学分后，撰写博士学位论文，答辩通过即获得博士学位，一般称为课程博士，以与传统制度的论文博士相区别。这无疑是与近十年大量外国学生在日本留学而要求获得学位相适应的。据池田教授的文章说，东大1994、1995年改革的主要目的就是"为研究生在五年中提供建立在广阔视野之上的跨学科教育，为社会输送兼有专深知识和广阔视野的博士学位获得者"。同时，经过这些改革，"文学部在拥有与本科——对应的研究者的基础上，完成了向以培养研究者为任务的大学院大学的转变"。这说明近来的体制及学科改革都与课程博士制度的建立及大学基点的转型背景有关。

透过东大近年在教育目标（大学院大学、课程博士）、教育体制（专业设置、讲座结构）方面的调整和改革，我们更注意的是其中所体现的学科调整和人文社会学科发展的变化。集中起来说，就是扩大文化研究，发展地域研究，注重跨学科交流。特别是寻求一种整合的"亚洲研究"的意识非常强烈。某种意义上可以说，地域研究的发展主要体现在"亚洲研究"上面，而所谓亚洲研究，主要就是"东亚研究"。从前东亚各国的各个方面的具体研究，现在都被纳入一种"亚洲研究"的框架和视野中来重新审视和研究。在一般的意义上来看，日本80年代后期以来对文化研究和地域研究的强调，包括晚近对社会史研究的强调，显然都是受到美国的人文社会研究的流行模式和趋势的影响。特殊地说，在"东亚"的整合性研究方面，东大的人文学改革是与日本学术界80年代后期以来"亚洲研究转向"一致的，是受到此种研究发展的影响的。最明显的例子就是1993年开始出版至1995年全部出齐的七卷本的《在亚洲思考》[①]的鸿篇巨制，不仅立即被许多学校作为参考书，东大大学院人文社会系研究科1995年即在"多分野交流"课程中设"'从亚洲出发思考'的思考"系列讨论班课程，由该书撰写者轮流主持相关讨论，引起了相当多的注意。1996年度开设的"历史与地域——亚洲史中的日本殖民地""亚洲文化与民族主义"课程，都是在该书的研究框架引申出来的多学科交流的亚洲学研究专题。在我们看来，亚洲研究或东亚研究在日本的突显明显含有在东亚历史的研究中遮蔽中国中心结构的作用，这也是和战后中国在东亚的地位的变化有关的。

东大的人文社会科学教育当然不能代表日本人文社会教育的全部，在有关哲学的教育方面，早稻田大学便与东大不同，其他学校也往往各有其特色。但以东大的地位和影响来说，该校近两年的改革及其所反映的日本人文学研究的变化动向应当是值得注意的。中国学术、文化和思想有着自己的传统和理解，有在中国现代化过程遭遇的特殊课题，但在中国的人文学及人文学教育处在转型和摸索的今天，注意了解外部世界的变化，及其对我们所具有的意义，更是必不可少的。

我个人的专业是中国哲学。中国哲学的研究在日本和东大曾一直占有很重要的地位，"中国哲学"也是东大的一个老专业，文学部一直有"中国哲学研究室"。甚至于80年代以前，东大有关中国的研究学会就称为"中国哲学研究会"。但从80年

---

① 参看孙歌在《读书》上的介绍。孙歌：《亚洲意味着什么？——读〈在亚洲思考〉》，《读书》1996（5）；孙歌：《在历史中寻找什么？——再读〈在亚洲思考〉》，《读书》1996（7）；孙歌：《普遍性的载体是什么？——三读〈在亚洲思考〉》，《读书》1997（3）。

代后期开始，东大中国哲学会改为"中国社会文化学会"，并主办了水平很高的《中国——社会与文化》集刊（虽然学会的事务所仍设在东大老的中国哲学研究室），突出显示了以东京地区中年学者代表的、要求日本的中国学从传统的"汉学"模式（以及战后具有社会主义色彩的中国研究模式）向欧美"中国研究"模式的转变的新潮流。现已拥有会员近1200人，其中与中国思想研究相关的学者约280人。1994年起，大学院的中国哲学专业和文学部的中国哲学研究室，皆将"中国哲学"改名为"中国思想文化学"。在这个改变中，"中国"虽然得到保留，而中国的"哲学"被消融在文化研究之中。与东大双峰并峙的京都大学的"中国哲学研究室"也随之改为"中国古典文献学"。1995年后，东大大学院改革的结果是，大学院里的"中国思想文化学"专业又被"亚洲文化研究"专业的"东亚思想文化"专业方向所取代。就是说，"中国"亦复消融在亚洲研究（或东亚研究）之中。

中国哲学不同于西方哲学的特质，日本民族重视经验研究的传统，日本国家当代的战略选择，这些因素各在此种变化中发生了何种作用，很难简单地揭示出来。但无论如何，这种变化将会对今后几十年的日本学术发展产生深刻的影响。

面对并注意这种变化，尤其是"中国哲学"的变化，作为北京大学中国哲学教研室主任，和以研究中国哲学自命的学者，我的心情自然是很复杂的。在这篇文章里，尽管我给自己的任务是描述这一变化而不是评价它，可我仍然想说一句，那就是，在当代世界学术交互影响的今天，亚洲人文学领域发展和扩大文化研究、社会研究、地域研究，是十分必要而且理所当然的；而另一方面，日本汉学的传统及其成绩，历来为世界学术界所公认，如何在发展新的研究模式的同时，又能继续发扬日本汉学的传统特长，恐怕仍然是日本新一代学者面临的重要课题。

（写于1996年10月6日，发表于《东方文化》1998年第2期 ）

"中国哲学"研究的挑战
——访陈来教授

问：中国哲学作为一种学科建制已经有近百年的历史，但"中国哲学"的合法性问题似乎从这一建制出现之始就已经存在，只不过是提问的方式不同而已。比如金岳霖和冯友兰先生对于"中国哲学"和"哲学在中国"的表述。这种讨论近几年似乎又受到学者的关注。对此，我们想听一听您的看法。具体地说就是您觉得这种方法是否合适？或者说是否存在一种更好地总结中国古代思想的方法？如果存在，可能是什么样的？

陈来：这个问题的确是一个十分重要的问题。与近代建立起来的其他学科概念相比，"中国哲学"似乎略显尴尬。不过问题的核心不在于中国古代是否有"哲学"这个词，而是在中国古代的学术体系分类中，并没有一个独立的系统与西洋所谓哲学完全相当。

对于这个问题，冯友兰、金岳霖等在20世纪30～40年代就有专门的讨论。最初问题的提出是在金岳霖为冯友兰《中国哲学史》所做的审查报告中，当时他就提出了所谓的中国哲学史是中国哲学的历史还是在中国的哲学史，这可以说是极具穿透力的问题。而冯友兰也专门提出"中国底哲学"和"中国的哲学"来区分"中国哲学"和"哲学在中国"的问题。

在后五四时代，人们对于中国哲学的讨论的核心问题就是哲学的"近代化"和"民族性"问题，从当时的哲学发展来看，将这两个问题统一起来显然是十分困难的。

我在这里并不想展开讨论冯先生和其同时代人对这个问题的不同解决，而是要提出这样一些看法：首先，中国哲学的问题和其体现的智慧，与西方或其他民族哲学有所不同，这不仅不妨碍其为中国的"哲学"，且正体现出它是"中国的"哲学。其次，"中国底哲学"的讨论，决不应该被理解为主张当代中国哲学只应当追求"中国底哲学"，事实上，就对中国现代社会文化来说，"哲学在中国"的贡献和影响可能更为突出，在这个方面的继续大力发展，也是我们所期望的。从佛教中国化的例子中我们可以看出，"哲学在中国"经过漫长的濡化之后，就可能参与构成"中国底哲学"。

问：那么我们现在应该如何评价胡适、冯友兰先生所开创的中国哲学体系？

陈来：我认为他们的工作是极其重要的。首先，这是一种自觉地承接中国古典哲学传统的努力。面对西方哲学的引进和西方文化的冲击，他们一方面在文化上坚持肯定中国文化传统的价值，另一方面在理论上吸收西方哲学对传统哲学进行重构。

其次，即使是从现在的目光看，冯友兰等人的方式仍是最合适的方式。这里面有两个原因：其一，这是历史的必然选择。近代中国处于民族文化的根本转型时期。以胡适为代表的白话文运动，使得学术研究的基本语言变了，所有的范畴和概念都西化了。这不是一个孤立的事件，它是受整个教育体制变化的影响。因此说是"事有必至，理无不然"。其二，这种选择有其合理性。近代文化的发展，必然要经历一个"出入"的过程，比如宋明理学之出入"佛老"。

问：现在有一部分学者因为恐怕使用"哲学"概念来总结中国人的思想传统会造成意义上的错位，而主张不同"哲学"而改用别的概念。对此您如何看？

陈来：我认为指出中西哲学之间不同的取向是有必要的，西方形成的学科分类与中国古代是不一致的。而且中国古人对于宇宙、人生、人心的认识也不局限于西方人的框架。

但这并不一定就是放弃使用哲学这个概念的充分理由。对此，张岱年先生将哲学视为"类称"的说法，比较有发挥的余地。即"哲学"是一个共相，是一个"家族相似"的概念。而西方哲学和中国哲学一样，只是一个殊相，一个例子。据此，中国哲学虽然在范围和讨论问题的方式上与西方哲学有所不同，但这并不妨碍其为中国的哲学。非西方的哲学家的重要的工作之一，就是发起一种广义的"哲学"观念，解构"哲学"概念理解上的西方中心主义立场，这样，才能真正促进跨文化的哲学对话，发展21世纪的人类哲学智慧。

如果简单地拒绝使用"哲学"概念，这其实是没有自觉地站在文化多元主义的立场，等于承认西方文化的强势的影响。这种做法不好，显得比较保守和封闭。我认为应将哲学的概念加以扩大。

问：但无论是从国际范围还是国内的情况看，中国哲学史的研究方向在发生着变化，也就是说哲学史和思想史、社会史之间的界限日渐模糊，起码我自己就比较认同这样的方法，似乎觉得"空谈心性"只关注抽象的形而上的问题，总是会"遮蔽"许多内容。

陈来：其实这种现象的出现有其历史原因，也有其外在的因素。首先中国哲学自学科建制之日起，就没有在自觉层面厘清"中国哲学史"和"中国思想史"之间的区别。其次是受自20世纪80年代起美国、日本等国的中国哲学研究的转向的影响。美国的中国哲学研究多设立在东亚系或历史系，而中生代的中国思想研究者不再注重把握思想本身、概念本身、命题本身，而要求把思想放入当时的社会–文化环境中有机地把握思想和社会的关联，从而使思想的研究更多地表现出历史学的取向而不是哲学的取向。

中国学术界由于受唯物史观的影响多年，所以对之并不感到生疏，但相应的结果是中国哲学史的范围，在这样的背景之下，有越来越模糊的趋向，以至中国哲学史的从业人员面临"同行迷失"的困难，从而产生了重新讨论中国哲学范围的必要。

跨学科研究当然是一种好的现象，但前提是我们必须明确中国哲学的界限，比如中国哲学专指中国古哲对宇宙、人生、人心、知识的理论化思考和概念组织体系。只有明确各学科的主要任务，才能有真正的跨学科研究。

问：儒家研究一直是学者们关注的中心问题，如儒家的宗教性等。就我个人而言，最近一直在思考制度化儒家的问题，觉得儒家在中国古代的主要存在形态是一种制度化的存在。在这里特别想请教一下您对此问题的看法。

陈来：儒家在传统中国社会的作用问题的确是一个十分重要

的问题。但是这个问题本身存在着一个陷阱。有些人在讨论这个问题时，已经有了这样一个"预设"，即将制度化看作儒家观念的一种"落实"，这里面便存在着许多问题。严格地说，具体的制度设计并不是某种观念的具体化，因为首先制度本身有传统，所以即使在儒家独尊之后，也不仅仅是儒家的制度化。任何制度的确立和政策的制定都是当时政治环境下的一种制度选择，政治理性往往是一种博弈的结果。

问：您的看法对我很有启发。但是总的说来，特别是汉代独尊儒术以后，不仅出现了许多制度设计来保证儒家的独尊地位，而且许多制度逐渐带上了儒家的印记。我自己将这称为"儒家的制度化"和"制度的儒家化"。

陈来：的确许多学者早就开始研究儒家和制度之间的关系，如瞿同祖先生的《中国法律和中国社会》中，就讨论了法律的儒家化问题。在我看来，儒家制度化最重要的是体现在法律和伦理规范上。法律其实处理的就是人与人之间的关系，而在中国传统社会，这种处理实行的是儒家的原则，比如性别、长幼和等级。

但是中国历史上的许多制度与儒家的关系非常复杂。比如说科举制度。从发生学上说，科举制不是儒家的设计，是文官铨选制度的一种创新。科举制不必然和儒家捏合在一起。即使是与儒家关系最为密切的明经科，随着科举的发展，其与儒家之间的紧张度也越来越大。当儒学成为考试科目之后，它就已经不是"为己之学"了。

如政治制度中的君主制度。这套制度的形成不完全是儒家的设计。的确儒家不断在为君权的合理性论证，但也不是无条件的，其中存在着一定的紧张度。儒家一直试图在君主之上设定更多的制约性原则。儒家是对制度整体上的支持，并非对每一个具体的政权。

问：您对儒家和制度之间的关系的阐述很具有启发性，但就科举制度而言，客观上使儒学成了获得社会资源的"单一性"途径。

陈来：儒家和权力之间的关系很复杂。我们知道历史上有许多儒者是不追求仕进的。在现实中儒家所掌握的权力也不一定是国家的权力，也有可能是宗族的权力。儒家不可能无所不在。制度化的分析应有一定的限度，不能将所有的权力和制度都标上儒家的标记。

问：经学是儒学的重要组成部分，我觉得现在似乎对于经学的研究有与儒家研究脱离的倾向。

陈来：我自己并不排斥对于经学和儒家制度化的研究，如我还专门写过蒙学方面的文章。但如果我们站在哲学史和思想史的立场上来说，经学史可以处理很多没有思想的文献学家，这些文献学家对于儒家经典的流传十分重要，但是这些人不是以产生思想作为其特色。汉唐经学的很大部分都是这类人。当然也有一些思想家，在注释经典时，注重发挥，即透过经典的解释，来阐发儒家思想。

经学研究是儒家研究的重要部分，但对于哲学史而言，未必然。

问：我们注意到，您自己的研究重点已经由一开始的宋明理学逐渐扩展到别的方面，这种研究范围的不断扩展，是"兴之所至"还是有"预谋"的？您是否有做"通史"的想法？

陈来：我现在并没有做通史的安排，这主要是因为我自己的兴趣。我这个人不太喜欢设计。因此更像是"兴之所至"。比方说我那本《传统与现代：人文主义的视界》讨论的是文化问题，基本上围绕传统和现代立论。《现代中国哲学的追寻》所关注的问题可以上溯到1980年代。而梁漱溟是我现在最感兴趣的人物。《古代宗教与伦理：儒家思想的根源》则是1990年代所关注的重点。这本书所关注的是前经典时代，其研究取径则是宗教人类学的路子。

问：可否谈谈您对于中国哲学研究的体会？从整个学科来看，我们最应该关注哪些问题？

陈来：虽然我的研究方向不断在改变，但我的研究始终有一个出发点，那就是站在中国的角度，回应世界范围内对中国哲学、世界哲学的挑战。这意味着这样的一种情形，就是要把自己的研究置于世界范围的学术标准。比如说我们都知道日本学者擅长考证，我做《朱子书信编年考证》就是要说明，中国人也能做这样的工作，而且能做得更出色。

从整个中国哲学学科的发展来看，我认为现在我们对于中国哲学这套义理系统，还没有用现代哲学的语言做出清晰的梳理，同时中国哲学史的内部还有许多人物没有专书和专门的资料整理，这样就没有为我们发展现代意义上的中国哲学打下一个基础。这些都是我们所急需考虑的问题。

问：冯友兰先生指出自己是"接着讲"，而不是"照着讲"，对此您有什么评论？

陈来：冯先生一直站在世界哲学的立场，他所考虑的背景比较大。但就其根本精神而言，可以用他自己常说的"旧邦新命"来概括他的文化情怀。他所关注的是如何使中国文化具有更强的生命力。"抽象继承法"和《中国哲学史新编》都体现着这样的使命。相比之下，张岱年先生更关注哲学本身，想建立一个新的哲学体系，《中国哲学大纲》是基础。

无论如何，每一个时代的学者，都应为中华民族的现代化、中华文化的伟大复兴表达自己的这份关切。

（《哲学动态》，2002年第3期）

"好学深思，心知其意"

——陈来教授访谈

方旭东[①]：陈先生，众所周知，您非常幸运，曾亲炙于张岱年先生、冯友兰先生这样的中国哲学大师，从他们那里，您都接受了哪些训练？

陈来：在哲学史研究上，20世纪80年代前期，也就是1978年到1985年，我受张岱年先生的影响很大。张先生教人最强调"好学深思，心知其意"。这是一种实证的治学精神，强调对古典文本的客观了解。另一方面，在哲学史的研究中，张先生与冯友兰先生注重逻辑分析，也就是所谓"辨名析理"，这种方法对我影响也很大。这实际上也是20世纪30年代清华学派的风格，注重概念、范畴的解析，但是这种分析与那种建构式的逻辑分析是不同的。客观的了解、细致的分析，这些都是哲学史的基本功夫。有了这些功夫，结论才会准确到位。

方旭东：据我所知，您的《朱子书信编年考证》受到国际中国哲学界的高度评价，这本书反映了您深厚的考证功力。而张、

359

---

① 方旭东，华东师范大学哲学系教授。

冯两先生对考证似乎并不特别重视。在这方面，您究竟是有所授受还是自我体贴出来的？

陈来：除了张、冯两先生给我的上述影响之外，我个人还比较注重文献和考证，这一点可能来自近三百年中国学术史对我的影响。我在《读书》杂志上曾写过一篇关于钱穆先生《朱子新学案》的书评，其中就谈道，清代以来朱子学的研究趋势就是走向考证，最初是由朱陆异同的问题开始的。由考证而义理，这是一种学术史发展的内在要求。我在1981年前后就已写成《朱子书信编年考证》，硕士论文答辩时，我带了厚厚的手稿放在旁边以备查考。后来，邓艾民先生还借去指导来进修的日本学者。当我做完考证后才逐步了解，这样的取径实际上是国内外学者不约而同的致力方向。如早在20世纪40年代，兰州大学的李相显写的《朱子哲学》，其中已经比较注重考证。而钱穆先生的《朱子新学案》在考证上更是下了很大功夫。不过，钱先生书中最重要的考证，即关于中和旧说的年代问题却是错的，据说，这一点钱先生自己后来也承认了。总之，从考证学入手，是朱子学研究几百年来学术史发展的内在要求，所以20世纪60年代以后，日本学者友枝龙太郎是如此，著名海外中国哲学专家陈荣捷先生是如此，甚至牟宗三先生也是如此。注重考证，由考证而论义理，这实际上是三百年来朱子学研究的内在理路。我开始朱子学的研究，正好就合上了这个路数。国内有的学者研究朱子仍是从概念范畴的角度，这个路数一上来就偏离了三百年来学术史的内在理路，其成果也就注定不会太大。

方旭东：好像直到现在，国内中国哲学研究都还不太重视考证。依您看来，考证在学术研究中究竟有怎样的意义呢？

陈来：考证是学术性的一个重要方面。举例说，我的关于朱子理气资料的考证，这些资料多有论者引用，但都不知出自何处。我在做论文时也碰到这个问题，去问张先生、冯先生，他们也都不知道。后来，我自己通过考证解决了这个问题。我在1982年5月就此写成文章《关于程朱理气思想的两条资料的考证》，交《中国哲学史研究》发表。1982年7月，在美国夏威夷召开国际朱子学大会，会上，日本学者佐藤仁、山井湧也提出了这个问题。陈荣捷先生对朱子文献非常熟悉，他个人对此也很自负，但是也不能回答。我的论文在1983年夏天发表，这年7月陈荣捷先生来中国访问，读到此文兴奋异常，在当年为《中国哲学年鉴》撰写的文章中特为称许。

我在1978年到1986年间，完成了两部著作，《朱子书信编年考证》与《朱熹哲学研究》。书信考的写作在前，而出版在后。日本学者对书信考特别佩服，因为他们没有写出那样的书，现在这本书已成为他们大学院研究宋明理学的必读书。其实，日本学者并不是没有能力写，像田中谦二的《朱门弟子师事年考》就写得非常扎实。也许因为中文毕竟不是他们的母语，所以他们要凭一人之力写出书信考这样的书就不太容易。

方旭东：我觉得，在注重考证方面，您与陈荣捷先生倒比较接近。我注意到，您在《有无之境》的扉页上把这本书题献给冯先生和陈先生两个人。按我的理解，题献并不仅仅表示感激，同时也暗示某种学术渊源。如果这种理解不错的话，那么是否可以说，对于陈荣捷先生，您不单只是心存感激，更有某种自觉的学术继承？

陈来：的确可以做这样的理解。我的两部有关朱子的书都得到了陈荣捷先生的充分肯定。《朱子书信编年考证》一书，陈先生已在1987年赐写序文，推许过度，实不敢当。1989年召开东西方哲学家大会时，我的《朱子书信编年考证》已经出版，大会第一天，我就送书给陈先生。之后，作为大会主题发言的陈先生有两天没有参加会议，原来他用这两天时间为我这本书做了一份详细的索引。1989年秋，陈先生又为《朱熹哲学研究》写了书评，奖掖再三。陈先生晚年与我书信往来甚密，所以他对我的影响也很大。

方旭东：我看出您的《有无之境》与冯先生的境界说比较契合。您在一些文章里也提到冯先生对您的影响。这种影响究竟是怎样产生的？

陈来：1985年我博士毕业，系里派我给冯先生做助手。当时，冯先生的《中国哲学史新编》写到魏晋部分，在看这部分书稿的过程中，我和冯先生就"有无"问题有所讨论。第一天工作结束后，冯先生对我比较满意，对张先生说：陈来到底是个博士。冯先生平时与我也比较谈得来，他还提到我对他写作《中国哲学史新编》的后几册有所帮助。

在客观上，我写的《有无之境》着眼点与冯先生比较接近，不过这并不是有意而为的，因为我在1986年秋天就去美国访学了，而《有无之境》是在1988年回国后写成的。这本书本想请冯先生作序（那是很自然的事），可惜当时冯先生已经病重，只好作罢。我记得冯先生在病榻上对我说："可惜不能看你的书了。"现在想来，《有无之境》虽与冯先生比较接近，但实际上是我的研究和学问的自我成长，而不是刻意在学冯先生，因为境界是宋明理学的归宿，研究越深也就越能领会，也就必然会朝这个方向走。对于境界，冯先生真正有他的体会，有着某种内在的契合。从气象上论，冯先生近于明道，而张先生则近于横渠。比较而言，张先生似乎比较着重于知性的探究。

方旭东：就我个人的阅读感受来说，《有无之境》比《朱熹哲学研究》要好看一些。对您个人而言，这两本书的写法是否也有所不同？

陈来：严格说来，《朱熹哲学研究》这本书是可以不受批评的，因为它写得非常平实和严谨，诠释的程度较小。研究王阳明的这本书则不同，虽然在哲学史的方法上不离大体，但诠释的程度较大，利用西方哲学的资源进行分析的地方较多。这是因为心学理论比较简明，对心学必须多加哲学的诠释，同时对境界、对心性也必须有内在的了解。比较而言，朱子研究主要是考证和解析，阳明研究主要是哲学的诠释以及内在的阐发。

总的说来，我在写《朱熹哲学研究》时受张先生影响最大，因此，在1990年的台湾版和2000年上海出的新版中，我在扉页上都写了"谨以此书献给张岱年先生"。写《有无之境》时，与冯先生比较接近，因此我把那本书献给冯先生。《朱子书信编年考证》重在考证，献给陈荣捷先生最合适，只是那时候还不知道有献言这种做法。

方旭东：我注意到，以《古代宗教与伦理》为标志，近些年来，您开始把更多精力放在对中国古代哲学尤其是儒家思想起源问题的研究上。这是否意味着您的研究领域已经发生了某种迁移？

陈来：关于宋明理学，我主要写了四本书。两本关于朱子，一本关于阳明，还有一本是对整个宋明理学的概述。在这之后，我自觉对宋明理学的研究大体已备，开始寻找新的方向，对中国古代哲学尤其是儒家思想的起源发生兴趣。1991年后，我开始研究儒家思想的起源问题，1996年出版了《古代宗教与伦理》一书。

《古代宗教与伦理》的研究路数是从宗教人类学的角度入手，但也不同于原始思维研究。在某种程度上说，这本书是交叉学科的产物，它使用的方法比较新，但它仍然是思想史研究的路数。为写这本书，我读了大量西方理论书籍，对宗教学特别是原始宗教的理论做了较多了解。

《古代宗教与伦理》这本书也大量吸收了历史学材料。古史专家曾评价说，这本书是在思想史研究领域吸收古史研究成果最多的。在具体材料的使用上，我受李学勤先生的影响较大，不赞成疑古派，我用了一些疑古派不用的材料，如《周礼》。实际上，在古史领域，几乎没有哪一个材料没有争议。

《古代宗教与伦理》里有一章对张光直先生的三代文化皆为萨满教的观点提出了反驳。张光直先生曾把这篇文章复印发给他的学生，让他们仔细阅读。这实际上涉及巫史传统问题。这本书1995年写完，1996年出版。现在看来，这本书对其他学者或多或少发生了一些影响。近年来不少学者开始注重巫史文化问题，注重轴心时代文化与巫史的关系，应该说都与本书有些关系，至少可以说，本书在研究中国上古思想时所提出的问题和结论，对晚近的讨论有先导之功。

方旭东：北大的人文学者有一个传统，就是不仅仅做单纯的学术研究工作，同时对于时代的思潮及文化问题也积极发表自己的看法。在这方面，您似乎也不例外。我听说，您曾被当作中国大陆儒家思想的代言人。您对当代思想文化问题都有哪些观点呢？

陈来：在我众多的学术著作中，值得一提的还有《人文主义的视界》这部书。这本书是研究当代思想文化问题的，它收入了我介入文化讨论的主要论述。也可以说，它是1988年以来文化热的一个结果。当时，中国思想界的中心问题是传统与现代的关系问题。我在这本书中表达的立场曾被人称为"文化保守主义"，我自己并不认同这个说法。其实，准确地说，我自己的立场不如叫作"反反传统主义"。我认为，五四新文化运动引发的文化争论其实大多是由反传统主义所引起的"反反传统主义"的反击，而从政治层面看，他们多无分歧。20世纪80年代亦是如此。由此，我们对"进步"也应有多种理解：应当承认，走向进步是有多元的方式，但这并不意味着我就是"保守"的，实际上，我个人积极主张引进西方文化中的优秀成分。有一次，我和朋友在美国一起逛书店，我跟他开玩笑地说："如果我来管国家社科基金的话，我会把一年的钱都用来翻译重要的西方典籍。"

最近几年，思想界的焦点已经转移，出现了所谓自由主义与新左派的争论。其实我早就说过，随着中国社会自身的转型，传统与现代的问题会让位给其他思想问题。现在的问题已经不再是20世纪80年代要不要改革的问题，而是要何种改革、如何改革和如何发展。在这个意义上，可以说自由主义和新左派的问题是后改革的问题，诸如政治改革的问题，经济民主、社会民主等问题。有朋友说，对于思想界的争论，这几年我似乎保持沉默了。其实不是这样的。一方面，这几年我在外面的时间比较多，另一方面也是更重要的原因，我自己是研究中国传统文化和儒家思想的学者，因此就目前来说，与传统文化或文化传统没有直接关联的讨论，我觉得没有必要也不想介入。

方旭东：最近几年，学界不断有人检讨"中国哲学"一词的合法性及中国哲学学科撰述的范围问题。还有人提出以"中国思想史的研究"取代"中国哲学史的研究"。对这些问题，您是怎么看的？

陈来：就中国的儒学研究的现状来看，它在内容上是以注重"思想"为主流，在方法上是以"哲学"的取径为主导的。甚至可以说，中国的儒学研究是由"哲学史的研究"为主导的，而不是"思想史的研究"为主导的。

但是，由于没有在自觉的层面上研讨"中国哲学史"与"中国思想史"等其他研究思想文化的学科之间的分工区别，使得在一个很长的时期中，特别是在中文世界，中国哲学史的研究和中国思想史的研究混合不清，而其倾向似乎是中国思想史的研究被中国哲学史的研究所笼罩，思想史向哲学史靠近，而不能显示自己的个性。然而，20世纪80年代以来，受社会史、社会思想史、文化史研究发展的影响，中国哲学史的范围有越来越模糊的趋向，以至中国哲学史研究人员面临着"同行迷失"的困难。20世纪80年代以来，"中国哲学史"专业受到压力，其倾向不是以前的思想史向哲学史靠近，而是哲学史被引向思想史和其他历史学。这种情形所造成的结果是思想文化的各研究领域的分工不清，虽然不能说十分普遍和严重，但的确构成了对中国哲学研究的挑战。20世纪90年代以来，欧洲的汉学与美国的中国研究、日本东京学派与京都学派渐渐合流，形成一个有关中国思想研究的社会历史化、文化化的非哲学化的潮流，这种世界范围内的研究变化对中国国内有关中国思想的哲学性研究也产生了一定的影响。

毫无疑问，应当大力推进有关中国文化中其他方面的研究，无论是宗教、科学、数术、民俗都需要加强研究，但是这并不需要把"中国哲学"这一学科的内涵扩大（甚至牺牲中国哲学这一学科），才能进行上述研究。一个中国哲学研究者也可以同时研究中国文化的其他侧面，但这并不需要放弃"中国哲学"的概念才能做到。中国哲学思想的研究当然应当注意思想与社会的联

366

系，但不需要把研究这种联系作为自己的主要任务，而应由学术分工的其他部门来做专门研究，或开展合作研究。虽然说中国文化的许多领域的研究急需发展，但不能说中国哲学的概念、命题、思想、体系的诠释研究已不再需要。

所以，有必要重新明确"中国哲学史""中国思想史""中国学术史""中国文化史"的主要任务的区别。应当说，就范围而言，文化大于学术，学术大于思想，思想大于哲学。中国哲学专指中国哲人对宇宙、人生、人心、知识的理论化思考和概念组织体系。哲学是文化上层建筑中距离社会现实最远的。国外的中国研究受规模的限制，设立较宽的"思想文化"是有其理由的，但仍需对"中国思想文化"内部各领域的特质与分别有明确的认知。同时，上述各个专门领域的研究取向亦不同，哲学的研究较偏重于人文价值的思考，历史的研究较偏重于历史事实的认知。自觉地意识到这种区别相当重要。一个主要从事中国哲学史研究的学者当然可以兼做思想史、学术史的研究，因为中国古代学问本来不是高度分化的，而是互通的，并且哲学史、思想史、学术史本来也有交叉之处，更何况许多专人专题的研究必然要兼顾各个方面。但明乎以上的分工，则撰写《中国哲学史》《中国思想史》《中国学术史》时就不会混淆各自的主要任务，而可避免发生不必要的纠葛。明乎这些学科的分别，并不是要造成森严的壁垒，反而可以更积极地鼓励交叉的研究。

与西方学者不同，中国学者曾经饱尝机械唯物史观的甘苦，因此，对大多数中国学者来说，20世纪末以来国外有关中国思想文化研究的社会历史化潮流影响不是太大，至少对新儒家的研究，大多数中国学者已放弃对宏观的社会历史的"大叙述"（Grand narratives）的追求，以避免大而无当的讨论。也由于这

367

个原因，当代中国学者对这一类方法颇抱怀疑的态度，即不重视文献和文本，而热衷于追求外在的解释，缺乏充分根据而想当然地把新儒家思想整体或其某些学派归结为特定时代的特定阶层、宗族、制度的背景，或特殊的社会构造。而20世纪80年代以来儒学研究最重要的进步，主要就表现在深度的、学术性的研究成果大量出现。这些专人、专题、专书的儒学研究，致力于深入儒学的内在实质，力图深入、平实地理解历史上儒家思想家们最重视的问题、议题、课题，把他们的讨论用现代的哲学语言还原出来，在现代哲学的视野中加以分析和把握。大致说来，当代中国的儒学研究者更加注重对"思想"本身的细致研究，更加注重思想家的精神追求、价值理想、哲学思考、人生体验，注重儒家作为经典解释的传统，注重儒家作为德性伦理的传统，注重儒家与社群伦理、全球伦理的关系，并谋求在这些研究的基础上与西方哲学家、神学家展开对话。之所以如此，不仅是因为研究的对象本身如此，也与过去盲目庸俗地采用历史唯物论的经验教训有关。

当然，对机械唯物论的警觉并不等于对社会科学的拒斥。事实上，在整个儒学研究中已出现吸收社会科学的例子。展望未来的发展，我认为，过去对思想本身的客观、细致、内在、深入的研究，为未来研究的多样化奠定了良好的基础，而哲学思想研究的成熟也为其他研究的发展准备了条件。虽然到目前为止，中国的新儒学研究以哲学史研究为主流，对社会历史的大叙述不感兴趣，但随着哲学思想研究的成熟和中国史研究的进步，未来的新儒学研究可能会在思想史研究方面进一步发展。这种思想史的研究虽然不会盲目追求大叙述，但会更多注意理学的实践层面、理学与当时社会的各种具体制度的互动联系，并在具体的研究上发展政治思想史、社会思想史的研究。

方旭东：中国哲学史研究在很大程度上与诠释活动不可分割，对于同一个文本，不同的诠释者会做出不同的诠释，那么，这些不同的诠释是否有对错高下之分？如果有，衡量的标准又是什么？

陈来：诠释可以多种多样，但不等于说可以任意发挥，更不能说各种诠释都是平等的、没有高下对错之分，因为毕竟还是有共同的学术共识作为标准。

中国哲学的研究以诠释活动为中心，而学术共同体的学术共识就是判断诠释的标准，根据这个标准来衡量诠释水平的高低。如何理解学术共同体的共同标准？它可以通过文字训诂，也可以通过思想体系的内在逻辑分析来确认，因为古代文本首先是由古代汉语构成，它有比较固定的字面意思，可以通过文字研究确定；其次，文本不是孤立的一段文字，必须联系它的上下文以及言说背景，在更广的意义上，它不会超出言说者一贯的言说逻辑以及言说者所在的思想体系。具体到某个文本，它的诠释空间就不是无限的任意的，而是非常有限的与确定的。对哲学史研究来说，不是所谓"诗无达诂"。哲学史领域正是在解释上见出功力的高下。张岱年先生的书好像没有讲出什么特别高深的道理，但是，在同时代人中，他所讲的最能把握古人意思，这就是他了不起的地方。

学术性（scholarship）这个概念，就代表着国际学术界一个通行的标准。事实上，的确存在着一个国际性的学问标准。了解这一点，就不至于孤芳自赏。1989年夏威夷东西哲学家大会筹办委员会讨论邀请学者名单时，杜维明先生提出请大陆某著名学者，被陈荣捷先生否决，陈先生问："他的scholarship是什么？"

言下之意，那位学者虽然名气大，却没有自己的专长。陈先生却提名让我参加。从我自己的学术发展来看，我一直是把包括日、美、欧以及我国港台地区在内的整个世界的中国哲学界作为学术竞争的舞台，以这个学术社群的学术性标准，力求在这个舞台上做出我们自己第一流的、为世界学术界所承认的学术工作。在这个意义上，我的确有很强的中国学术的身份感。

方旭东：解释学理论提出，任何解释都有解释者的前见（prejudice）在其中。您认为，对于哲学史研究者来说，应该如何对待这种前见呢？

陈来：按解释学观点，任何解释都有解释者的前见（prejud-ice）在其中。这个说法本身并不错，但是某些研究哲学史的学者往往对此有错误的理解，以为应当有自己的一定之见或一套真理，然后持着这种成见去治哲学史。前见固然不可避免，但哲学史研究应尽量去排除这些前见，即个人主观因素的干扰，以达到对历史真切的了解。哲学史研究的目的是了解文本自身所含的理论问题，如果先就有了一套真理，还要研究哲学史干什么？

哲学史研究必须还原到文本，内在地研究古人的思考。这并不是要否认前见的存在。事实上，现在的哲学史研究是用现代汉语对古代汉语的文本做诠释，在这种语言转换过程中就已经有前见在其中。认识到有前见存在，并不意味着可以把前见作为任意解释的基础。

其实，在中国哲学史研究方面，并不是离开文献单纯地讨论理论才是讲义理，把古代文本的内在义理真正发掘出来，这本身就是一种义理工作。这涉及研究哲学史的意义究竟何在的问题。把哲学史研究变成为某种理论找证据，这并不是可取的态度。不注意发掘古人内在的义理，而用自己的一套理论去讲，实际上是

370

认为今人比古人高明，这在根本上是不尊重古人。其实在思想上，今人并不见得就比古人高明，进化论在这里并不适用，因此从事哲学史工作首先要知道：古人在讲什么？这是基础，由此才能做进一步的诠释，将古人的视域与今人的视域连接。如果不是这样，而只是把现代的哲学概念作为预设的真理，使古代思想的研究只是成为对某种现代观念的呈现，这就使哲学史无形中仅仅变成了一个药引，没有自身独立的意义。如果是要讲一套哲学真理，那么不妨直接讲，不需要借着哲学史的牌子。如果以研究古代思想家为题，而让别人觉得所讲的都是自己的一套观念与理解，那么，这种研究就难免是一种失败。麦金太尔在谈到怎样才算一部成功的哲学史时曾经这样说：设想把书中写到的那些哲学家从天上请下来，让他们看写他们的那些章节，如果他们当中百分之九十的人都点头说是，那么，这部哲学史就算是成功的，反之则是失败的。

所以，做哲学史不应采用"借花献佛"的方法，那种方法不过是把哲学史变成了一种谈资。哲学史一定要讲出古人的义理，这也就是张先生为什么要强调"好学深思，心知其意"的原因。所谓"好学深思，心知其意"，就是要对古人义理的原意做出清晰的、确切的解释。在这方面，冯友兰先生的《中国哲学史》、张先生自己的《中国哲学大纲》都是典范之作。冯先生的《新理学》则不在此列，因为冯先生开宗明义声明，这本书只不过借用古人的概念讲自己的意思。如果一上来就做这种声明，那么这个工作就是哲学原理的工作而不是哲学史的工作了。这两者的分际要清楚。

方旭东：一般人似乎认为，能讲出自己一番道理的才算是哲学家。言下之意，仅仅讲出古人意思的学者，并不算哲学家。对

"哲学家"的这种认识，还涉及大学哲学系究竟培养什么人的问题。您对这个问题是怎么看的？

陈来：有人说现在中国哲学家很少。诚然，哲学家一个很重要的特点是他的思想具有原创性，从这个意义上说，目前国内的确非常缺乏。但是对这个现象的原因也要分析，首先是我们的文化环境是否允许真正的原创性；其次，即使是在西方，那种有自己完整的思想体系、极富创造性的哲学家在哲学界也是少数，例如，在英美，很多哲学家从事的是具体的精细的技术分析。一般中国人把"哲学家"想得过高，以为只有黑格尔这样的才算哲学家，其实"哲学家"（philosopher）这个词，在西方指的就是一般学院里的哲学工作者。从哲学在当代发展的趋势来看，黑格尔之后体系性的哲学已经式微。另一方面，在现行的教育体制与学术体制下，所能制造的只能是学院里的哲学工作者。当然，一个人追求成为创体系哲学家，应当得到鼓励，但是对一个社会而言，它并不需要鼓励每个哲学系毕业的人都去成为哲学家，也不可能。从历史上看，中国的哲学家一般都不是学院培养出来的，直到现代，新儒家中的熊十力、梁漱溟都是典型的例子。但是，随着社会体制化的不断完善，在当代再要出现历史上那样的哲学家已经不太可能。不是说现在就没有人具有古代哲学家的那种天资与思考，而是因为在当代成为一个哲学家需要经过学术体制的认肯。现行的学术体制、学术共同体诚然有它不尽合理的地方，因此也就存在埋没人才的可能，但如从现实的角度看，我们也得承认这样一个事实：在目前的情况下，那种学院之外的"自由思想者"或"民间思考者"其结局基本上是自生自灭，这就是现代性。而现代学术体制就像民主制度一样，虽然它有种种弊病，但与其他制度相比，仍不失为弊病较少的制度，故仍然为大家所选择并长期接受。

中国哲学专业的博士所要求的，基本上还是哲学史的训练，西方哲学专业也一样。哲学系不是把学生直接训练成为哲学家——它也没有这种能力。古典意义上的哲学家从来就不是学院所能计划培养出来的。一个人在哲学系所接受的训练主要还是概念思维和哲学史方面的训练，换言之，是培养其将来成为哲学家的潜能。

方旭东：如果说准确、全面地讲出古人意思主要是一种"述"的工作，那么讲出一套自己的理论则相当于一种"作"的工作。那么，是否可以这样理解：哲学史领域更需要的是"述"而不是"作"？

陈来：在整个哲学领域，应该鼓励创造性的思考，换言之，不能只有"述"而没有"作"，但是，在中国哲学史领域，要防止以"作"代"述"的倾向。这种以"作"代"述"的做法，在某种意义上是受了黑格尔的"哲学史是哲学的展开，哲学是哲学史的总结"观点的负面影响。"哲学是哲学史的总结"，这句话除了少数哲学家如黑格尔之外，对其他的哲学家大概都不适用，即便是黑格尔本人，他的哲学对哲学史的总结也是非常主观的。一个哲学家，他的哲学与前人当然或多或少都有某种联系，但是程度不一，而且有自觉与不自觉之分。20世纪出现的越来越不是那种综合性的、总结性的哲学家。像罗尔斯，就很难说他的哲学是哲学史的总结，也很难说是哲学史的展开，所以这些话要看怎么理解，展开的究竟是哪一种哲学？是自己的还是历史上的？其实，这句话从客观上看无非是强调义理之学，但是讲义理之学并不需要将古人思想放在自己的义理架构下讲，切近古人的思想讲义理也是义理之学。

黑格尔哲学史观的一个毛病就是：研究哲学史时必先人为地设定一个线索。它的弊病是容易削足适履，抹杀了历史丰富的个性。按照这种哲学史观写成的哲学史著作，往往牺牲了哲学史的丰富性与个别性。如果不是对哲学史做充分的客观了解，就轻易地用一个线索去讲，虽然整齐好看，终归成绩有限。

这两种做法，用王夫之的话来说，就是"即事以明理"与"立理以限事"。何谓"立理以限事"？不妨以牟宗三为例来说明。牟宗三很注重文献，他是解释的高手，但是主观性太强。他在对文献的解释上有很多高明的滑转，以迁就他自己的心学立场。他最根本的一条就是推崇陆王，认为陆王传统才是正宗。从他掌握文献的程度来看，他当然了解文本的原义，但是他有时故意往歪说。他书中这些地方，凡是研究宋明理学的内行都能看得出来。

方旭东：我注意到，刚刚您提到"内行"这个词，它似乎是您想强调的一个重要的学术概念，您能否展开来谈谈？

陈来：在学术领域，"内行"这个概念是值得好好研究。什么叫内行？内行代表着某个学术领域学术共同体的学统、训练以及内在的评价体系和标准，也包含着由学术经验累积而成的直觉。

我认为，现在学术界的一个大问题就是不尊重内行，由此滋长了一种浮泛的学风。流风之下，使很多人产生这样一些错觉：以为一个人很容易就可以成为"万人敌"；以为在国外学了"××研究"之后，就可以随意进入任何学术领域，就可以轻蔑这个领域的学统与训练，真有陈亮所谓"推倒万世之心胸"。这可能吗？根本不可能。尤其需要警醒的是，这种学风对年轻人影响甚大，实是误人子弟。此风不可长。

我们主张广泛吸收世界文化的营养，开拓研究的视野，学习西方新理论、新方法，但是，无论如何，吸收西方学术新知一定还要回到每个学术领域的具体研究上来。切不可认为，在学术领域可以"打游击"，粗知一点最新流行的理论就可以包打天下。

这种学风实际上是不尊重内行的表现。对一个国家而言，长此以往就会变成：没有任何学术领域有坚实的基础，有的只是所谓文化人和知识分子浮泛的自我表现。必须尊重内行与学术性（scholarship）。如果背弃这些观念，不仅会耽误一代青年学子的学术前程，也会使中国学术长期滞后不前。像我们的邻国日本，它的学术已经达到西方学术界认可的成熟的地步。得到西方学术界认可当然不见得都是好，但是得不到西方学术界认可，也需要认真反思。日本为什么能够这样？这与它的学术近代化建设有关。近一个世纪以来，日本学者扎扎实实地在每个学术领域从事这种具有学术性（scholarship）的研究，结果既有知识积累，又有方法创新，做出了令西方学术界刮目的成绩。现在的西方汉学研究一般多参考日本文献而少参考中文研究文献，这并不是因为日文比中文更容易掌握，而是因为日本有精细的坚实的研究。日本人的确非常尊重真正的学术内行。

为什么中国学术得不到海外尊重？最主要的还不是形式不规范的问题，而是多年以来，在整个学术领域，我们大而无当、泛泛而谈的"大叙述"类的东西太多。试扪心自问，20世纪50～70年代，我们究竟在学术上积淀了多少东西？我想很少。这并非意识形态的原因，马克思主义指导并不妨碍做出很好的研究，侯外庐学派就是一个例子。真正的原因在于：整体上只重视某种理论与方法的出新，而不重视常规学术训练与扎实研究的积累。改革开放以来，20世纪80～90年代，我们积累的东西远远超过20世纪50～70年代，正是因为克服了偏爱"大叙述"的毛病，发展了全方位的深度的具体研究。

20世纪90年代后半期以来，这种浮泛的学风又开始抬头并蔓延，不再强调学术性，不再追求专深的发展。尤其在一些青年学者中间，一味追求某种西方理论或方法，而鄙薄实在的专精研究。西方理论或方法诚然可以使我们开拓视野，但是如果因此而忽视自己领域的学统与训练，就变成舍本逐末的行为。

这种情况在中国似乎每隔十几年就出现一次，而每次造成的损失都不小。20世纪80年代，"三论"流行，但是跟着"三论"走，不好好做研究的，最终都无坚实成果。现在，如果任由这种从20世纪90年代后期开始滋长的风气发展蔓延，整个学术界都为之笼罩，那么，中国在21世纪不可能成为一个学术大国。

学术研究不要沉溺于某个小圈子，自我感觉良好，而一定要置身于整个学术共同体、置身于每个学术领域自身的规范和内在的评价标准里，否则就没有什么中国学术可谈。

从这个意义上说，现在中国学术又到了一个关口。一定要提倡学术性，尊重专家内行，才能把中国建设成为一个学术大国。21世纪初，中国在经济上以及综合国力上已经崛起，这是一个不争的事实，但在成为学术大国上还有很多工作要去做，其中，学风建设尤其值得注意。无论如何，随便跨越学术领域"打游击"的方式绝不是什么建设学术大国的良策。

（《学术月刊》，2002年第1期）

让西方回到西方

——在世界哲学大会举办前夕访谈陈来教授

一、应当把哲学看成一种文化

方旭东： 这次访谈的一个契机是世界哲学大会今年8月将在北京举行。您作为当代有代表性的中国哲学家，我想听听您对哲学尤其是西方哲学的意见，这可能是包括我在内很多从事中国哲学研究的人所感兴趣的。第一个问题，您是怎样理解哲学的？或者说，您的哲学观是怎样的？

陈来： 你知道，"哲学"一词是西方文化在近代被大量引进后，由日本学者从英文Philosophy翻译而来，而被国人所接受的。其实，中国近代文化的发展总趋向，就是以西方学术的分类为标准，而全盘承受之，通过建立哲学、文学、史学、法学、政治学等学科概念而形成中国近代化的学术体系。国人对"哲学"的理解，很自然地就接受了西方的观念，那就是认为哲学包含三大部分，即宇宙论、人生论、知识论。三大部分中还可细分，如宇宙论可分为两部分，一为本体论，研究"存在"之本体及"真实"之要素；一为宇宙论，研究世界之发生、历史及其归宿。人生论亦有两部分，一为心理学，一为伦理学。知识论也可分为二，一为知识论，一为逻辑学。然而，稍加研究，就会发现：中国古代学术体系的分类中，并没有一个独立的系统与西方所谓哲学完全相当。冯友兰先生提出，西方所谓哲学与中国所谓义理之学约略相当。中国古代义理之学中确有一些部分约略相当于西方哲学的宇宙论、人生论。但正如冯先生已经注意到的，中国古代义理之学的有些部分并非西方所谓哲学的内容所能对应，比如中国古人特别重视的"为学之方"。所以，张岱年先生主张，应当将哲学看作一个类称，而非专指西洋哲学。顺着张先生的这个思路，我认为，应当把哲学看成文化，换言之，"哲学"是一个共相，是一个"家族相似"的概念，是世界各民族对宇宙人生之理论思考之总名。在此意义上，西方哲学只是哲学的一个殊相、一个例子，而不是哲学的标准。因此，哲学一名不应当是西方传统的特殊意义上的东西，而应当是世界多元文化的一个富有包容性的普遍概念。中国古代的义理之学是中国古代哲人思考宇宙、人生、人心的理论化体系，而其中所讨论的问题与西方哲学所讨论的问题并不相同。像宋明理学中所反复讨论而且极为细致的"已发与未发""四端与七情""本体与功夫"、甚至"良知与致知"等，都是与西洋哲学不同的问题。这就是说，中国与西方，虽然都有对宇宙、人生的理论化的思考体系，但用以构成各自体系的问题并不相同。就中国大陆而言，学术界并未就东西方哲学史是否有共同的问题进行深入讨论，更遑论取得共识。西方哲学界长期以来拒绝把中国哲学作为哲学，而只是作为思想、宗教来研究，正是因为他们认定中国哲学中没有讨论西方哲学中的问题。这种偏见由来已久，像黑格尔就对孔子的哲学家地位充满疑虑。如果以有没有讨论西方哲学中的问题作为标准，恐怕一大部分中国古代哲人都无缘哲学家之列。这显然是荒唐的。以西方哲学的问题为"哲学"问题，而判定非西方文化是否有哲学，实质上是西方文化中心主义的表现。今天，非西方的哲学家的重要工作之一，就是要发展一种广义的"哲学"观念，在世界范围内推广，解构在"哲学"这一概念理解上的西方中心立场，才能真正促进跨文化的哲学对话，发展21世纪的人类哲学智慧。

二、即哲学史而为哲学

方旭东：您提出的"应当把哲学看成文化"这种哲学观，给我很大启发。因为以前，老是有西方哲学的从业者对我们的工作指手画脚，说这不是哲学研究。还有一个相关问题，那就是哲学如何做的问题。长久以来，我们习见的西方哲学家做哲学的方式，似乎都非常强调论证，分析哲学家更是将这一点发挥到淋漓尽致。可是，我们中国古代哲学家并不是这种做法，像朱子或阳明，更多的是就经典做某种创造性的诠释。那么今天，我们做哲学，是否还可以延续中国古代哲学家的做法？

陈来：哲学写作有多种形式，分析哲学派强调论证，其实，论证也有不同的形式。哲学写作的论证不可能跟几何证明一样具有科学的性质，因此哲学写作的论证不过是一种论述的形式，一种希望获得或取得说服力的形式，尤其是在分析传统占主导的英美哲学世界。哲学家性格不同，具体写作的目标不同，论述采取的策略自然也不同。曾有朋友称，我的写作比较接近麦金太尔，即多采取历史的叙述。我觉得他的讲法不错，我的写作个性确是如此，像《仁学本体论》就是一个例子。此种方式，即唐君毅所说的"即哲学史而为哲学"。其实，哲学论述当中采取历史叙述的写法，在哲学家中间并不少见，海德格尔写《存在与时间》就用大量篇幅论述古语言学、词源学的讨论。不仅德语哲学不都采取逻辑分析或逻辑论证的途径，英语世界的哲学也并非千篇一律地采用逻辑分析，像查尔斯·泰勒的写作特色之一就是以观念史的追溯分析为框架而非采用规范分析的范式，更早则有怀特海的《过程与实在》，其第二编完全是讨论从洛克到康德以及牛顿的回顾和分析。《哲学百年》的作者巴斯摩尔曾经指出，怀特海和亚历山大使用了同样的哲学方法，两者都不进行论证，哪怕是论证这个词的任何普通意义上的论证。怀特海认为形而上学就是描述，以提纲挈领的方式阐述那些倾向。可见，把分析式的论证当成哲学写作的唯一方式是完全不合理的。中国古代哲学家在构建自己的哲学时，都非常重视传承。比如，朱子的哲学就绝不是置北宋儒学发展于不顾而独自进行原创。王阳明虽然反对朱子的哲学立场，但其讨论皆是接着朱子而来，自觉回应朱子的。王阳明的哲学框架多来自朱子，其中许多观念也来自朱子，如"身之主宰便是心，心之所发便是意"等。其哲学思想是从接续和回应前人的讨论中建立，而不是孤明独发。怀特海最早提出综合创新一说，即所谓creative synthesis，而哲学的创造性综合，不是仅仅作为不同理论的平面的综合，而是也应该重视哲学历史维度的综合。在这方面，黑格尔和冯友兰都是好的例子。当然，哲学写作和论述策略的选择，还跟具体的写作目标有关，不能一概而论。完全照搬中国古代哲学家的写作方式，在今天可能并不合适，但是，中国古代哲学家重视诠释，重视传承，表现在行文中有大量的历史叙述，这种做法并没有过时。刚才说的麦金太尔，他是当代西方的哲学家，他的名著*After Virtue*，就大量采用了历史的叙述，在历史叙述中进行分析。

三、哲学诠释学：创造的传承与创造的诠释

方旭东："即哲学史而为哲学"，这个概括很精辟。不管承认不承认，很多人心目中的哲学理想类型就是西方哲学。现在看来，其实不过是某种西方哲学而已。刚才您谈到了诠释问题，我想就顺此话头请您谈谈对于诠释学的看法。

陈来：根据现有的研究，诠释学可以分为两种形态，一种是文本探究型诠释学，一种是文本应用型诠释学。文本探究型诠释学以研究文本的原始意义为根本任务，这种诠释学认为，由于时间的距离和语言的差别，过去文本的意义对我们变成了陌生的，因此我们需要把陌生的文本的语言转换成我们现在的语言，把陌生的意义转换成我们所熟悉的意义。语文学的诠释学即是此类诠释学的主要模式。而文本应用型诠释学旨在把经典文献中已知的意义应用于我们要解决的问题上，应用于具体现实问题上，在这里，经典的意义是明确的，无须重加探究，我们的任务只是把经典的意义应用于现实问题。这两种类型的诠释学，有德国学者称之为独断型诠释学和探究型诠释学，我们则略为改变，名之为文本应用型诠释学和文本探究型诠释学。谈到诠释学，明白这个基本分别是很重要的。在欧洲历史上，诠释学的早期形态是圣经学，18世纪出现的语文学则试图从语文学和文献学对古典文本进行分析和解释。19世纪施莱尔马赫试图把以往的诠释学综合为"普遍的诠释学"。按照施莱尔马赫的说法，普遍诠释学的任务不是像圣经学那样使人们去接近上帝的神圣真理，而是发展一种"避免误解的技艺学"，包括语法的解释技术和心理的解释技术，一种有助于我们避免误解文本、他人的讲话、历史的事件的方法。如果说圣经学是真理取向的，那么古典学就是历史取向的。中国古代的经学与文献训诂学则属于施莱尔马赫的这种"普遍

的诠释学"。施莱尔马赫认为，我们应当把理解对象置于它们赖以形成的历史语境中，我们要理解的东西不是作品的真理内容，而是作者个人的个别生命。只要我们重构了作者的心理状态，就算诠释了作者文本。所谓重构作者的心理状态，就是努力从思想上、心理上、时间上设身处地地体验作者的原意。施莱尔马赫的这种诠释学可谓文本探究型诠释学的代表。而伽达默尔则不同，他反对把理解限定为重构作者心理。他强调，要把过去的思想融合在我们自己的思想中。如果说在心理上重构过去的思想，是文本探究型诠释学，那么把过去的思想融合在我们自己的思想中，则是文本应用型诠释学。古典诠释学致力追求一种客观的解释，把解释的标准视为对作者意图的复制，其解释是唯一性的和绝对性的。而在哲学诠释学看来，不必追求这样一种文本意义的狭隘的客观性，因为这样一种客观性丢弃了文本意义的开放性和解释者的创造性。比较而言，普遍诠释学的方法适用于历史的史料解

382

读，如思想史、哲学史、文学史的学习都需要以普遍诠释学作为基本理解、阅读的方法，以掌握作品的原意、作者的意图，这是重要的史学学科方法。而哲学诠释学适用于对文化传承的实践的理解，它所要阐释的，不是一个或一段文本的原始意义，而是一个或一段文本是如何在历史上不断传承、解释、运用的，它的关注点和思想史史料的细读把握不是一回事。所以伽达默尔明确说哲学诠释学不是提供具体的理解方法。对我们而言，哲学诠释学面对的是作为文化资源的文本的传承、诠释、活用，对于文本必定是张大其一般性，并加以创造性继承和转化，以合于应用实践的需要。思想史探究面对的文本解读，既需要普遍诠释学以避免误解，确定其具体意义，也需要哲学诠释学以理解其一般意义在历史上发生的变化与作用。而对于文化继承问题，对于文化传承

问题，则不需要以普遍诠释学去执着文本的具体意义，而可以完全集中在哲学诠释学对文本普遍一般意义的创造性诠释和应用上。哲学诠释学的努力显示出一个真理，那就是，"创造的继承"与"创造的诠释"在文化的传承发展中占有核心地位。这对我们今天理解传统文化的"创造性转化与创新性发展"，应当有参考的价值。

四、仁学本体论视野下的价值论

方旭东：您关于王船山的那本书，标题就叫"诠释与重建"。您说"创造的继承"与"创造的诠释"在文化传承当中占有核心地位，我觉得，这一点在您的近著《仁学本体论》中体现得十分明显。此书2014年由三联书店推出，逾年即获得第三届思勉原创奖。我从网上看到您的获奖感言，大意是说，学术原创就是"接着讲"，"接着讲"是说一切创新必有其所本，同时力图据本开新。从学术领域推广到一切文化领域，"接着讲"可以是文化的传承创新或批判继承，也可以是在传承中力求创造性转化和创新性发展。您能不能具体介绍一下这本书是如何在传承中力求创造性转化和创新性发展的？

陈来：获得思勉原创奖，我想，这在一定程度上表示学界同仁对拙著创造性的认可。就我撰著本书的初衷而言，的确有意对传统的仁学在当代做一理论的发展，这也是重建与开展儒家哲学的一种工作。众所周知，仁学在中国已经存在2500年，《国语·周语》即云："爱人能仁。"两千多年来，仁体不断被论说，反证了仁体之存在，只不过，对于不同时代的仁，仁体的显现千姿百态，这些显现共同构成仁体的维度。在这个意义上说，历史上各个时段的仁论同时也是仁体论论证的展开。从仁体的角度看，先秦儒学的仁学已经开始从多方面显现了仁体本有的广大维度，但还未能真正树立仁体论，而有待于汉唐宇宙论、本体论之发展，直到宋明儒学始能完全成立。这里我不想对《仁学本体论》的内容过多复述，因为已经有书在那里，读者可自行查看。我想特别指出的一点是，此书并不满足于提出一种新的本体论，以与已有的诸如心本体论、情本体论相角逐，而是希望借此能对当代中国的文化建设、道德建设有所贡献。当前，中国有关核心价值的说法是十二条目，即：富强、民主、文明、和谐；自由、平等、公正、法治；爱国、敬业、诚信、友善。其实，这三组十二条二十四个字，内容是不一样的，如富强、民主等是国家或社会层面的价值取向，爱国、敬业、诚信、友善才是个人层面的价值准则。总体看下来，属于个人私德的只有两项，即诚信、友善。这与中国古代特别是儒家的价值体系重视个人道德的重点差别较大。通常我们所说的继承弘扬中华传统美德或对传统美德加以创造性转化，主要是个人道德或个人道德修养的内容，也就是所谓私德。在日常语言中，几乎所有跟道德有关的词汇也都是指个人道德，如：加强道德建设，形成道德规范，树立道德理想，讲道德，尊道德，守道德，道德意愿，道德意识，道德情感，道德境界，等等。这就发生一个问题：一方面，我们说到道德建设，都是与个人道德密切相关；另一方面，我们说到核心价值，其中有关个人道德的内容却相对较少。从仁学本体论的观点看，首先应该把社会核心价值与个人基本道德分开，因为前者是专论国家的政治价值与社会价值，后者一部分是私德，可称为"个人基本道德"，一部分是公德，可称为"个人基本公德"。当代社会需要的个人基本道德，最基本的应该包括：仁爱（仁）、道义（义）、诚实（诚）、守信（信）、孝悌（孝）、和睦（和）。次一级的包括：自强、坚毅、勇敢、正直、忠实、廉耻。个人基本公德则包括：爱国、利群、尊礼、守法、奉公、敬业。按照儒家的理解，最重要的核心价值应该包括：仁爱、自由、平等、公正、和谐，可称之为"新五德"。仁爱、自由、平等、公正，可称之为"新四德"，以区别于传统上所讲的"仁义礼智"四德，后者主要还是就道德价值或私德而言的，而前者则主要是就社会价值而言的。宋儒有"仁包四德"的提法，仿此，或许我们可以说，仁与新四德的关系是"仁统四德"，即仁统仁爱、自由、平等、公正。仁爱好比仁之春，自由是仁之夏，平等是仁之秋，公正是仁之冬。因为，自由可以认为是仁的活动无碍，平等则是仁的一视同仁，公正是仁的正义安排，和谐则是仁体流行的整体要求。或许有人会说，"仁统四德"的提法具有某种价值一元论的倾向。我们不否认仁学本体论视野下的价值论是一元的，但是这种一元是容纳多元的。因为我们没有否定自由、平等、公正，相反，我们希望在儒家的价值体系当中融入这些价值，从而形成一种多元互补的文化结构。当然，阐发自由、平等、公正这些社会价值毕竟不是儒学的主要着力点，儒学的主要关注点始终还是在道德伦理的领域，在贞定价值理性、确立道德方向。要求儒学改变自己一贯的着力方向，去为自己相对陌生的价值进行鼓吹，这对儒学来说是一种不合理的要求。

385

五、多元普遍性

方旭东：您以"仁"去统领自由、平等、公正这三种现代价值。以赛亚·柏林曾经认为，不同价值和谐相处只是一元论的假设，您显然对这种观点提出了挑战。我感觉，您在价值观问题上采取的是一种结构论而非基要论、历史主义而非本质主义的立

场。按照结构论，价值差别的要害不是要素的而是结构的。按照
历史主义，价值的这种结构又是历史性的。从方法论上讲，这种
立场比起传统的一元价值论无疑更为稳健。甚至，西方一部分学
者所说的"文明冲突论"，在这种价值观看来也成了伪命题。世界
哲学大会不可避免地会遭遇不同文明、不同价值观的碰撞，您的
这种价值观、文化观尤其值得介绍。

陈来：从韦伯到帕森思，在伦理上，都把西方文化看成是普
遍主义的，而把东方文化看成是特殊主义的，这意味着，只有西
方文化及其价值才具有普遍性，才是可普遍化的，而东方文化及
其价值只有特殊性，是不可普遍化的。这实际上就是把东西方价
值的关系制造为"普遍主义"和"特殊主义"的对立。然而，在
我们看来，东西方精神文明与价值都内在地具有普遍性，这可称
为"内在的普遍性"，而内在的普遍性能否实现，需要很多的外
在的、历史的条件，实现的则可称为"实现的普遍性"。真正说
来，在精神、价值层面，必须承认东西方各文明都具有普遍性，
都是普遍主义，只是它们之间互有差别，在不同历史时代实现的
程度不同，这就是多元的普遍性。今天，"多元普遍性"的观念
值得大力提倡。应当了解，正义、自由、权利、理性、个性是普
遍主义的价值，仁爱、平等、责任、同情、社群也是普遍主义的
价值。梁漱溟早期的《东西文化及其哲学》所致力揭示的正是这
个道理。今天，只有建立全球化中的多元普遍性观念，才能使全
球所有文化形态都相对化，并使他们平等化。如果说在全球化的
第一阶段，文化的变迁具有西方化的特征，那么在其第二阶段，
则可能是使西方回到西方，使西方文化回到与东方文化相同的相
对化地位。在此意义上，相对于西方多元主义立场注重的"承认
的政治"，在全球化文化关系上我们则强调"承认的文化"，这就

是承认文化与文明的多元普遍性，用这样的原则处理不同文化和不同文明的关系。这样的立场自然是世界性的文化多元主义的立场，主张全球文化关系的去中心化和多中心化，即世界性的多元文化主义。从哲学上讲，以往的习惯认为普遍性是一元的，多元即意味着特殊性。其实多元并不必然皆为特殊，多元的普遍性是否可能及如何可能，应当成为全球化时代哲学思考的一个课题。回到儒家哲学，在全球化的问题上，已经有学者用理学的"理一分殊"来说明东西方各宗教传统都是普遍真理的特殊表现形态，都各有其价值，又共有一致的可能性，用以促进文明对话，这是很有价值的。我想补充的是，从儒家哲学的角度，可以从三个层面来讲，第一是"气一则理一，气万则理万"，气在这里可解释为文明实体（及地方、地区），理即价值体系。每一特殊的文明实体都有其自己的价值体系，诸文明实体的价值都是理，都有其独特性，也都有其普遍性。第二是"和而不同"，全球不同文明、宗教的关系应当是"和"，和不是单一性，和是多样性、多元性、差别性的共存，同是单一性、同质性、一元性，这是目前最理想的全球文化关系。第三是"理一分殊"，在差异中寻求一致，为了地球人类的共同理想而努力。

六、儒家的实践智慧

方旭东："多元普遍性"是否可以这样理解，它实际上是要求承认不同文化各自价值观的合理性。在中西之间，不存在优劣高下之分，彼此只是多样性的一种？从这样一种观点看，积极发掘中西哲学各自的特色，而不是专注于归纳中西哲学的共性，就成了更有意义的哲学工作。我听说，上届世界哲学大会上您做的大会报告的题目就是《儒家的实践智慧》。对于中国之外的哲学家，他们更感兴趣的不是我们跟他们相同的东西，而恰恰是我们跟他们不同的地方。

陈来：你说的不无道理。安排我讲那个题目，的确是跟西方哲学家的关心有关。你知道，现代哲学越来越关注"实践智慧"。这个词与其字面意义的直接性不同，乃是根源于古希腊哲学特别是亚里士多德的哲学。现代西方哲学对亚里士多德这一概念的关注主要是针对科技理性对生活世界的宰制，以寻找出一种既非技术制作又非理论智慧的合理性实践概念。在这方面，儒家的实践智慧比起亚里士多德的实践智慧有其特色，也有其优越之处，即毫不犹豫地强调道德的善是人类实践的根本目标，重视人的精神修养和工夫实践。实践智慧的本意是强调德性实践中理智考虑、理性慎思的作用，是应对具体情境的理智能力。然而，亚里士多德哲学中的"伦理德性"与作为理论德性之一的"实践智慧"之间的关系，往往是不清楚的，实践智慧有时被理解为工具性的方法，这也是近代以来在西方哲学中实践智慧脱离德性而成为聪明算计的一个原因。儒家的实践智慧则不限于对智德的提倡与实践，而是包含了丰富的内容。首先，在思辨与实践之间，在孔子时已经明白显示出了偏重，即重视实践而不重视思辨。在理论与实践之间，更注重发展实践智慧，而不是理论智慧，其原因正是在于儒家始终关注个人的善、社群的善、有益于人类事务的善。整个儒学包括宋代以后的新儒学都始终把首要的关注点置于实践的智慧而不是理论的智慧。另一方面，儒家的实践智慧始终坚持智慧与德性、智慧与善的一致，而不是分离。亚里士多德所说的实践智慧是理性在道德实践中的作用，这种理性作用体现于在善的方向上采取恰当的具体的行为，这是实践智慧作为理性具体运用的特性。在亚里士多德看来，伦理德性要成为行动，离不开实践智慧，故所有行为都是二者结合的产物。儒家所理解的实践智慧既不是技术思维，也不是聪明算计，更不是一种工具性的手段，不属于功利性的原则，明智不是古希腊所说的只顾自己、照顾自己的生活，而是一种道德实践的智慧。在儒家看来，亚里士多德的德性论是不完整的，他的实践智慧虽然与科学、技术、制作不同，但仍然是一种外向的理智、理性。儒家哲学的实践智慧在这方面更为清楚而有其优越之处。这种优越体现在多方面，其一是，由于儒家哲学对哲学的了解是实践性的，而这种对实践的了解，不限于认识外在世界、改变外在世界，而更突出认识主观世界、改造主观世界。所以，儒家的实践智慧包含着人的自我转化与修养工夫，追求养成健全的人格。

（方旭东访谈，《澎湃新闻》，2018年7月）

后　记

　　本书所收，其中儒学的大部分是从我2017年以来所写的各类文章中选出来的，此前没有收入过我以往出版的书中。有些是尚未发表的，如我答央视"孔子与我们"节目组的访谈，目前节目仍未播出，由于我的访谈内容不少，而仅有几句在节目中播出，所以我也就不避"抢先"，全文发表于此了。有些还是较为新近发表在报章上的，如我与何俊教授的访谈是应《杭州师范大学学报》去年年底之约，此文刚刚发表在2021年第1期。又如我论杜维明先生学术思想的一贯线索一文，应梁涛教授之请所写论孟荀统合一文，都是这两年所写的。又如论中华文明的文明观和文明态度一文，是2019年参加亚洲文明对话大会的大会发言；关于江南儒学一文是2019年8月在复旦大学"江南儒学"国际学术会议上的讲话。所以本书关于儒学的部分大都反映了近几年我对儒学各种课题的思考。与儒学部分略有不同，本书中论及中国哲学的部分，则是从我多年来有关中国哲学的讨论文字中选出的，把这部分收入此集，是因为中国哲学是我的学科所属，我对儒学的研究也是以中国哲学研究为基础的，二者有密切的关联。

　　感谢尼山世界儒学中心为我提供了这个机会，把我有关儒学与中国哲学的相关思考贡献给大家，向大家请教。博士生孔维鑫帮我整理文件，校对清样，在此一并致谢。

陈来

2022年5月10日